神戸国際大学経済文化研究所叢書17

現代の死と葬りを考える

学際的アプローチ

近藤 剛 編著

ミネルヴァ書房

巻 頭 言

　人は，人生の節目に自ら歩んできた路を振り返り，人生の意味を見出そうとする。その眼にみえる「かたち」として，「冠婚葬祭」といった社会的営為が存在する。

　なかでも「葬送」は，ある人の生涯の終焉を社会的に認知する過程であり，故人の人生に意味を与える儀礼である。近親者にとっては，別離の悲しみを和らげ，自らの死生観を確認する機会ともなる。葬送儀礼は，かつては家族や近隣共同体によって担われたが，現在では第三者としてのいわゆる「葬儀ビジネス」に依存する傾向がある。その意味で葬儀関連産業は，すぐれて社会的意義と責任のある経済行為であるといえよう。

　本学は，この業界の指導的専門家を招いて葬儀産業講座を開設したが，その際，葬送を産業という視点からだけでなく，広く宗教学，哲学，社会学，心理学，歴史学といった学際的視座からも研究しようとするプロジェクトを組織した。本書は，その最初の成果を世に問うものである。

2014年7月

　　　　　　　　　　　　　　　　　　　　　　神戸国際大学学長　遠藤雅己

現代の死と葬りを考える
——学際的アプローチ——

目　次

巻 頭 言……遠藤雅己　　i

序　章　現代における死生観と葬送儀礼の多様性………近藤　剛…1
　　　1　本書の趣旨　1
　　　2　本書の概要　6

第Ⅰ部　死生観の研究

第1章　古代人の死生観………………………………笠井惠二…12
　　　──エジプト，メソポタミア，ギリシャ・ローマ，パレスティナを手がかりとして──
　　　1　エジプト　12
　　　2　メソポタミア　16
　　　3　ギリシャ・ローマ　19
　　　4　パレスティナ　24
　　　5　まとめ　29

第2章　「天地の間」という自然観……………………三宅善信…32
　　　──遺体から遺伝子まで──
　　　1　神話の比較──ギルガメッシュとスサノヲ　32
　　　2　天地をつなぐ柱──三内丸山遺跡と諏訪大社御柱祭　36
　　　3　有限の世界認識──「みえる範囲」こそが世界　38
　　　4　自然の再生力を信じる──『中臣祓詞』　41
　　　5　人間の身体にまつわる二重性──実存と所有　45
　　　6　遺体と遺伝子──いのちの乗り物　47

第3章　中世日本の死生観……………………………中村直人…51
　　　1　他界観と葬送の担い手　51
　　　2　墓地の展開　55

③　墳墓と石塔　60
　　　④　寄進者の願い　64

第4章　死の現象学 …………………………………… 浅野貴彦… 73
　　　――死の知に関するシェーラーの考察――
　　　①　死の現象学の課題　73
　　　②　死とは何か　76
　　　③　死の経験について　80
　　　④　死と社会　85
　　　⑤　死の意味　89

第5章　死生観の構造 ………………………………… 三宅義和… 94
　　　①　死生観とは　94
　　　②　死生観に影響を与える要因　96
　　　③　死生観調査　98
　　　④　死生観の構造モデル　114

第Ⅱ部　葬送儀礼の研究

第6章　葬送倫理の提言 ……………………………… 近藤　剛… 124
　　　①　死者に対する儀礼としての葬り　126
　　　②　葬りの意味の形而上学　130
　　　③　葬送倫理という発想　133
　　　④　葬送倫理と死者崇拝　137
　　　⑤　葬るという人間の責務　141

第7章　死者儀礼の重要性 …………………………… 中野敬一… 150
　　　――葬儀後の儀礼を中心に――

1　死者儀礼とは　　150
　　　2　死者儀礼の役割　　154
　　　3　死者儀礼とグリーフ・ワーク　　163
　　　4　死者儀礼と墓　　167
　　　5　死者儀礼と食事　　170

第8章　死生文化としての臨終儀礼……………………松田　史…175
　　　1　民衆救済と佛教　　175
　　　2　現代の死と葬儀再考　　179
　　　3　臨終における先人の智慧　　184
　　　4　死生文化としての葬儀　　194

第9章　葬送のイメージ論…………………………………堀　　剛…206
　　　──いやしと宗教性──
　　　1　葬儀の意味と意義　　206
　　　2　死者が生者をいやすとき　　211
　　　3　死者イメージとセラピー　　215
　　　4　霊的な対話とキリスト教　　221
　　　5　プロテスタントの葬儀に必要なもの　　231

第10章　観光資源化する葬送儀礼……………………前田武彦…236
　　　1　悲しみと楽しみのはざまで　　236
　　　2　生前世界と死後世界のはざまで　　240
　　　3　儀礼行為と儀礼対象のはざまで　　248
　　　4　宗教と観光のはざまで　　253

第11章　都市部における葬儀の今後とは………………髙嶋一裕…259
　　　1　葬儀の現状　　259

2 葬儀の変遷　264
3 都市新住民の属性と今後の葬儀考察　267
4 葬儀価値観による葬儀の変化　272
5 むすびとして──今後の葬儀を展望　276

あとがき……近藤　剛　281

序　章
現代における死生観と葬送儀礼の多様性

近　藤　　剛

1　本書の趣旨

　本書は，神戸国際大学経済文化研究所プロジェクトXIX「現代における死生観と葬送儀礼の多様性に関する研究」（2012〔平成24〕～2014〔平成26〕年度，代表／近藤剛）で取り組まれてきた共同研究にもとづく成果である。神戸国際大学では，産学連携プロジェクト・実践型ライフデザイン講座として葬儀に関する科目（葬儀ビジネス論，葬祭セレモニー実践論）を設置しており，当該分野における学際的な研究拠点の形成を視野に入れた共同研究が企図されることになった。

　昨今は空前の「終活」ブームであり，死に方について，葬儀の方法について，遺言の書き方について，墓の選定についてなど，自身の終焉について関心が高まっており，いわゆるエンディング・デザインをめぐって一般の経済誌などでも特集記事が組まれたり，専門の情報誌も刊行されたり[1]，終活情報サイトが多数web上で開設されたりしている。また，前例のない少子高齢化，孤独死の増加という社会問題，直葬や自然葬の流行（ないし葬式不要論）にみられる脱宗教化の傾向など，死と葬りに関する新たな問題が提起されてきている。

　フランスの歴史学者フィリップ・アリエスが指摘しているように，人間は死者を埋葬する唯一の動物と規定できるのであるから，死と葬りの問題は人類の歴史をとおして問われ続けてきた，またそのつどに問われ直されねばならない，人間存在の根源に迫る重要なテーマであるといえよう。そのようなことに鑑み

て，本プロジェクトでは，歴史的な考察をふまえつつ，現代社会における死生観を問い直し，また多様化する葬送儀礼のあり方をめぐって，さまざまな領域から学術的に検討する試みをスタートさせた。

本プロジェクトの特徴は，共同研究において，①学際的であること，②諸宗教の対話を促すこと，③理論と実践のバランスを取ることに認められる。このようなコンセプトのもとに集合したわれわれは，たびかさなる研究発表をとおして，対話的な知の形成に努めてきた。その背景には，現代社会はグローバルな潮流と向きあわざるを得ないことを意識し，それゆえに多様な価値観との対話へと開かれていくような寛容性を醸成すべきであると考える，研究者として共有されたわれわれの姿勢がある。

死と葬りの問題をめぐって，われわれは，哲学，倫理学，宗教学，神話学，死生学，典礼学，歴史学，心理学，社会学，観光学などからの多様なアプローチを試みて，学際的な研究を行った。また，神道，仏教，キリスト教の立場から，具体的な葬儀の執行をめぐる比較検討を行うことによって，宗教間対話へと開かれていくような研究活動を進めた。さらに，専門研究者に加えて，宗教者と企業人にも参加を要請し，理論的な問題のみならず，実践的な課題についても取り組み，可能な限りでの理論と実践の融合を試みた。

諸学からのアプローチ，諸宗教間の相互比較，理論と実践の双方向性によって，本プロジェクトは多様な価値観との対話を実現し，そのうえで普遍的な原理を模索するよう全力を傾けてきた。もちろん，そのような試みが完遂されることはなく，われわれの共同研究も緒に就いたばかりであり，死と葬りの問題をめぐる普遍的な原理の探究に挑んできたものの，いまだ道半ばであるといわざるを得ない。

しかし，それぞれの立場から提出された問題が，異なる立場においても広く共有されたことには，大きな意義があると思われる。当該分野にかかわるこれまでの問題点の整理，さまざまなアプローチの可能性，今日的な課題への対応，将来への展望など，見出せた成果も少なくない（その具体的な成果は，本書の随所に見出されることだろう）。そのようなことも含めて，これまでの研究成果を

序　章　現代における死生観と葬送儀礼の多様性

一定の期限のなかで一冊にまとめたものが本書である。紙幅の都合上，研究会で扱ったすべてのテーマを網羅的に採録することはできなかったが，残された課題については他日に期したいと思う。以下では，研究員の構成について紹介し，2012（平成24）年度から開始された研究活動について時系列的に報告しておく。

（１）　研究員の構成（五十音順）
浅野貴彦（関西学院大学非常勤講師）
遠藤竜馬（神戸国際大学准教授）
遠藤雅己（神戸国際大学学長）
笠井惠二（中部学院大学特任教授）
近藤　剛（神戸国際大学准教授）
髙嶋一裕（株式会社クレリ総合企画チーフプロデューサー）
中野敬一（神戸女学院大学准教授）
中村直人（関西学院大学准教授）
堀　　剛（日本基督教団伊丹教会牧師）
前田武彦（神戸国際大学教授）
松田　史（真言宗御室派法園寺副住職）
三宅義和（神戸国際大学教授）
三宅善信（金光教泉尾教会総長）

（２）　研究活動
　本プロジェクトの研究活動は，定例研究会の実施，『経済文化研究所年報』での論文発表，公開土曜講座の開催，叢書の刊行（本書）から成り立っている。第11回目の定例研究会では，メンバー以外にゲストスピーカーとして聖学院大学教授の窪寺俊之氏（スピリチュアルケア学）を招いた。2013（平成25）年度に行われた公開土曜講座の模様は新聞誌上でも取り上げられ[2]，予想以上の反響があった。以下では，これまでの研究実績を紹介しておく。

1） 研究会の記録

【2012年度　定例研究会】

第1回研究会（4月21日）

「葬送倫理　試論」（近藤　剛）

第2回研究会（5月19日）

「葬儀（葬送）とは何を指すのか——葬式無用論からの考察」（中野敬一）

「日本人の死生観」（笠井惠二）

第3回研究会（6月16日）

「葬儀とは何か——高齢化と葬儀を取り巻く環境変化」（三宅善信）

「日本の葬儀を見直す」（松田　史）

第4回研究会（11月17日）

「死生観の心理学研究——文献レビューと大学生調査を中心に」（三宅義和）

「観光資源化する葬送儀礼——宗教と観光のはざまで」（前田武彦）

第5回研究会（12月15日）

「葬儀のイメージ論——葬りとキリスト教信仰について」（堀　剛）

「葬儀業界の現状と課題」（髙嶋一裕）

【2013年度　定例研究会】

第6回研究会（4月20日）

「死者崇拝の意義をめぐる一考察」（近藤　剛）

「中世・近世日本人の死生観——平安時代から江戸時代まで」（笠井惠二）

第7回研究会（6月15日）

「葬儀のイメージ論——イメージの所在について」（堀　剛）

「葬儀の変遷とこれからの葬儀への考察」（髙嶋一裕）

第8回研究会（7月20日）

「生の苦悩と死についての考察——死の受容における苦悩と共苦の意味」（浅野貴彦）

第9回研究会（10月19日）

「〈前夜式〉に関する考察」（中野敬一）

「〈天地の間〉という自然観——遺体から遺伝子まで」(三宅善信)

第10回研究会（11月9日）

「臨終儀礼の死生文化学的一考察」（松田　史）

「われわれの社会は死者とコミュニケートできるか？」（遠藤竜馬）

第11回研究会（12月14日）

「グリーフ・ケアとスピリチュアルケア」（窪寺俊之）

「死後生観と死の恐怖・生きる意味との関連について」（三宅義和）

「中世の死生観について」（中村直人）

【2014年度　定例研究会】

第12回研究会（4月19日）

「中世日本の死生観」（中村直人）

第13回研究会（5月17日）

「シェーラーとハイデッガーの死の現象学」（浅野貴彦）

第14回研究会（10月4日）

「墓制と死生観」（中野敬一）

第15回研究会（11月8日）

「九相図とトランシ（Transi）の類似性——死についての芸術表現が意図するもの」（堀　剛）

2）　刊行物

神戸国際大学経済文化研究所『経済文化研究所年報』第22号（2013年4月）

「日本人の死生観」（笠井恵二）

「近現代日本における「葬式不要論」の一考察」（中野敬一）

神戸国際大学経済文化研究所『経済文化研究所年報』第23号（2014年4月）

「死後生観の起源に関する一考察——死の恐怖・生きる意味との関連から」（三宅義和）

「葬送儀礼と癒し」（堀　剛）

3）　公開講座

神戸国際大学経済文化研究所プロジェクトXIX 公開土曜講座

主題:「死を見つめる心——死んだらどうなるのか?」
第一部(2014年2月22日)
「〈天地の間〉という自然観——遺体から遺伝子まで」(三宅善信)
「地獄の神学——ダンテ『神曲』の世界観」(近藤　剛)
第二部(2014年3月1日)
「古代人の死生観——エジプト，メソポタミア，ギリシャ，ローマを手がかりに」(笠井惠二)
「仏教は死の不安を和らげられるか——先人の智慧から学ぶ」(松田　史)

2　本書の概要

　本書は死と葬りの問題を焦点とした論文集である。編集上,「第Ⅰ部　死生観の研究」＝死生観に関連した論稿と,「第Ⅱ部　葬送儀礼の研究」＝葬送儀礼に関連した論稿を分けているが，もとより両者は相補的な関係にあり，内容的にはそれほど厳密な区分にはなっていない。また，執筆の分担はあらかじめ体系的に取り決められたものではなく，それぞれの問題関心に沿って自由に論じる形を取っている（したがって，方法論にも統一性はない）。しかし，全体として，死と葬りの問題に関するアクチュアルな視点は共有されており，死と生の強い相関性，および葬送の儀礼的意義がより深く確認される内容となっている。
　巷間で話題となっている「医療崩壊」の現状を鋭く指摘している小松秀樹は，その背景の一つとして日本人の死生観の喪失を挙げている。つまり，今日の日本人は，生きるための覚悟も死を受け入れる諦観も失い，死の現実を自らで引き受けられないためにだれかに責任を転嫁し,「医療の不確実性」を許容できないために医師へ過剰な攻撃を向け，結果として「医療崩壊」の土壌をつくっていると指摘される。小松は「死を受け入れない限り，安心は得られません。安心というのは，病院が提供できるものではなく，個人の心の問題でしかありません」[3]と述べているが，この主張はわれわれにとっても示唆的であり，まさに本書では，人間の根本的な〈死をみつめる心〉が主題化され，さまざまな切

り口から論じられている。このテーマにちなんだ類書は，まさに汗牛充棟であるが，そうしたなかであえて本書を上梓する理由は，以下で説明するように，そのアプローチの多種多様さにある。

　第Ⅰ部では，神話学，宗教学，歴史学，哲学，心理学などの手法によって，死生観の構造が分析されている。笠井惠二論文（第1章）では，エジプトのオシリス神話，メソポタミアの『エヌマ・エリシュ』，『ギルガメッシュ叙事詩』，『アトラ・ハシース』，ギリシャ・ローマの『オルフェウス』，ヴェルギリウスの『アエネイス』，ホメロスの『オデッセイア』，プラトンの対話編，パレスティナの旧約聖書，新約聖書などが取り上げられ，古代人によって描かれた死後の世界の豊かなイメージが再現されている。三宅善信論文（第2章）では，縄文時代の遺跡から現代のアニメーションまでを射程に入れながら，比較神話学，比較宗教学の手法により，日本人の死生観を形づくった自然観と生命観が考察されている。また，神道儀礼で唱えられる『中臣祓詞』が取り上げられており，その現代的な意義が巧みに解釈されている。中村直人論文（第3章）では，中世日本史における他界観の転換，葬制の変遷，墓制の展開について，歴史的な検討がなされている。とりわけ，土地寄進にかかわる寄進状（金剛峯寺，勝尾寺）の分析から，中世日本人の死生観に迫っている点が貴重であるといえる。浅野貴彦論文（第4章）では，マックス・シェーラーの思索を手がかりに，死の本質と死の経験について現象学的な分析が試みられている。その際，エリザベス・キューブラー・ロス，フィリップ・アリエス，マルティン・ハイデッガーなどが引きあいに出され，死に関する知の獲得の可能性が模索されている。三宅義和論文（第5章）では，心理学の分野における死生観のさまざまな側面が紹介され，それらに影響を与える要因が論じられている。そして，質問紙による死生観調査の内容が報告されるのであるが，実に興味深い分析結果が示されている。

　第Ⅱ部では，宗教哲学，倫理学，典礼学，死生学，仏教学，グリーフ・ケア，イメージ療法，観光学，葬儀産業論などの多彩な知見によって，葬送儀礼の意味が究明されている。拙論（第6章）では，パウル・ティリッヒの「意味の形

而上学」を手がかりに，葬りの意味を分析し，葬りの意味の内実に「葬送倫理」を位置づけるという構想について論じた。また，死者崇拝との関連で，「葬送倫理」の実証性についても考察した。中野敬一論文（第7章）では，葬儀の不要論や簡素化論が批判的に取り上げられ，そのうえで，葬送儀礼とそれ以降の諸儀礼を包括する「死者儀礼」の意義と役割が見直されている。特に，グリーフ・ワークの観点から死者儀礼の重要性が再認識されており，興味深い。松田史論文（第8章）では，葬送習俗の歴史的回顧から始まり，古典籍の精読にもとづいた佛教の死生観が論じられている。とりわけ佛教の「臨終行儀」が紹介されており，葬儀において死生文化がどのように展開されていくのか，詳細に知ることができる内容となっている。堀剛論文（第9章）では，キリスト教（プロテスタント）の葬儀式文における死者の位置づけが検討された後に，死者とのつながりをイメージにおいてとらえようとする試みが紹介され，そこに含まれる宗教性といやしの可能性（死者が生者をいやす霊的体験）についての言及がなされる。なお，死者イメージの体験に関して，キリスト教神秘主義やグノーシス的な思想も視野に入れた考察が行われている。前田武彦論文（第10章）では，葬儀を観光学的に考察するという従来にあまりみられなかった観点が示される。フィールドワークによる実地調査の成果にもとづき，観光資源化された葬送儀礼の事例が豊富に紹介されている。それらをふまえて，葬送儀礼が現実的に観光資源化されている状況の分析が行われている。髙嶋一裕論文（第11章）では，葬儀産業の実態がつまびらかにされ，葬儀業界の現状，収益構造の転換などが，さまざまなデータ分析にもとづいて説明されている。また，近未来の都市部における葬儀の行方について，具体的な展望が述べられている。

　本書によって読者は，現代における死生観をさまざまな観点から俯瞰することができるし，また葬送儀礼の歴史性と多様性を知ることができるだろう。とりわけ，われわれがともに着目してきた葬送のあり方をめぐって，変えてもよいもの，変えてはならないものを考えることができるだろう。そして，死を問うことは，生を問うことに他ならないと知ることができるだろう。

　われわれの死そのもの，われわれの葬りそのものは，語り得ない。死して葬

られるとき，語ろうとするわれわれ自身がいないからである。われわれは他者の死と葬りについて，あるいは見果てぬ終焉を，ただ周縁から語ることができるだけである。死は言説のなかに生きる。死と葬りの言説は，人間の歴史においてもっとも古くから，またつねに新しく語り続けられていくことだろう。本書が，その思想的な営みの一助となることができればさいわいである。

●注
(1) 日本初の終活専門誌として，2013年7月から刊行されている季刊誌『終活読本ソナエ』産経新聞出版を挙げることができる。
(2) キリスト新聞（2014年2月22日付）や中外日報（2014年3月8日付）を参照のこと。
(3) 小松秀樹（2007）『医療の限界』新潮新書，25ページ。

第Ⅰ部
死生観の研究

第1章
古代人の死生観
──エジプト,メソポタミア,ギリシャ・ローマ,パレスティナを手がかりとして──

笠 井 惠 二

　本章で筆者は,古代の人びとが死後の命についてどのようなことを考えていたのかを彼らの神話を中心に概観し,21世紀に生きる現代人が生きていくにあたってのさまざまな示唆を与えられたらと思う。筆者は生と死の問題に関しては,古代の人びとの方が科学文明の時代に生きるわれわれよりもはるかに豊かな発想と感受性をもっていたと考えているので,彼らの神話から多くのことを学ぶことができると確信している。しかし,今から数千年前の古代世界に生きていた人びとの考え出した神話であるから,それぞれの神話がわれわれの科学的知識と相いれないものであることはもちろんである。さらにこれらの神話がそれぞれの地域と時代においてさまざまな成長発展を遂げてきていることはまちがいない。だからそれぞれの神話が,その民族の唯一の正しいものだと決定することはできない。そういうわけで本章においては,それぞれの文明で代表的なものとされた神話のいくつかを紹介し,その特質を洗い出すことによって,われわれの先祖たちはこのような精神世界に生きていたのだということを感じとっていただき,この混迷する現代世界において生きていくヒントを少しでも獲得していただければさいわいである。

① エジプト

　古代のエジプト人の死後の世界については,今から3,500年ほど前から書かれたヒエログリフ文字や王者たちの墓の内部を飾る壁画によって推定することができる。ここでは,死後の世界である楽園を目指すとき,死者は太陽の再

生・復活につきしたがって永遠の生を願うのが有効とされた。初期には太陽神ラーが最高神とされ、ハヤブサの頭をもつホルス神と同一視され、ラー・ホルクアルティと呼ばれた。

　第6王朝頃からはオシリスが主神の位置をしめるようになる。オシリスはもとは豊穣をもたらす恩恵の神だったが、王者の墓に描かれたオシリス神はミイラの姿をしており、そのことは彼が冥界の王であることを表わしている。オシリス神話によれば、もともとはオシリスはエジプトの王者として君臨し、人びとに穀物や果実の栽培を教え、ぶどう酒や麦酒の醸造法も教えたのであるが、弟のセトがこれを嫉み、饗宴の最中に余興として持ち込んだ木製の棺に兄を封じ込めてナイル川に流してしまう。棺はシリアのビブロスに流れ着き、王宮の柱とされてしまうが、各地に夫を探し回った妻イシスが、ついに神託によりこれを発見する。イシスは最初王妃の侍女となり、王子の育児を委ねられる。彼女は王子を不死の身体にするために夜、火に炙る術をかけていた。しかしこれが発見され騒ぎ立てられたので、自分が女神であることを明かして夫の遺体を返してもらい、エジプトに持ち帰る。しかし嫉妬にもえるセトがこれをただちに発見し、今度はオシリスの死体を14に裁断し、エジプト中にばらまく。イシスはこれを探し出して拾い集めるが、なぜか一番大切な生殖器だけはどうしてもみつからなかったので彼女は土をこねてこれをつくって夫を生き返らせ、男女の交合をして息子のホルスが生まれてくる。これまでの地上の争いに嫌気がさしたオシリスは、地上のことはホルスに託して冥界の王となる。それからはホルスとセトの果てしない戦いとなり、やっと最後にセトはホルスに地上の王の位を譲るのである。このように主神オシリスが冥界の王とされたことから、エジプト人が死後の世界にこそ、大きな価値を見出していたことがわかる。

　このエジプトの神話は、何とも荒唐無稽としかいいようのない話のようではあるが、しかしそのなかに深い真実が示されているように思われる。兄弟の争いや、夫を危機から救い出す妻の献身的な愛の力が示されており、また生命を生み出す女性への驚嘆の気持ちをそこに感ずることができる。そのことが、この神話が多くの人びとに愛され親しまれてきた理由であろう。

またエジプトにおいては，人間の完全な人格をつくり上げるのに必要な要素として，「名前」，「肉体」，「影」，「カー」，「バー」という５つの要素が考えられていた。「名前」は，その名前から読みとられる故人の出自や神への信仰を表わすものとして，死後も必要なものとされた。「肉体」が存在しなければならないのは当然であるが，「影」は保護された内側にある力ある存在とされ，人間を災厄から守るために必要なものだった。この影を重視する考え方は，やはり乾いた灼熱の大地から生まれたものであり，木陰など影の大切さを身にしみて感じていた人びとの生み出した思想ということができよう。

死者が来世で永生きするためには墓が用意され，遺体がミイラにされ，冥界の王オシリスの裁判で生前の善行が認められるとともに，生者に供養されることが必要だった。死者は生前と同じように飲食物があってこそ，来世で生きつづけることができた。そして死者の「カー」が供物を受けとる仕事をしたのであり，墓に描かれたカーの両腕の間に供物がおかれた。これらの供物により，死者は生前と同じような生命力を維持することができた。そしてこれは，復活の旅に出るためにも不可欠なものだった。

カーが生命力を表わす霊であるのに対して「バー」は死者の魂であり，人が死ぬとバーは肉体を離れ，墓のなかを自由に飛び回ることができた。バーは死者の活動的な部分を表わし，鳥の姿で表わされた。こうして死者は，来世と現世の間を行き来することができた。そして来世に行って呪文の力をもった死者は，地上に生きるひとの悩みごとを聞いて助けてくれたのである。だから生者は，パピルスや食器に願いごとを書いて死者に供え物をしたのである。

死者はバーとカーが完全な形で融合して「アク」となったときに太陽神ラーの聖船に乗ることができた。この聖船は，夜に西から東へと渡るものであり，途中の夜が覆う地下のドゥアトの地は危険な場所であり，そこには巨大なアポビス蛇がおり，聖船が進むのを妨げた。ラーはこの大蛇と戦い，夜が深くなる頃，再生のシンボルであるオシリスと合体して力を得た。

死者は聖船の次に太陽を戴いたハヤブサの頭部だけを中心に据える船に乗り換えて天上にある神々の地に至る。天上の世界は14の小世界に分かれていたが，

第 1 章　古代人の死生観

これらのなかに楽園をイメージさせる「イアルの野」があった。

　また死者には食料を供えるだけでなく，遺体はみずみずしく美しくなければならないとされて化粧道具なども副葬された。しかし王以外の人びとの墓には，食料と飲み物が与えられることを約束された現世に近い来世のイメージが描かれた。庶民たちは死後も家族とともに暮らす世界を願ったのである。

　また来世は現世と深くつながっていたので，現世で引き起こされる災厄は死者の霊によるものと考えられ，生者は死者にさまざまな願いごとを伝えたのである。来世にある楽園にたどり着くためには二つの考え方があった。一つは日没から始まる暗闇の世界を通り抜けてから日の出の輝きをとりもどす太陽神ラーと運動サイクルをともにすることによって死からの復活を願い，楽園における永遠の生を願うものだった。もう一つは，冥界の主神オシリスの裁判を経て楽園にたどり着くというものだった。

　死者はこの楽園で耕地を耕し，収穫を行い，飲み食いし，男女の契りを結ぶというように，現世と同じことができた。墓の壁画には，緑豊かで水の溢れる楽園「イアルの野」が描かれている。そこには水鳥や魚が集まる水辺とたわわに実のなった木々があり，牛が引く鋤を使って麦の種まきが行われ，実った穂を刈り入れる図が描かれていた。

　この世で死を迎えても，それは完全な死を意味するのではなかった。彼らは冥界での試練を乗り越えて，永遠の生を手に入れて楽園に住むことを願った。そのために現世にいる間に墓を用意し，そのあとにくる永遠の生のことを考えたのである。

　墓のなかで描かれている裁判の場面では，裁判長であるオシリス神と42柱の神々がおり，死者はここでオシリス神と対面させられる。そこに控えている神々は，それぞれが死者の生前の行いを問いただしたが，それに対して死者は罪を犯したことがないことを宣言しなければならなかった。

　この宣言の後，オシリス神によってその宣言が正しかったか否かの審理が行われるわけであるが，それにあたって死者の心臓と真実を表わす羽根のマアトを天秤にかけ，山犬の頭をもったアヌビス神が計量を行い，鳥の頭をもったト

15

ト神が記録を行った。もし心臓が真実の羽根マアトとつりあえば正しき者と見なされて、死者はオシリスの国に入ることができるが、もしつりあわなければ、そのかたわらに控えているワニに似た怪物のアメミトによって心臓が食われるのである。これは死者にとって再生・復活の道が閉ざされる第二の死を意味していた。このエジプトの死生観には、他の宗教によくみられる悪人が死後に落とされる地獄というようなむごたらしいイメージはなく、悪を行った者はアメミトによって食べられて消え去っていくのみである。

② メソポタミア

　人類の文明のうちで、メソポタミアが一番古いと考えられる。古代のメソポタミア人たちがどのような死生観をもっていたのか知るには、さいわいにして新しく発掘がなされ、その研究も進んできている。そのなかで特に深い内容を秘めた神話としては、『エヌマ・エリシュ』、『ギルガメッシュ叙事詩』、『アトラ・ハシース』などがある。

　メソポタミアとはギリシャ語で、メソ（間）とポタモス（川）で河の間、つまりチグリス河とユーフラテス河の間の土地という意味である。ここの最古の文明としてはB.C.4000年紀にメソポタミア南部に侵入したのがシュメール人、中部に侵入したのがセム語を話すアッカド人であり、彼らは多くの都市国家をつくり高度な文明を築いた。シュメール人は楔形文字を発明したが、B.C.2000年頃に消滅した。アッカド語はシュメール語とはまったく別種の言語だったが、文字はシュメール人の楔形文字を用いて、さまざまな記録を残した。アッカド王朝がもっとも栄えたのはサルゴン一世の時代（B.C.24～22世紀）だった。アッカド語を話す人びとで北の方の人をアッシリアといい、南の方をバビロニアという。ウルを首都とするバビロニア単一王国は6代目のハンムラビ大王（B.C.1792～1750）の時代にもっとも栄えた。

　『アトラ・ハシース』は『ギルガメッシュ叙事詩』にはめ込まれた「大洪水物語」を基本テーマとした物語で、旧約聖書創世記のノアの洪水に大きな影響

を与えたと考えられる。『アトラ・ハシース』によれば，神々にもさまざまな欲求があり，人間と同じように衣食住を必要としていた。神々の世界は上下2つの階級に分かれていたが，上位の神々は下位の神々をこき使い，下位の神々は苛酷な労働を強いられていたので，これが嫌になりストライキをおこした。これに困った神々の王エンリルの願いにこたえて知恵の神エンキが名案を思いつき，下位の神々のひとりの血と粘土をこねあわせて人間がつくられた。こうしてできた人間は，粘土からつくられているので最後は土に還る。人間たちは大地の恵みを神々の食物などにつくり変える義務を負わされていたが，人間はつくられると働き出し，素晴らしい成功を収めた。その寿命は非常に永く，彼らは繁栄し，子孫は増えに増えた。そして彼らの話し声は途方もなく騒がしくなり，エンリルは安眠することができなくなった。そこでエンリルは人間の間に伝染病を流行らせた。エンキは人間の存在に対する危険を感じたので，最高の賢者アトラ・ハシースに病気を逃れる道を教えた。そこで人間はさらに増えていき，騒がしさもさらに高まった。そこで，エンリルは日照りと飢饉によって大量殺戮を企てた。しかしこれもエンキによって回避された。ついに堪忍袋の緒が切れたエンリルは，洪水によって粘土でできている人間を滅ぼそうとした。そこでエンキは，アトラ・ハシースに大洪水の後，無事に生き延びることができるように方舟をつくり，そのなかに家族と動物を入れて助かる方法を教えた。こうして洪水のあと人間が死滅しなかったのでエンリルは激怒したが，エンキは将来人間が増えすぎ，うるさくて悩まないように，これまでよりも人間の寿命を短くし，ある者は子どものときに死ぬようにし，またある女性は子どもを産めない身体にした。

　人類最古の神話ともいうべきこの神話は，非常に興味深い内容を含んでいる。人間というものが，喋ることに無上の歓びを感じ，他人を悩ませながらも喋ることを止めることのできない存在であるということは，人間のひとつの真実である。これは大学で若い元気な学生たちに講義をしていると，毎日思い知らされることである。

　『ギルガメッシュ叙事詩』は，シュメール人の古い伝承をもとにバビロニア

人がB.C. 2000年代前半にまとめたものである。これの22,000枚の粘土板がA.D. 1827年にイラクのニネベで出土，発見され，解読された。ギルガメッシュはB.C. 2600年頃のウルク第2王朝の第5代の実在した王で，最初シュメール語で書かれていたものがアッカド語版，すなわちアッシリア語版，古バビロニア語版に成長していったものと考えられる。ここで『ギルガメッシュ叙事詩』の内容を簡単に紹介しておこう。

　ギルガメッシュはウルクの王で3分の2が神で3分の1が人間という怪力の大男で，暴虐と圧政で人びとを苦しめていた。そこで神々は，これに対抗させるためにエンキドゥという大男をつくった。エンキドゥは森に生き，動物たちと暮らしていたが，遊女が送りこまれて彼を誘惑し，都につれてこられた。ふたりの巨人は全力で戦いあったが，戦う間にお互いに尊敬の心が芽生え，友情が生まれ，親友となった。彼らは力をあわせて杉の森を守るフンババという怪物を退治しに行く。怪物を退治した雄姿にひと目惚れをした女神イシュタルはギルガメッシュにいいよるが，ギルガメッシュは彼女が不実な女であることを知っていたので冷たく退ける。これに怒った彼女は，父神アヌに頼んで「天の牛」を天から放ってウルクの街を破壊させる。これをギルガメッシュとエンキドゥが協力して退治すると，神々はこれを怒ってエンキドゥの命を奪うことを決定する。エンキドゥはみるみる衰弱していき，自らの不運を嘆きながら息を引き取る。これをみてショックを受け，死の別離を嘆き悲しんだギルガメッシュは，死の海の彼方の2つの河があわさる地に住む最高の賢者ウトナピシュティムが不死を神々から授けられていることを知り，彼を探し出して永遠の命の秘密を知ろうと旅に出る。恐ろしいサソリ男や酌婦シドゥリに教えられながら，さまざまな困難の果てに，海の彼方の地にたどり着き，ウトナピシュティムに会い不死の秘密を聞き出そうとする。ウトナピシュティムはギルガメッシュに大洪水の話を話して聞かせ，自分は人間の子孫を確保するためにエンキに選ばれて生き残ったので，神々から終わりなき生命を授けられたのだという。このあたりの話しが，先に述べた『アトラ・ハシース』の物語である。

　そしてウトナピシュティムはギルガメッシュにこれから6日と6晩眠らない

でいることを要求した。しかしその途端にギルガメッシュは眠気に耐えることができずに6日間眠り込んでしまう。やっと目を覚ました彼は，死が間近であることを感じて恐怖につつまれる。失意のうちに帰国しようとするギルガメッシュに，妻のとりなしもあってウトナピシュティムは遠くの海底に生えている「若返り」の草のことを教えてくれる。これに力を得てギルガメッシュはふたたび苦難の旅をつづけ，深い海底に潜ってついにこの草を手に入れる。このとき彼はそこで自分で食べるよりも，まずウルクにいる老人に食べさせて試してみようと考える。しかし帰り道，都を間近にしたところで，そこに湧き出ていた泉で身体を清めているすきに，蛇が出てきてこの草を食べてしまい，そして新しい身体に脱皮する。結局ギルガメッシュは何も得られずにウルクに還り着く。しかし死というものの避けられないことを悟った彼は，帰国してからは人びとに慕われる名君となったのである。

　この神話は，古代人の死生観，人間の失敗と愚かさ，欲望と争い，嫉妬と怒り，運命，友情，崇高な諦念など，さまざまな人間の真実を含んでいる深い神話であり，人類最古のものでありながら，もっとも深い内容をたたえた限りなく賞賛に値する人類の宝というべき名作である。しかしここにおいては，古代人の神話にはめずらしく，人の死後の命については断念されている。このことは，21世紀の現代人にも受け入れやすい内容であろう。

3　ギリシャ・ローマ

　古代ギリシャ人やローマ人の死生観は，『オルフェウス』や『イーリアス』，『オデッセイア』などの叙事詩から知ることができる。またプラトンの対話編のなかにも興味深いものがある。またローマの人びとの死生観のひとつの類型としてヴェルギリウス（B.C.70～19）の『アエネイス』が興味深い。ギリシャ神話とローマ神話はまったく同一のものというわけにはいかないが，本章ではあまり厳密に区別しないで紹介しておく。

　まず『オルフェウス』において黄泉の世界がどのように描かれているのかを

みてみよう。オルフェウスは最高の詩人であり，彼が竪琴を奏でて歌うと，獣も山川草木も聞きほれ，動物たちもついてきたという。彼は木の精であったエウリュディケを妻として熱愛していたが，彼女は毒蛇に咬まれて死んでしまった。彼は悲しみにうちのめされて歌うことも弾くこともできなくなってしまう。そのせいで野山に花も咲かなくなってしまったので，彼を憐れんだ神々のとりなしにより，冥界への道を教えられる。彼が竪琴を奏でると三途の川の渡し守りカロンも舟に乗せてくれ，地獄の門を守る獰猛な番犬ケルベロスもおとなしくなった。冥界の王ハデスや妃ペルセポネも彼の音楽を聴いて，エウリュディケを返してくれる約束をしてくれた。しかしその条件として，地上に戻りつくまでは決して振り返ってはならないと命じられた。うしろに懐かしい妻の足音を聞きながら彼は地上への道を登っていったが，前方に出口の光をみたとき，ついに我慢ができずに振り返ってしまう。その瞬間，そこについてきていたエウリュディケは，ふたたび冥界へと消え去っていった。こうして自分の愚かさのために妻を永遠に失った彼は世捨て人のようになり，すべての女性を遠ざけた。トラキアの女たちは彼に好意を示したが，無視する彼に怒り，彼を八つ裂きにした。彼の首はヘブロス川に流されて海に流れてレスボス島に流れ着いた。島の人びとはこれを埋葬して神殿を築いた。それからは島の人びとは芸術的才能に恵まれるようになり，彼の竪琴は星座として天におかれた。それが琴座である。

　この悲しい神話は，その美しさのゆえに多くの人に愛され語り伝えられた。夫婦の限りない情愛，得ることのできたはずであった幸福を，戒めを守ることができずに逃してしまう男の愚かさ，女性の嫉妬の恐ろしさ，一度死んだ者は二度と戻ってこないことなどをわれわれに教えてくれる。

　ギリシャ神話では，オルフェウス以外に冥界に旅をして地上に戻ってきた者としては，ケルベロスを捕まえに行ったヘラクレスや智謀の将オデッセウスがいる。B.C. 8世紀頃のホメロスの『オデッセイア』によると，トロイ戦争の終盤で木馬の策略によりギリシャを勝利に導いたオデッセウスは冥界を訪れ，勇敢に戦って戦死したアキレス出会う。地上では無敵の勇者であったアキレスは，

死後の世界がいかに暗く悲惨な場所であるかを訴え，ここで王であるよりは，地上で貧しい人の日雇いになる方がまだましだと嘆いたことが書かれている。また，ギリシャの影響のもとにヴェルギリウスが書いた『アエネイス』では，トロイが陥落したとき神々のすすめで逃げのびたトロイの王子アエネイスが，死んだ父親から助言を得るために冥界に旅をする。彼はアポロ神殿の巫女シビュッラに導かれてポプラの森の奥，アウェルヌス湖畔の入り口から地下に降りて行き，三途の川の渡し守カロンの舟に乗せてもらう。当時死者は1オロボス銀貨を渡して舟に乗せてもらうということだったので，死者の口に銀貨を1枚入れておくという習慣があった。川を渡ると地獄の門があり，そこに番犬ケルベロスがいて尾を振って迎えてくれるが，ひとたび門をくぐると二度と戻ることはできない。戻ろうとすると，それまでおとなしかったケルベロスが牙をむきだし恐ろしい唸り声で脅かすので死者は二度と引き返すことはできない。ケルベロスは，蛇のたてがみと蛇の尾を持ち3つの頭をもった恐ろしい地獄の番犬である。ここをとおりすぎてその先に進むと，死者は地獄の裁判官ミノスの判決を受け，普通の人は死者の花アスペドロスの咲く野に行く。ここで死者の魂は実体のない影のようなものとなり，言葉も意識ももたずによろこびのない幻のようになって冥界をさまよいつづける。ここで彼は，自分が棄てたので自殺したカルタゴの女王ディドの亡霊をみかける。彼は心から許しを請うが，女王はそれに気づかない様子で過ぎ去って行ってしまう。

　悪人の魂は奈落の底タルタロスに落とされる。ここに落とされた者は二度と上がってくることができずに永遠にさまざまの拷問で苦しみつづける。しかし祝福された善人の魂は，美しいエリュシオンの野に行くことができる。そこでは恵まれた人びとが音楽やスポーツや議論を楽しむ生活をしている。そこでやっと彼は父親のアンキセスに再会する。父親は彼に助言をしてから，ここにいる人びとは，いつの日にか，そこに流れている忘却の河レテの水を飲んでここでの経験をすべて忘れてから，地上に戻ってくるのだと教えてくれる。このヴェルギリウスの『アエネイス』において，ギリシャ神話の死者の世界がさらにくわしく具体的に叙述されている。勇者アエネイスはローマ民族の始祖とされ

ているのであり，彼の子孫が狼に育てられたローマ建国の父ロムスということになっている。このヴェルギリウスの名作が13世紀のダンテの『神曲』に影響した。ダンテはヴェルギリウスに先導されて地獄と煉獄の旅をし，天国は永遠の女性ベアトリーチェに導かれてするということになっている。そしてこの『神曲』がキリスト教カトリックに大きな影響を与えたのである。

　われわれが古代ギリシャの人々の信仰を知ろうとするとき，キリスト教における聖書のような信仰の基準になるようなものもなく，また人びとの信仰を決める「神学者」というような人びともいなかったのであるから，叙事詩作家たちの作品をとおして当時の人びとの信仰内容を推測するほかない。しかし彼らの感性には素晴らしいものがあり，これが後世の人びとや文化に大きな影響を及ぼしているのである。

　次に哲学者プラトン（B.C. 427～347）の対話編をみてみよう。彼は師ソクラテスを主人公にして多くの対話編を書いているが，そのいくつかから彼の死生観をうかがうことができる。まず『ソクラテスの弁明』のなかでソクラテスが死について語っているところをみてみよう。ソクラテスは70歳のときに死刑の判決を受けるが，そのあとに人びとに対して，死ぬということは少しも恐れるべきことではないということを語っている。

　彼によれば，すべての人は，だれでもよく吟味して知を愛し求める生きかたをしていかなければならないのであるから，死を恐れるなら，それはとんでもないことをしていることになる。死を恐れるということは，自分に知恵がないのにあると思っていることなのである。死を知っている者はだれもいないのであるが，死というのは人間にとってすべての善いもののうちの最大のものなのかもしれない。もし自分が，他の人よりも何らかの点で知恵があるといえるなら，自分は，あの世のことについてはよくは知らないから，そのとおりに知らないと思っているからである。

　考えてみれば，死ぬということが善いものであるということは大いに期待できることである。もしかしたら死ぬということは，まったく何もない「無」というようなもので，死んでしまえば何も感じなくなるというようなものかもし

れない。もし死というものが、何の感覚もなくなることであり、人が寝て、夢ひとつみない眠りのようなものであるなら、死とはおどろくべき儲けものである。もし夢もみないくらいに熟睡した夜を選んで、その夜に比べて自分の全生涯の昼と夜を比較するなら、この夜よりも、もっと良くもっと楽しい昼と夜が自分の生涯においてどれほどあったであろうか。

　またもしそうではなくて、死というものが、この場所から他の場所へと住まいを移すようなものであったとすれば、これよりも大きな善いことなどあり得ない。それは過去のすぐれた人びとと出会い、だれが知者であり、だれが知者と思ってはいるがそうではないかを吟味して暮らすということであり、そこにおいてそれらの人たちと問答し、親しく交わり吟味するということは、はかりしれない幸福であるはずである。だからいずれにせよ死というものに対して、よい希望をもつべきなのである。善い人にとっては、生きているときも死んでからも悪いことは何ひとつないのである。むしろ自分にとっては、もう死んで面倒から解放されたほうが望ましいのである、とソクラテスはいう。

　『ソクラテスの弁明』のあとに書かれた『パイドン』において、プラトンはソクラテスに死後の世界についてさらにくわしく語らせている。そこにおいては、ソクラテスが肉体は死んでも魂は死なないという確信をもっていたことがさらにはっきりとわかる。ソクラテスにとって、魂が永遠に生き続ける死後の世界があることはたしかなことであり、死は、神々や過去に現われたすぐれた人びとのところへ行ける希望に満ちた門出であった。魂が肉体を離れたのち得ることができるものがハデスであり、魂は不死である。死者はそれぞれのダイモン（神霊）につれられて、これまでどのように生きてきたのかについての裁きを受ける。中庸の生活をしてきた者は、アケロンの川に向かって旅をし、舟にのってアルケシアスの湖に向かう。もし不正を犯していれば、それに対する罰を受けたのち解放される。善い行いをしていれば、その価値に応じて報いを受ける。もし大きな過ちを犯していればタルタロスに投げこまれる。あまりにも大きな罪を犯した者はそこから出てくることはできないが、軽い罪を犯した者や悔い改めた者は、一年の後にそこから放り出される。もっとも清らかな生

活をしてきた者は，解放されて上方の住まいに住むことができる。さらに，知を愛することによって十分に浄められた者は，肉体なしに生活するようになり，さらに美しい住まい，星たちのなかに行く。その魂がどこへ行くのかは，現世での生き方によって決定される。すぐれた魂の住居には立派な神々がおり，すぐれた魂の人びとが生きている。魂は肉体を離れて自由になり，その世界に永遠に生き続けるのである。これから自分が行くべき世界には，この世を支配している神々とは別の，かしこくもまたよき神々がおられるにちがいない。そしてそこには，この世に生きている人びとよりもさらにすぐれた死者たちがいるにちがいない。自分はまず，よき死者たちのもとに行くであろう。死をむかえて魂は肉体から離れることで，魂がまさに魂だけのものとなるであろう。肉体といっしょでは何ものをも純粋に知ることはできないのであり，真に知を獲得することは死後において可能となるのである。このようにプラトンは，ギリシャ神話の死後の世界とは微妙に違う独自の見解を展開したわけであるが，このプラトンの思想は後世のキリスト教世界にも計り知れない影響を及ぼしたのである。

4 パレスティナ

中東のパレスティナで生まれた宗教には，39巻のヘブル語「タナク」(旧約聖書) を聖典とするユダヤ教と，それに27巻のギリシャ語「新約聖書」を加えて合計66巻を聖典とするキリスト教がある。タナクは39巻の聖典であるが，その最初の5巻 (創世記・出エジプト記・レビ記・民数記・申命記) がもっとも重視され，トーラー (律法・モーセ五書) とよばれる部分である。それの最初の部分である『創世記』に，神による6日間の天地創造とエデンの園のアダムの神話などが記されている。しかしトーラーには，人間はこの地上の生涯において神に出会い祝福を受けるのであり，死後の命という発想はいまだなかった。だから神の祝福とは，①1,000年ちかい寿命をまっとうすること。②自分の跡継ぎとしての男子に恵まれること。③それ以外にもたくさんの息子・娘に恵まれる

こと。④長寿をまっとうしたのち先祖の墓に葬られ、子孫にいつまでも記憶されること、というようなものだった。現代でもユダヤ教ではこの五書が特に大切な聖典として、最初の『創世記』1章から最後の『申命記』34章までが52の部分に分けられて週の最後の安息日の朝、世界各地のシナゴーグ（ユダヤ教会堂）で同じ箇所が読まれ、それについての議論がなされ、祈りが捧げられている。すなわちそのことは、全世界のユダヤ教徒が毎週、時差はあるにしても、同じ時間に同じことを考えているということである。ここにユダヤ人の結束の秘密があるといえるだろう。

しかし現代21世紀のユダヤ教では、トーラーをもっとも大切な聖典とはしているものの、ミシュナあるいはタルムードというラビ（ユダヤ教教師）のトーラーに関する膨大な解釈などのみちびきにより、トーラーには記されていない死後の命や天使の存在が信じられている。

同じ旧約聖書でも、キリスト教とユダヤ教では読み方や解釈が相当違うが、ここではまず、旧約聖書で死について書いてあるところを『聖書　新共同訳』（日本聖書協会、1989年）によりつつ、挙げてみよう。

　「わたしの人生は過ぎ去り、わたしの計画も心の願いも失われた。夜は昼となり、暗黒の後に光が近づくと人は言うが、わたしは陰府に自分のための家を求め、その暗黒に寝床を整えた。墓穴に向かって「あなたはわたしの父」と言い、蛆虫に向かって「わたしの母、姉妹」と言う。どこになお、わたしの希望があるのか。誰がわたしに希望を見せてくれるのか。それはことごとく陰府に落ちた。すべては塵の上に横たわっている」（ヨブ記17章13～16節）。

このヨブ記は、トーラーよりは後の時代に書かれたと考える学者が多いが、死後行く陰府は、塵と蛆虫のなかに横たわって何もできない希望のかけらもない状態と考えられている。だから、サタンからの試練に耐え抜いて信仰をまっとうしたヨブへの報いとして神から与えられたものは、長寿と子孫の繁栄だった。

「ヨブはその後140年生き，子，孫，四代の先まで見ることができた。ヨブは長寿を保ち，老いて死んだ」（ヨブ記42章16節）。

またエゼキエル書では，戦死したイスラエルの兵士たちが起き上がる幻が描かれているが，これはまだ個人の復活ということではなく，イスラエル民族の命ということを語っていると考えられる。つまり旧約時代の人びとは，わたし個人は死ぬがわたしの命が子孫に受け継がれていくということで満足したのである。

しかし旧約時代の最後の頃，ギリシャ宗教を強要するセレウコス朝アンティオコス・エピファネス（B.C. 215〜163）の迫害のなかで，信仰を棄てずに殉教した者への神の報いとして，ダニエル書の「個人の復活」という発想が生まれてくるのである。

「多くの者が地の塵の中の眠りから目覚める。ある者は永遠の生命に入り，ある者は永久に続く恥と憎悪の的となる。目覚めた人々は大空の光のように輝き，多くの者の救いとなった人々は，とこしえに星と輝く」（ダニエル書12章2〜3節）。

新約聖書では，何よりもキリストの復活が中心的な信仰である。共観福音書（マタイ・マルコ・ルカ福音書）とヨハネ福音書において，その生涯の最後にイエスはエルサレムで十字架につけられ，息を引き取り，墓に葬られるが，3日目に復活し40日にわたって信じる者たちの前に現われている。そして40日後に人びとのみている前で天に昇っていったのである。その証拠がエルサレムの「空虚な墓」とされており，そのキリストを葬った墓とされるところが，現在「聖墳墓教会」として，ギリシャ正教とローマ・カトリックが共同で管理している聖堂になっている。

また異邦人に宣教したパウロによれば，すべての人の初穂としてキリストが甦ったのである。すなわち新約聖書では，イエスの復活により信じる者は彼と

同じさまで復活する，すなわちわれわれは死んでもそれで終わりなのではないということでは共通しているが，その死後の命や死後の世界がどのようなものであるのかということについては統一見解のようなものはない。

　また共観福音書ではユダヤ人のエリートであるサドカイ人が，当時の習慣にしたがって，つぎつぎと死んだ7人の兄弟の妻になった女は，死後，だれの妻なのかと問うたのに対してイエスは，「復活のときには，めとることも嫁ぐこともなく，天使のようになるのだ」と語っている。ヨハネ福音書でイエスは復活について次のように語っている。

　　「わたしは復活であり，命である。わたしを信じる者は，死んでも生きる。生きていてわたしを信じる者はだれも，決して死ぬことは無い」（ヨハネ福音書11章25～26節）。

　共観福音書においてもキリストの復活ということがまったく一致しているわけではない。だから新約聖書における死の理解などといっても，さまざまなとらえ方があるが，少なくとも人間は死んでもそれで終わりなのではなく，何らかのかたちで死後の命があり，復活するのだということである。それ以上くわしいことは聖書には書かれていない。少なくともキリストが復活したのだから，われわれもかならず復活するのだということである。それが肉体の復活であるのか，霊による復活なのであるのかも，一致したものはない。

　ルカ福音書16章には，金持ちとラザロの譬え話がある。生きているときには贅沢三昧の生活をしていた金持ちが，死んで黄泉で炎のなかでもだえ苦しんでいたが，目を上げると生前彼の門前でものごいをしていたラザロがアブラハムのかたわらにいるのをみて助けを求めるが，アブラハムと彼の間には大きな淵があって渡って行くことはできない。生きている間にモーセと預言者に耳を傾けなければ，死んでしまったらもう手遅れだという話である。

　マタイ，マルコ福音書では終末が切迫していることが強調されているが，それはこれまでの地上の秩序が終わって新しい神の支配する世界がくるというこ

とで，死後の命とは直接関係はないと考えるべきだろう。

　マタイ福音書25章では，人の子が栄光に輝いて天使たちを従えて来臨し栄光の座につくと，すべての民が集められ，羊飼いが羊と山羊を分けるように，彼らを右と左に分ける。そして王は右側の祝福された者たちに，これまで彼らが困っている人びとを助けたということで，天地創造のときから用意されていた国を受け継げという。それから左側の呪われた者たちに，悪魔とその手下のために用意してある永遠の火に入れという。彼らが，助けを必要としていた人びとに手を差し伸べなかったからである。こうして彼らは永遠の罰を受け，正しい人たちは永遠の命にあずかるのである。しかし，この永遠の命と死後の命とは同じものとは簡単にはいえないであろう。

　また福音書には，ラザロ（ルカ16章のラザロとは別人）という人物や会堂司の娘が死んだのに生き返ったという奇跡物語が記されているが，これも死後の命というよりも，死を先延ばししたという程度のことで，病人の癒しの奇跡と同列におかれるべき事柄であろう。

　パウロはテサロニケの信徒への手紙一4章でいう。

「兄弟たち，既に眠りについた人たちについては，希望を持たないほかの人々のように嘆き悲しまないために，ぜひ次のことを知っておいてほしい。イエスが死んで復活されたと，わたしたちは信じています。神は同じように，イエスを信じて眠りについた人たちをも，イエスと一緒に導き出してくださいます。……主が来られる日まで生き残るわたしたちが，眠りについた人たちよりも先になることは，決してありません。すなわち，合図の号令がかかり，大天使の声が聞こえて，神のラッパが鳴り響くと，主御自身が天から降って来られます。すると，キリストに結ばれて死んだ人たちが，まず最初に復活し，それから，わたしたち生き残っている者が，空中で主と出会うために，彼らと一緒に雲に包まれて引き上げられます。このようにして，わたしたちはいつまでも主と共にいることになります。……その時と時期についてあなたがたには書き記す必要はありません。盗人が

夜やって来るように，主の日は来るということを，あなたがた自身がよく知っているからです」。

このようにパウロも終末の切迫を語っており，またキリストはわれわれの初穂として復活したのであるから，われわれも彼にならって復活することはたしかなのではあるが，死後の命については，それがどのようなもの，あるいは状態なのであるかということについてはほとんど語ってはいないというべきだろう。

だから天国や地獄やその中間の煉獄などというものは聖書に書かれているものではなくて，カトリック教会がその歴史のなかで考え出したものというべきであろう。新約聖書では，キリストが復活したのだから，信じるわれわれも自己の復活を確信して，この世を愛に生きよということなのである。

ヨハネ黙示録でも，この地上世界の終末のさまが具体的に描かれているが，やはりそれはこの世界の終わりのさまであって，死後の世界を描いたものではない。

ようするに，聖書を重視するプロテスタント教会においては，聖書にもとづいて具体的に死後の命がこのようなものであると断定することは困難であるというべきであろう。ただ，キリストが死を克服し復活したのであるから，われわれの命も現世だけで終わってしまうものではなく，キリストにならって復活するのだというのがプロテスタント・キリスト教の信仰ということであろう。

5　まとめ

以上われわれは，人類の黎明期というべき古代の人びとが死後の世界に関して豊かな想像力をはたらかせてつくりあげた美しくも壮大なまぼろしを鳥瞰してきた。彼らは，この21世紀に生きるわれわれのもっているような科学的知識の欠如した知識のなかで，このような死後の世界についての美しい神話を形成し，それに命をかけてきたのである。彼らの素朴かつ深遠な思想にふれると，

むしろわれわれは科学的な知識によって逆に大切な,根本的なものを見失ってしまっているのではないかと思うのである。われわれは,古代の人びとが残してくれた遺産に対してもっと謙虚に耳を傾けるべきではなかろうか。

本章ではエジプト,メソポタミア,ギリシャ・ローマ,パレスティナという順序で紹介したが,それぞれの神話が,ながい時代,広い地域にわたってさまざまな人びとによって語り伝えられ,書き記され,それにまたつけ加えられたり削除されたりということが繰り返し行われてきたわけであるから,どの神話がもっとも古いかというようなことも一概にはいえないことであり,さまざまのパターンがあるのだということをもう一度強調しておきたい。キリスト教のように教会会議を開催して,正統と異端をはっきりと区別し,したがわない者は火あぶりにして,正統的な教義を確立するということをしなかったこれらの多神教の神話には,さまざまなパターンがあるので,こちらが正しくてそっちは違うなどといい張るわけにはいかないのである。そこにおもしろさもあればむずかしさもある。

しかし,このようにはるかに人類の歴史をさかのぼり,古代の人びとの世界観にふれてみると,生殖医療,再生医療,安楽死と尊厳死,人工授精,脳死と臓器移植などの生命倫理の問題に直面している21世紀の先端的科学技術の時代に翻弄されているわれわれが考えなければならないことに対する,ひとつの方向が示されているのではないかと思うのである。

●参考文献
プラトン／今林万里子・田中美知太郎・松永雄二訳 (1975)『プラトン全集1　エウテュプロン・ソクラテスの弁明・クリトン・パイドン』岩波書店。
小川英雄他 (1979)『世界の宗教と経典　総解説』自由国民社。
山室静 (1980)『ギリシャ神話』社会思想社。
矢島文夫 (1982)『メソポタミアの神話』筑摩書房。
フィリップ・アリエス／伊藤晃・成瀬駒男訳 (1983)『死と歴史——西欧から現代へ』

みすず書房。
矢島文夫（1983）『エジプトの神話――兄弟神のあらそい』筑摩書房。
カール・ケレーニイ／植田兼義訳（1985）『ギリシアの神話――英雄の時代』中央公論社。
ホメロス／松平千秋訳（1986）『イリアス』岩波文庫。
ホメロス／松平千秋訳（1986）『オデッセイア』岩波文庫。
ヘシオドス／松平千秋訳（1986）『仕事と日』岩波文庫。
ヘシオドス／松平千秋訳（1986）『神統記』岩波文庫。
日本聖書協会編（1989）『聖書 新共同訳』日本聖書協会。
石上玄一郎（1989）『エジプトの死者の書――宗教思想の根源を探る』第三文明社。
ピエール・レベック／青柳正規監修（1993）『ギリシア文明――神話から都市国家へ』創元社。
ジャン・ボッテロ，マリージョゼフ・ステーヴ／矢島文夫監修（1994）『メソポタミア文明』創元社。
ジャン・ボッテロ／松本健監修（1996）『バビロニア――われらの文明の始まり』創元社。
フランツ・キュモン／小川英雄訳（1996）『古代ローマ人の来世観』平凡社。
J・ボウカー／石川都訳（1998）『死の比較宗教学』玉川大学出版局。
ベルナデット・ムニュー／吉村作治監修（1999）『ラメセス2世』創元社。
ひろさちや監修（2000）『世界5大宗教入門』主婦と生活社。
渡辺和子「ギルガメシュ叙事詩」吉田敦彦編（2000）『世界の神話101』新書館。
片岸直美他（2002）『エジプトの死者の書』河出書房新社。
小林登志子（2005）『シュメル――人類最古の文明』中公新書。
フェルナン・コント／蔵持不三也訳（2006）『ラルースの世界の神々 神話百科』原書房。
内田杉彦（2007）『古代エジプト入門』岩波ジュニア新書。
中田一郎（2007）『メソポタミア文明入門』岩波ジュニア新書。
井上順孝編（2012）『世界宗教百科事典』丸善出版。
青木健（2012）『古代オリエントの宗教――異教の魔神たちが織りなすもうひとつの精神史』講談社現代新書。

第2章
「天地の間」という自然観
――遺体から遺伝子まで――

三宅善信

　近年，わが国における葬儀や先祖供養のあり方が急激に変化しつつある。一言でいうと「簡素化」である。その最大の原因は，少子高齢化や経済格差といった社会構造の変化にともなうものであることはいうまでもない。しかしながら，一方では，墓参行動などは世代や地域間の格差に関係なく衰える兆しがみえない。その背景にはやはり，容易には変わらない「日本人の死生観」があるからであろう。

　筆者は本章において，「日本人の死生観」のもととなった「自然観」や「生命観」について，はるか縄文時代から現代のアニメまで取り上げ，かつ，世界各地の諸文化との比較を通じて，「日本人の死生観」の根底にある「天地の間」という自然観を探ってみたいと思う。

1　神話の比較――ギルガメッシュとスサノヲ

（1）『ギルガメッシュ叙事詩』にみられる森林伐採

　世界の諸文明における世界観や死生観を概観するためには，それぞれに伝承された「神話」を比較するのはよい方法である。ここでは，後に「一神教」と呼ばれるようになったの「アブラハムの宗教」（ユダヤ教・キリスト教・イスラム教）の原型としてのメソポタミア神話と日本神話を「森」というキーワードをもとに比較してみたい。

　メソポタミアで四千数百年前に成立したとされる粘土板に刻まれた人類最古の文献資料『ギルガメッシュ叙事詩』は，粘土から人を造る話や大洪水物語等，

第2章 「天地の間」という自然観

その2,000年ほど後に編纂された『旧約聖書』にも大きな影響を与えたが，筆者がここで注目しているのは，この叙事詩の主人公である半神半人の王ギルガメッシュが，半神半獣の森の王フンババ（フワワ）を倒すエピソードである。神は荒ぶる王ギルガメッシュの競争相手として粘土から毛むくじゃらの野人エンキドゥを造り出したが，この二人はすぐに意気投合して，森の神フンババが守る深い森に立ち入り，青銅の手斧をもって芳しいレバノン杉を次々と切り倒し，メソポタミアに最古の都市国家ウルクを建てた。その後，森林は農耕文明によって堰を切ったように畑地となり，あるいは牧畜文明によって草原となり，レバノン杉自身は，都市の建築用材となり，青銅を精錬する燃料となって，しだいに姿を消していった。

メソポタミアや地中海東岸世界では，レバノン杉は最高の建築用材とされ，ノアの方舟，ピラミッドの基礎，ファラオの棺，ギリシャ・ローマの神殿の屋根等の用材として盛んに伐採されたので，中東地域の広範囲が砂漠化され，現在，レバノン杉の自然林はほとんど残っていない。逆にいうと，この森林伐採による砂漠化による保水力の低下が「大洪水」の原因であるともいえる。そして，この鬱蒼とした森林を切り拓くという行為こそが，アブラハムの宗教においては，人間に与えられた神聖な行為として認識されてきたということである。

（2）『日本書紀』にみられるスサノヲ一家の植林

「八岐大蛇（ヤマタノオロチ）退治」のエピソードで有名な『日本書紀』巻第一の第8段の第4と第5の一書において[1]，乱暴狼藉行為によって高天原を追放された素盞嗚尊（スサノヲノミコト）は，息子の五十猛命（イソタケルノミコト）を伴い，最初は新羅のソシモリに天降った。しかし，「この国にはいたくない」といって，埴土船（粘土製の船）で海を渡って出雲の鳥上の峯に再降臨し，「韓郷の島には金銀がある。もしわが子の治める国（日本）に，舟がなかったらよくないだろう」といって，「鬢を抜いて杉，胸毛から檜，尻毛から槙，眉毛を樟となした」とある。木々の用途として「杉と樟は船，檜は宮，槙は寝棺を造るのに良い。そのために木種を播こう」といって，日本中を植林して回った。

スサノヲはその子のイソタケル,大屋都比賣(オオヤツヒメ),都麻都比賣(ツマツヒメ)の三柱の神とともに「紀伊国に祀りしてある」と記載されている。温暖多雨な紀伊国(和歌山県)は,文字どおり「木の国」なのである。

　森林を伐採して都市国家を築き神聖王となったギルガメッシュと,植林して地上の神聖王となったスサノヲという,森林に対してまったく正反対のアプローチを取った二人のエピソードには共通点が多々ある。いずれも,初めは手のつけられない乱暴者であったことや,彼らのかかわった材木が,神殿や棺桶や船といった特別な用途の木材となった点などである。いずれにせよ,人口密度の高い日本は世界有数の先進工業国であるにもかかわらず,「森林の国」のイメージが強いカナダやフィンランドと並ぶ,国土の3分の2が森林という,現代でも自然に恵まれた国である。

　ここで触れておかなければならないことは,スサノヲがその姉である天照大神(アマテラスオオミカミ)によって高天原を追われた理由である。彼が高天原で行ったとされる乱暴狼藉とは,一般に考えられているような殺人や暴行といったような犯罪行為ではなく,もっぱら水田の畦や用水路を壊したり,すでに誰かが種を播いている畑に別の種を重ねて播くという類の,いわば「農耕妨害」であった。これはおそらく,水田稲作文明をもたらした弥生人と,それ以前から狩猟採取生活を送っていた縄文人という新旧の日本人たちの文明のせめぎあいを象徴した神話であると考える。水田を耕作するという行為は,森林を伐採して開墾するという行為にほかならないからである。もちろん,最終的に勝利したのは弥生人のほうであり,その結果として,稲作文化を象徴す神であるアマテラスが「葦原中国(あしはらのなかつくに＝日本)」の最高神となり,スサノヲは周縁部へと押しやられた。しかしながら,国土の3分の2は,水田耕作に適さない斜面ばかりの山岳地であったので,この国には「森の文化」も生き残ることができた。

（3）『もののけ姫』にみられるシシ神の森とみなれた森の関係

　映画『もののけ姫』とは,『ギルガメッシュ叙事詩』をプロットにしながら,

第2章 「天地の間」という自然観

　これを宮崎駿が日本的に解釈し直し，山狗に育てられた野生児サン（もののけ姫）に守られるシシ神の森の木々を伐採することによってタタラ場（製鉄工場）を経営するエボシ御前一党との戦いを描いた映画である。この映画のラストで，シシ神を殺すことによって一度破壊されてしまった原生林（もののけの跋扈する恐ろしい森）は，生と死を司るシシ神の最期の力によって蘇り，再び新しい森の生命が芽生える。しかし，そのときにサンが口にする言葉は「木々は甦っても，ここはもうシシ神の森じゃない。シシ神様は死んでしまった」であり，文字どおり，もはやそれは，われわれ現代人がみなれた穏やかな恐ろしくない森になってしまったのである。

　現在でも，全国の神社で6月末と12月末に仕えられている「大祓神事」と呼ばれる半年の間に溜まってしまった罪穢れを祓い取る祭事があるが，この「大祓神事」の際にかならず唱えられるのが『中臣祓詞（なかとみのはらえことば）』である。この神道儀礼は，奈良時代以前からわが国の朝廷で文武百官が参列して毎年行われていた。その『中臣祓詞』には，高天原に居た皇祖神が葦原中国に天下る場面を描写して，「……国内（くぬち）に荒振神等（あらぶるかみたち）をば，神問はしに問はし給ひ神掃へに掃へ給ひて言問ひし，磐根（いはね）木根（きね）立草（たちくさ）の片葉（かきは）をも事止（ことや）めて，天の磐座放ち天の八重雲を伊頭の千別（ちわき）に千別て……」という表現がある。

　この部分は，「（洗練された文明をもつ）天津神（あまつかみ＝天孫族）が地上に降臨する以前から，国中には粗野な国津神（先住民やその精霊）たちがたくさん居たが，天津神がこれらを掃討して行ったので，それまでは騒がしかった巨岩や古木や草々までがピタリと静かになって，天津神のもたらした秩序を受け入れた」という意味である。つまり，いったん文明化されてしまったら，たとえ森林であったとしても，もはや原始林とは似て非なる存在になってしまうという意味である。整然と杉や檜が植林された現在の日本の山林をみるまでもなく，たとえ熱帯雨林地帯でも，人為的に単一の植種がプランテーションされた森林には，霊的な力はもはやないという意味である。

第Ⅰ部　死生観の研究

2　天地をつなぐ柱──三内丸山遺跡と諏訪大社御柱祭

（1）　カミと柱──三内丸山遺跡の巨大列柱跡が意味するもの

　今から約5,500年前から4,000年前（紀元前3500～2000年）にかけて，本州の最北端で縄文文化が花開いた。三内丸山遺跡である。1,500年間もの長きにわたって繁栄し続けたその集落を，後の日本の歴史に置き換えると，なんと聖徳太子の時代から現代までよりも長い期間，一箇所に定住し繁栄しつ続けているということになり，驚異的なサステイナビリティである。このことを可能にするには，「縄文文化」として従来考えられていたような自然から資源を簒奪するだけの「狩猟採取」生活では，とても1,500年間は同じ場所で人びとの生活を持続できない。三内丸山の集落では，人間の手によってクリやトチノキなどの実のなる植物の種を選択的に播いたりすることによって，つねに山林を再生していたと考えるほうが自然であるし，最新の花粉考古学の成果もそのことを示唆している(2)。

　ところで，現代人は，発掘された遺跡に何本かきれいに並んだ柱の跡を見つけると，すぐに「そこには建造物があったはず」と想起するが，実は，古代の日本においては，「柱を立てる行為」そのものが宗教的に重要であった。先述した『中臣祓詞』においても，「……下津磐根に宮柱太敷き立て，高天原に千木高知りて……」と表せられているように，伊勢の神宮でも，御正宮の中心に「心の御柱(みはしら)」と呼ばれる本殿の他の部分にまったく接していない（建物の構造としてはなんの役にも立たない）柱があり，その柱こそが神の依代(よりしろ)であり，われわれが拝する御正宮の建物そのものはむしろ，その「心の御柱」を守っている（目隠ししている）ものにすぎないともいえる。日本語は，世界の諸言語の中でもっとも多くの助数詞を有する言語であるが，神霊を数える助数詞は「一柱(ひとはしら)，二柱(ふたはしら)」と呼ぶことからも，古代において，柱は神の依代そのものであった(3)。

36

第2章 「天地の間」という自然観

（2） 天地をつなぐ柱——諏訪大社の御柱祭

　後漢代に編纂された最古の部首別漢字辞書である『説文解字』によると，「工」という漢字は「天と地をつなぐ柱」という意味である。かつて「天孫降臨」の際に，出雲地方の先住民の長であった大国主命（オオクニヌシノミコト）に対して，最新兵器で武装した天孫族の先兵の建御雷神（タケミカヅチノカミ）が強制退去を命じた（いわゆる「国譲り」）際に，徹底抗戦を主張して戦ったオオクニヌシの息子建御名方神（タケミナカタノカミ）は，タケミカヅチに破れて信濃国の諏訪地方まで落ち延び，そこで現地の先住民の支配者になったとされるが，室町時代の初期に編纂された『諏方大明神画詞（すわだいみょうじんえことば）』によると，タケミナカタの末裔である諏訪氏は，日本最古の神社といわれる大和国の大神神社（おおみわ）の神氏と同族ということになっている。その『画詞』には，「（諏訪大社最大の祭礼である）御柱（おんばしら）は桓武天皇の時代に始まる」というふうに書かれており，また，「寅申の干支に当社造営あり」と書かれてある。現在でも，「御柱祭」は寅と申の干支の年（つまり6年ごと）に行われるので，現在まですでに200回の回数を重ねてきたことになる。

　この奇祭のエネルギーは凄まじい。6年に1度，深い山中から8本の樅の巨木を切り出し，アリの群れがセミの死骸を運ぶかのごとく，巨木に長い綱をつけて曳くという昔ながらの方法で，何千人もの男たちによって，山越え谷越え川越えて何十kmもの道程を曳きずられ，最後に，上社下社の両諏訪大社の境内の定められた位置に，この巨木が突き立てられる。これこそまさに，縄文時代以来の「立柱」信仰の名残といえる。

　古代において諏訪という土地は，文明の中心である畿内からみると，まさに「別世界」といえる蝦夷（えみし）の世界（＝東国）への入口であった。天孫族に出雲を追われた出雲族が，若狭・近江・美濃を経由して信濃に侵入し，ドミノ倒し式に先住民（縄文系）を追い出したと考えられる。出雲において破れた先住民出雲族が，その後の占領統治をしやすくするために，勝者である天孫族によって出雲大社に祀られたように，諏訪においては，先住民守矢族が出雲族によって諏訪大社に祀られたと考えるべきであろう。平安時代初期に「日本（やまと）」の版図を本

州の最北端まで拡げた桓武政権の「征夷大将軍」坂上田村麻呂は，この諏訪を軍事的な拠点として，蝦夷（縄文系の人びと）の土地であった「陸奥」への侵攻を図ったのである。

③ 有限の世界認識――「みえる範囲」こそが世界

（1）表音文字的世界認識と表意文字的世界認識

　北東アジア人の世界認識は，中東のアブラハミックな世界観，欧州のヘレニズム的な世界観，南アジアのインド的な世界観に共通してみられるような「霊肉二元論」的な世界観とは異なり，一言でいえば，観念論ではなく具体的である。その理由は，セム語系およびインド・ヨーロッパ語系の言語は表音文字であるのに対し，長年，北東アジア世界の共通文字であった漢字が表意文字であったからである。表音文字の世界は，たとえば，英語で「GOD」は「神」であるが，同じアルファベットの組み合わせでも，逆さまの「DOG」になると「犬」になってしまう。その意味で，「はじめに言（ロゴス）ありき」であって，旧約聖書『創世記』第2章にも，「人（アダム）が名付けたものがそのものの名前となった」とある。しかし，表意文字の文化圏では，具体的なモノの形象にもとづいて漢字が創られたことからもわかるように，言語を用いて行われる人間の知的思索は，具体的なモノの形象によって制限されており，その意味で，「はじめにモノありき」といえる。

　北東アジアの儒教的・神道的な世界観では，「世界」は有限な存在で，目でみえる（具体的な知覚）範囲内にあると考える。そこには，アリストテレスやスコラ的（観念的）世界観や，仏教をはじめとするインド由来の宗教にみられるような，宇宙の中心に聳え立つ須弥山や，西方十万億土の彼方にある極楽浄土といった（観念的）世界観ではない。

（2）すべては「天地の間」にある

　元来，日本では，先祖の霊魂は，西方十万億土の彼方にある「極楽浄土」や，

第2章　「天地の間」という自然観

ユダヤ・キリスト教的なこの世と隔絶された「神の国」に行くのではなく、もっとわれわれに身近な、いわば「草葉の陰」にいて、日々、われわれ子孫を見守っていると考えられてきた。だから、墓参りでも、酷暑期のお盆には、墓石に「暑かっただろう」といって水をかけ、故人が好きであった酒瓶の蓋を開けたり、タバコに火を点けたりして墓前に供えるのである。

　怪談話の慣用句に「魂魄（こんぱく）この世に留まりて」という言葉があるが、ここでいう「魂」は「たましい」のことであり、「魄」とは「遺骨」のことである。どちらの漢字にも共通する「鬼」という旁は、「鬼籍（きせき）に入（い）る」の「鬼」であって、亡骸の意味で、日本の民話に登場する「鬼（おに）」のことではない。頭蓋骨の形象である上半分と脚の形象である下半分を組み合わせた漢字が「鬼」である。一方、「魂」という漢字の偏である「云（うんぬん）」という部首は、「雲」の下部と同じで、そこらへんにフワフワと浮いているものの意味。したがって、「魂」とは、「亡骸の周辺でフワフワと浮遊しているもの」という意味であった。「魄（はく）」とは、文字どおり「白い亡骸」すなわち「遺骨」のことである。つまり、日本人にとっては、亡骸とまったく分離した形での「魂だけでの死後の世界」はあり得なかったのである。

　そのように考えると、各家庭で先祖を祀る際に、神棚に燈明を上げたり、仏壇で線香を焚いたりすることの意味もわかる。ようするに、祖霊に対して、「あなた（故人）の子孫である私が、今ここであなたのことを祀っていますよ」と、おそらく「草葉の陰」から私のことを見守ってくれているであろう祖霊を、線香の煙や燈明の光でもって「誘導」しているのである。あたかも、空港が、夜間に着陸する航空機に対して、滑走路の誘導灯を点滅させるのと同じ原理である。

　これを、各家庭ごとではなく、都市丸ごとで行っているのが、京都五山の送り火（いわゆる「大文字焼き」）である。毎年8月16日に、盂蘭盆会の締めくくり行事として行われるこの「五山送り火」には、洛中の商業施設もネオンサイン等を消して、この伝統行事が静寂な雰囲気のなかで行われることに協力している。長年京都で暮らしてきた人びとの先祖の霊が、京都盆地を取り囲む五つ

の山肌で焚かれた松明の炎をみているのだとしたら、祖霊がとどまっているであろう空間は、それほど京都盆地からは離れてはいないであろう。隣接する大津市はおろか、同じ京都市内でも「洛外」にあたる山科方面からでは、五山送り火をみることができないので、洛中に暮らす人びとの祖霊の住む世界はきわめて近接していると考えてよいだろう。

　それではいったい、古代の日本人にとって、神仏や祖霊の住む世界とわれわれの暮らす世界との距離感は、具体的にどれくらい離れていると感じられてきたのであろうか？　皇祖神を祀る伊勢の神宮は、清流五十鈴川のほとりである現在の鎮座地（伊勢）に固定されるまで、各地を転変してきたことは案外知られていないが、「外宮」と呼ばれる「豊受大神宮」は、もともと、丹後国の「真名井原」の地に鎮座していた。現在、われわれがよく知る地名でいえば、「日本三景」のひとつ京都府宮津市の「天橋立」のつけ根の部分にあたる位置で、そこには「元伊勢」と呼ばれる「籠神社」が鎮座している。

　伝説によると、白砂青松の美しい砂州である「天橋立」は、かつては、アマテラスやスサノヲの父親であった伊弉諾尊（イザナギノミコト）が、神々の暮らす高天原と葦原中国（地上世界）を行き来するのに用いていた梯子段であった。ところが、イザナギがうっかりと昼寝している間にその梯子段が倒れてしまい、それが「天橋立」になったそうである。ちなみに、天橋立の端から端までの距離はたった3.2kmしかない。この程度の上空なら、お盆の迎え火や送り火がよくみえるであろう。海抜3,776mの富士山頂などは、ゆうに高天原まで届く標高があったので、古代人にとっては、まさに「霊峰」であったといえる。日本人が、高い山に神仏がおわす世界を想起していたことは、日本仏教の根本道場が高野山や比叡山に設けられたことからも明らかであるし、その後の修験道の流行などからもみてとれる。ちなみに、明治維新の『神仏判然令』によって廃絶された修験道の従事者である山伏は、当時17万人もいたことが記録に残っているが、現在の日本の人口に換算すると約68万人ということになり、これは、現在日本で神道・仏教・キリスト教・新宗教等のすべての宗教に従事している「宗教家」の総数に匹敵するほどの大きな数字である。それほど山岳信仰は盛

んであったのである。現在でも，霊峰富士には，7〜8月の開山期間中の週末など，一晩で1万人以上の人がご来光を拝みに登頂するくらいだから，よほど日本人の潜在的宗教意識とマッチしているのであろう。

　これらの考察から導かれることは，日本においては，われわれ人間はいうまでもなく，神仏も霊魂もモノ（もののけの類）も，平地と山岳（あるいはその少し上空）の違いはあっても，すべて「天地の間（この世）」に住んでいるということである。

4　自然の再生力を信じる──『中臣祓詞』

（1）　自然循環の回転が速い日本の風土

　オリエントのジグラットやピラミッド，ギリシャのパルテノン等の数千年の風雪に耐えてなお残っている堅牢な石造りの神殿と比べると，シンプルな白木造りの伊勢の神宮等は，いわば「掘っ立て小屋」のような存在である。人間が日々ケアしなければ，おそらく百年ほどで朽ちてしまうであろう。なぜ，このような「掘っ立て小屋」様式が指向されたのかについては，第2節の（2）において，神が依代とする柱が「天と地をつなぐ」ためには，その巨柱を直接，大地に掘っ立てなければならないからであると述べたが，さらにより根元的な風土論的理由がある。それは，台風・地震・噴火・津波等の激烈な自然災害にたびたび襲われる日本では，そもそも，人びとは堅固な構造物を建造することに執着しなかったという点である。科学技術の粋を凝らした現在の堅牢な鉄筋コンクリート造りの建造物でさえ，東日本大震災では大きな被害を受けたのである。過去1万年以上の長きにわたってこの自然災害の頻発する日本列島に定住してきた縄文人や弥生人にとって，「破壊と再生」の回転が速い風土がその精神構造に与えた影響は大きいといわざるを得ないであろう。

　これらの環境が，「堅牢な神殿」を建造するよりも「破壊されたらすぐに再生できる神殿」を指向した。しかし，そのためには，いつでも神殿を再生できるように，神殿の建設はもとより装飾や儀礼で用いる装束や神具に至るまで，

神殿に関するあらゆる「技術」をつねに維持しておかなければならない。そこで編み出された方法が、たとえ神殿そのものが自然災害によって破壊されようがされまいが、定期的に更新するという方法である。これが伊勢の神宮をはじめいくつかの重要な神社でみられる式年遷宮という考え方につながった。こうしておけば、つねに神殿建設にかかわる人や技術を維持しておくことができる。神道の価値観のひとつである「常若(とこわか)」の思想もこうして生まれた。

(2) 「消費」の意味──アニミズム的なモノと経済的 value の違い

先日 (2014年4月)、消費増税が実施されたが、「消費税」(consumption tax) という考え方の意味について正確に説明することができる人は、経済学者のなかでも実は少数である。なぜなら、「消費」という言葉の意味そのものが正しく理解されていないからである。「消費」という言葉の文字どおりの意味は、「消えて費えること」であるが、この世に存在する物質が、物質的には決して「消えて費え」ることはない。神学概念として神による「creatio ex nihilo」(無からの創造)はいえても、実際には不可能である。この世に存在するものはすべて、原材料があってはじめて製品ができる。もちろん、その逆もまたいえる。われわれが消費した物質がすべて利用後に自動的に消滅してくれたら、この世から廃棄物はなくなる。しかし、実際には、利用済みの物は決して消滅せずに、ゴミになっているだけである。

われわれの「生活」という行為は、生産や流通によって特別に経済的価値を付与された物(製品)から、「その製品が持っていた付加価値を消費した」だけのことであって、決して、「物質それ自体が消滅した」わけではない。だから、欧州では消費税のことを「value added tax」(付加価値税)と呼ぶのである。ここに、物質本来が有している「モノ」(アニミズム的な価値)と、人間によって後発的に物質に付加された「value」(経済的価値)との違いがある。モノは自然消滅しないが、value はつねに減少する。この違いを理解しないと、日本人の宗教意識を正しく理解することはできない。この縄文人以来抱いてきたアニミズム的価値観と、外来の宗教であった仏教が持っていた「供養」の概念と

が合体して，中世以後の葬送儀礼が構築されるが，日本人にとって，この宗教的「供養」の対象が，ひとり人間に対してだけでなかったことは，食べるために捕獲した鳥獣や魚類に対してだけでなく，「針供養」や「筆供養」といった「道具」に対してもなされてきたことからも明らかである。だから，「勿体ない」という言葉の意味は，物質の経済的 value だけをみて，物質本来が有していたアニミズム的価値（モノ＝勿体）を疎かに扱う行為という意味である。

（3） 自然の「再生力」に期待する日本人

　東京電力福島第一原発の事故によって環境中に大量に放出された放射性汚染物質の問題はいうまでもなく，あらゆる廃棄物がこの地球上から完全に「消えてなくなる」などということは物理的に不可能であることはわかっていながら，そのような廃棄物が一刻も早く自分の目の前からは「消えてなくなって」ほしいと願うのが人間の性である。放射性廃棄物といった特殊なゴミでなくても，通常の産業廃棄物から個々人の生活ゴミに至るまで，日本人は，なんとかして，自分に関係するゴミ（自分にとって都合の悪いこと）が「消えてなくなった（無害化された）」と信じたいのである。そして，早くからそのための「方法」を編み出してきた。それが，本章で再三取り上げている『中臣祓詞』である。その当該部分を以下に紹介する。

　「……祓へ給ひ清め給ふ事を，高山の末短山の末より佐久那太理に落ち多岐つ。速川の瀬に坐す瀬織津比賣（セオリツヒメ）と言ふ神，大海原に持ち出でなむ。此く持ち出で往なば，荒潮の潮の八百道の八潮道の潮の八百會に坐す速開都比賣（ハヤアキツヒメ）と言ふ神，持ち加加呑みてむ。此く加加呑みてば，氣吹戸に坐す氣吹戸主（イブキドヌシ）と言ふ神，根國底國に息吹放ちてむ。此く息吹放ちてば，根國底國に坐す速佐須良比賣（ハヤサスラヒメ）と言ふ神，持ち佐須良ひ失ひてむ。此く佐須良ひ失ひてば，罪と言ふ罪は在らじと祓へ給ひ清め給ふ事を，天つ神國つ神八百萬神等共に聞こし食せと白す」

第Ⅰ部　死生観の研究

　ここでは，いろいろな方法によって摘出された禍事罪穢れ(まがごと)が，どういうプロセスを経て「浄化」されていくかについて具体的に描写している。『中臣祓詞』において，禍事・罪・穢れの浄化を担当する神々，すなわち，セオリツヒメ・ハヤアキツヒメ・イブキドヌシ・ハヤサスラヒメの四柱の神々は「祓戸大神(はらいど)」といって，日本全国の神社に昇殿参拝すれば，かならず最初に，神職がこの「祓戸大神」の名前を唱えて祝詞を上げて，大麻(おおぬさ)と呼ばれる帯のような神具でもって参拝者を祓ってから，神前で祝詞や玉串を奉奠するので，一度でも神社に昇殿参拝したことのある人なら，その名を耳にしているはずである。これらの神々は，這々の体で黄泉国(よみのくに)から帰還したイザナギが，黄泉国で付着した穢れを祓い清めるために，筑紫の日向の橘の小戸の阿波岐原という場所で，清浄な川に身を浸して禊祓いしたときに出現した神々である。この禊祓いでは，後に三貴神と呼ばれるようになった天照大神・月夜見尊（ツキヨミノミコト）・素戔嗚尊も誕生している。

　これら各「祓戸四神」たちの浄化プロセスの分担が興味深い。まず，早川の瀬に居るセオリツヒメが，山から流れ落ちる急流のように，諸々の禍事罪穢れを川から海へ流す。次に，荒海の波間で待ちかまえているハヤアキツヒメが，諸々の禍事罪穢れを呑み込む。ハヤアキツヒメが呑み込んだのを確認すると，イブキドヌシがこれらの禍事罪穢れを根の国・底の国（黄泉国もしくは深海底）に息吹を放つ。そうすると，根の国・底の国に居るハヤサスラヒメが，もち込まれた諸々の禍事罪穢れをアッという間に行方不明（計測不可能）のかたちにしてくれるという廃棄物処理に関する明確な役割分担がある。つまり，古代の日本人にとっては，圧倒的な力で次々と押し寄せてくる天災であろうが，人為的な罪であろうが，不注意による穢れであろうが，「回転の速い」自然回復力によって，どんどんと浄化されていくのである。この発想は，現在でも，液体や気体の産業廃棄物や放射性汚染物質も，水等でその濃度をどんどんと薄めてゆくことによって，「計測不可能」なレベルにまで稀釈したら「消滅した」と見なすのと同じ考え方である。たとえば，濃度1 ppmの汚染水1 tを100 tの水で稀釈したら，濃度0.01 ppmの汚染水100 tになるだけなので，地球上に存在

する汚染物質そのものの「総量」はまったく変わらないのに，自分の眼前からみえなくなると「もう無害なレベルになった」と，日本人は考えるのである。[(6)]

5 人間の身体にまつわる二重性──実存と所有

（1）「ものにする」身体と「すでにそこにある」身体

「身体の属性」ということを考える際に，言語学的（文法的）な考察が役に立つ。筆者がここで問題にするのは，印欧語における「gentive（属格）」（英語の所有格，ドイツ語の２格等に相当）である。たとえば，「my pen」といったときの「私」（my）は，このペンの所有者であることはいうまでもない。しかし，「my company」や「my country」といったときの「私」（my）は，果たして会社や国家の所有者であろうか？　もちろん，この話者が，会社のオーナーや国王の場合なら，たしかに所有者と呼べるかもしれないが，ほとんどの人にとって，この「my company」や「my country」とは，「私が所属する会社」や「私が所属する国家」という意味である。つまり，同じ「my」でも，「所有する」という意味と「所属する」という二つの異なった意味がある。このことは，単なる「自分自身」の所持品や所属団体という二分法的レベルであれば，まだ理解しやすいが，たとえば，脳死臓器移植等の問題になってくると，いささか複雑な様子を呈してくる。なぜなら，自分自身の身体は，自分の所有物であると同時に所属物であって，これらの要素を単純に二分法的に区別することが困難であるからである。

　人間の身体には，①「私は私の身体である」という実存的意味あいと，②「私は私の身体を持っている」という所有のプロトタイプ的意味あいがある。この後者の意味からは，身体の所有者としての形而上学的自己が仮設されてしまうことになり，このア・プリオリな自己が，身体を含めた自然のうえに君臨し，自然の征服を始めるようになる。しかし，あらゆる人間は「身体」として生まれる。こうした意味で，「私は私の身体である」ということ以外の存在のしかたはできない。人間は，まず「身体」として生まれてしまった後で，その

身体を「自分のものにして」いかなければならない。生まれた後，赤ん坊は，自分の身体の機能を発見していかねばならない。その一方で，実存的身体は，「意味づけ以前の先行性」として現われる。つまり，「身体」とは，自分自身が「ものにする」つまり「所有する」以前に，もうすでに「そこにある」ものなのである。私が私の身体を所有する前に，すでに私は身体として生まれてしまっているという意味である。

（2）　自然によって「生かされている」身体

　身体の二重性の意味あいについて，自然との関連で大切なことは，「身体の実存的意味あい」のほうである。人間は身体を意味の秩序に組み込んで「ものにして」生きているが，身体は実存的意味あいにおいて，「意味づけ以前の先行性」としてすでに存在している。つまり「意味づけ以前に身体は生存を始めてしまっている」のである。「意味づけ以前の身体」とは，まさに「天地自然の一部としての身体」であるから，後発的な「自己」が自己の身体を客体視するには，自然界における諸現象のアナロジーとして自己を認識する以外に方法はなく，この自然との交流を通して人間に開けてくる次元こそが，まさに「意味づけ以前の先行性」としての身体の次元である。だから，具体的な形象を有するということが重要になってくるのである。多くの人間は，雄大な自然に接するとき，「自分は自然によって生かされているのだ……」と感じるであろう。この「生かされている」という「受身形」で表現せざるを得ないような次元こそが大切である。しかも，ここでいう「自然」とは，人間が「秩序」をもたらす以前の，『ギルガメッシュ叙事詩』における「フンババの森」や『もののけ姫』における「シシ神の森」のような森であり，『中臣祓詞』における「磐根木根立草の片葉がザワザワと喋っている」ような森の世界である。

6　遺体と遺伝子——いのちの乗り物

（1）「遺体」——先祖から受け継いだ預かりものの身体

　儒教のテキストのひとつである『孝経』に，儒教の基本理念である「身体髪膚これを父母に受く，敢えて毀傷せざるは孝のはじめなり。身を立て道を行い，名を後世に揚げ，以って父母を顕わすは，孝の終わりなり」（開宗明義章第一）という言葉があるように，儒教における「孝」とは，現在のわれわれがイメージするような「現存する両親に対する親孝行」だけでは不十分であって，「先祖を祀り，子孫を絶やさない」という三つの要素を総合した概念が「孝」である。つまり，父母を通じて，先祖から「預かったもの」である自己の身体は，無傷で返還しなければならないということである。臓器提供など「もってのほか」である。もちろん，具体的に「返還する」という行為は，「自己の身体のコピーとしての子孫を残す」という行為によってなされる。賃貸マンション返却時の「現状復帰義務」と同様に考えればわかりやすい。この身体の貸借関係を，先祖と自分の間にもってくれば，儒教における「孝」となり，世界の主宰者である親神と自分の間にもってくれば，天理教における「かしもの，かりものの理」になる。

（2）「遺伝子」——先祖から受け継いだ預かりものの身体

　地球上に生命が発生して以来38億年間絶えることなく続いてきた生命の営みとは，一言でいえば「遺伝子DNAの自己複製」である。その間，何億回も繰り返されてきたコピーのプロセスで偶然発生するミス・コピー（突然変異）によって数多くの「種」に分かれて進化してきたが，「進化」とは「新化」のことであって，初期の種が劣っていて，現在の種が優れているといったような「価値観」を含むものではない。まさに，次々と「新種」が出現してきただけのことである。その意味では，ヒトもバクテリアも，同じ歳月（38億年）をかけて，最初の生命から「新化」してきたのであって，優劣を論ずる対象ではない。そ

して，長年の新化は，それぞれの種に固有の「形」を生み出した。生物学的にいっても，われわれは先祖から「遺伝子 DNA の設計図にもとづく身体」という形を受け継ぎ，自己と同じ種をみつけて交配し，「自己の身体のコピーとしての子孫を残す」という行為を営々と繰り返してきたのである。

　ハリウッド映画の『Planet of the Apes』（邦題『猿の惑星』）という作品は，この点で示唆に富んでいる。遠い宇宙に出かけたアメリカの恒星探査船がアクシデントによって謎の惑星に不時着するが，その星では，高度な知能をもった猿たちが愚かな人類を支配していた。宇宙船の乗組員で唯一生き残ったテーラー博士は猿に捕らえられるが，「賢いヒト」の存在に驚いた猿の科学者との間に相互信頼の感情が芽生える。しかし，テーラー博士は，家畜として飼育されていた「愚かなヒト型の生物（映画ではブロンド美人）」を連れ出して逃亡し，その過程で「賢いサル」をたくさん殺し，彼のことを理解して，彼を家畜扱いしようとした分からず屋の猿の政治家たちから助けてくれた猿の科学者を窮地に陥れてしまう。人間とは，唯一，「自己の存在の意味を問う存在」であるが，ハリウッド映画の属するユダヤ・キリスト教世界では，「Imago Dei」（神の似姿）としての人間にこだわるから，見た目がサルのような人間的存在（知的に内省することができる存在）よりも，見た目がヒトの猿的存在（単なる獣）のほうを重んじてしまうのである。この話は，18世紀前半にアイルランドで出版された『ガリヴァー旅行記』に収録されている「フウイヌム国渡航記」（A Voyage to the Country of the Houyhnhnms）に登場する馬の姿をした知的生物 Houyhnhnms（フウイヌム）と，見た目はヒトであるが知能がなく，フウイヌムの家畜にされている Yahoo（ヤフー）の話をプロットにしていることは明らかである。逆をいえば，人間にとっては，それほど「身体性」というものが決定的な要素になっているということである。

（3）　可処分でない自分のいのちと身体

　これまでの考察から，当然のことながら，洋の東西を問わず，人間の身体が「個人の所有物」とはいいきれない以上，たとえ個人の意思あるいは故人の遺

志がどこにあったとしても，家族あるいは遺族や社会がその人物の生前中においても，また死後においても，「身体」や「遺体」をいい加減に処分することは許されないことは明白である。しかも，日本の宗教文化的風土においては，人間を含むあらゆる生きとし生けるものも，それどころか，死者の霊魂や神仏までも，その棲息範囲はきわめて限定的な「目に見える」範囲内，つまり「天地の間」に収まっていると考えないと，われわれの「供養」や「祭」に関するビヘイビアを説明することができない。

　そのような文化的歴史的背景のもと，葬送儀礼も変化しつつ受け継がれてきた。特に，明治維新による近代国民国家（nation state）の成立は，それ以前には，庶民にとっては封建領主を経由しての間接的な上部概念にすぎなかった「国家」という大きな装置と直接関連づけられた（参政権や納税や徴兵の義務等）ことによって，それまでは，親族やごく近しい人びとだけによって営まれていた葬儀に，戦死者や社葬といった公的・社会的な要素が加わるようになり，極大化あるいは過度に可視化されるようになった。この傾向は，戦死者に関しては1945（昭和20）年まで，また，親族よりも仕事関係者等のほうが多く参列する形態の葬儀に関しては，この国の経済的発展も後押しして，1980年代まで葬祭業者による葬儀会館建設等の商業化も加わり拡大する一途にあったが，少子高齢化やバブル経済崩壊以後の長期経済停滞によって，ポストモダン期においては，「人の死」は，むしろ意図的に隠され，矮小化されるようになった。その典型が「家族葬」であり，「直葬」という葬儀の形式である。

　ただし，「家族葬」といった形式は，先祖→両親→自分→子ども→子孫といった壮大ないのちの連続ドラマ（＝孝）の一時的演技者としての自分の役割を放棄してしまっているし，ましてや「直葬」に至っては，本来，可処分ではないはずの人間の身体を，単なる「生ゴミ」として処理するがごとき態度であるので，これらの現状を看過していたのでは，自然の力を畏れ祀った縄文人からアニメを楽しむ現代の子どもまで，長年にわたって日本人が培ってきたアニミズム的世界観・死生観を無視した観念論に陥ってしまうことになる。そうなってしまったのでは，もはや，フンババやシシ神がいきいきと跳梁する『中臣祓

詞』に登場するような「いのち溢れる森」ではない，人工的にテーマパークとしてつくられたような森をみて，「これこそが本物の自然である」といいきるようなものであって，普遍妥当性があるとはとてもいえないと思う。

■　■　■

●注────────
(1)　『日本書紀』は，類似のエピソードについて，複数の説を「一書曰」という形で並記している。
(2)　伊藤由美子（2011）「青森県青森市三内丸山（9）遺跡におけるトチノキ利用について」『青森県立郷土館研究紀要』第35号，43〜50ページ。
(3)　三宅善信（1998）「神道と柱」『主幹の主観』レルネット，www.relnet.co.jp/relnet/brief/r12-0.htm
(4)　三宅善信（2001）「東山道──もうひとつの『国譲り』」『主幹の主観』レルネット，www.relnet.co.jp/relnet/brief/r12-86.htm
(5)　加地伸行・三宅善信（2006）「日本人の慰霊感をあらためて考える」『文字化けした歴史を読み解く』文園社，93〜99ページ。
(6)　三宅善信（2000）「速佐須良比賣（はやさすらひめ）のお仕事」『主幹の主観』レルネット，www.relnet.co.jp/relnet/brief/r12-56.htm
(7)　加地伸行（1990）「儒教における死」『儒教とは何か』中公新書，16〜22ページ。

第3章
中世日本の死生観

中村直人

1 他界観と葬送の担い手

（1） 中世の他界観
1） 他界観の転換

　本章では中世日本の死生観について、主に他界観・葬制・墓制の側面から、日本史分野における取り組みを紹介する⁽¹⁾。

　まず初めに他界観について述べていく。中世の日本人の他界観について考えるとき、浄土教の果たした役割は決定的に重要である。日本で広まった浄土教は、苦しみに満ちた六道（地獄・餓鬼・畜生・阿修羅・人間・天）で生死を繰り返す輪廻転生の輪を断ち切り、阿弥陀如来が住する極楽浄土に往生することを説く教えである⁽²⁾。

　浄土教は10世紀以降、しだいに各階層へ浸透し、人びとの間に極楽往生と堕地獄の観念を定着させていった。現世に生きる人びとが堕地獄を回避し、六道輪廻から脱するには、西方極楽浄土に往生するしかなかったが、往生すべき極楽浄土は十万億土の彼方にある、まさにこの世と隔絶した別世界であった。浄土教がもつこの世（此土）と浄土（彼岸）の観念の拡大は、日本人の宗教的世界観を大きく転換させた。この世の延長上に黄泉国があり、それはこの世と往復可能な距離にあるとする古代的な一元的世界観から、この世（此土）と他界浄土（彼岸）の二重構造をもつ中世的世界観への転換である⁽³⁾。そして阿弥陀如来の住する極楽浄土こそ、複数ある他界浄土を代表する存在であった。

51

こうして浄土教の普及は，以後の日本人の他界観に決定的な影響を与えるに至った。けれども，人びとは現世を穢土として厭離し，往生極楽をのみ願ったわけではなかった。現世安穏（自身の現世における安穏な生活）と後生善処（来世に浄土へ生まれかわること）の両方を願ったのである。

2） 追善と納骨

　現世（此土）と来世（彼岸）を明確に認識するようになった人びとにとり，浄土へ無事に往生できるかどうかは重要な問題であった。往生に失敗した場合，霊魂は地獄や餓鬼道などに墜ち，いつまでも苦しみの輪廻を繰り返すことになるからである。この不往生に対する恐れや不安から，人びとは自身の来世における確実なる往生を願うようになった[4]。そこでさまざまな作善が必要となった。その一つに追善供養がある。中世に入ると，木製・石製を問わず，多くの卒塔婆が追善のための供養塔として造立された。卒塔婆の本質はそれ自体が崇拝すべき仏であることだ。この卒塔婆を造立することの功徳と，仏である卒塔婆の引摂によって，死者の魂は確実に浄土へ送られるのであった[5]。

　また11世紀から12世紀にかけて，各地に霊地・霊験所とよばれる「聖地」が出現する。各寺社は自らの寺域・社域を此土の浄土（神社の場合は社壇浄土）であると主張し，多くの人びとの信仰を集めた。これは，寺社に祀られた仏や神，あるいは祖師たちは，彼岸の仏・菩薩の垂迹・化現であり，人びとを彼岸へ引摂してくれる存在である。よってその垂迹の地に参詣することは往生への近道である，との論理にもとづいている[6]。

　この霊地に対して，12世紀中葉以降，納骨をする風習が開始される。特に高野山奥之院や元興寺極楽坊への納骨は有名である。遺骨への意識が変化し，死者の霊魂は救済されない限り遺骨にとどまると考えられたらしい。人びとは生前に参詣するだけではなく，死後もこの世の浄土や祖師の膝元に眠ることで，彼岸の浄土への往生が約束されると信じていたようだ。五輪塔や板碑もまた法身仏の化現と見なされ，納骨の対象となったのであろう[7]。

(2) 葬送の担い手

1) 王家の葬祭

　まず王家（天皇家）の葬祭についてみる。平安時代から鎌倉時代後期にかけて、王家の葬送儀礼は、顕密寺院の僧侶（延暦寺・園城寺・東寺・興福寺など天台・真言・南都の僧侶）と朝廷の官人によって運営されていた。そのなかで顕密僧は、入棺、葬送の導師・呪願、荼毘時の念仏・土砂加持、拾骨など、一連の葬送に携わり、四十九日の中陰仏事をも勤めていた。彼らは導師・呪願・御前僧として国家より正式に招請された顕密の高僧であった。

　ところが鎌倉時代末期以降、葬送の実務に禅・律・念仏系の寺院・僧侶が進出してくる。その転機となったのが伏見上皇の葬祭である。文保元（1317）年に死去した伏見上皇の葬祭では、中陰仏事は延暦寺・園城寺・興福寺・仁和寺の僧侶が担当し、遺骸の処理を行う葬送は浄土宗西山派の浄金剛院長老本道上人が沙汰している。以後、貞和４（1348）年の花園上皇の葬送は東山太子堂（速成就院。西大寺流律宗）長老が沙汰し、応安７（1374）年の後光厳上皇の葬送は泉涌寺（北京律）長老・衆僧が執り行うなど、王家の葬祭は中陰仏事を顕密僧が担当し、葬送は禅・律・念仏系の遁世僧が担当するという、一種の分業体制に移行した。

　顕密僧が葬送の実務から撤退した背景には、遺体処理にかかわるケガレ観の深化があった。顕密僧は国家的法会に出仕する必要上、死穢に直接触れる葬送に携わることがしだいに困難になり、やがて忌避するようになったと思われる。この間隙を埋めるべく、葬送の新たな担い手として登場したのが、禅・律・念仏系の僧侶であった。

2) 遁世僧の活躍

　上述の禅・律・念仏系の僧侶たちは、正規の受戒を経ずに僧侶となり、寺院の外に出て民衆への宗教活動を盛んに行った遁世僧（聖）であった。なかでも、叡尊・忍性に率いられた西大寺流律宗（真言律）に代表される律宗諸派は、葬祭分野に積極的に進出したことで注目される。死体埋葬から聖霊回向まで、律僧は顕密僧が忌避した葬祭に取り組み、これを執行した。律僧は持戒によって

自らを聖化させ，死穢を克服したとみられる。

　ただし，遺骸の火葬・埋骨といった葬祭の実務は，僧衆（正規の律僧）ではなく，身分的に彼らの下位に位置する斎戒衆が担当した。斎戒衆とは，律宗寺院の雑役（葬祭・勧進活動など）を担当する法体・在俗の下級僧侶であり，中世の律宗寺院に広く存在した。僧衆が侍身分を出自とし，比丘戒（具足戒）を持したのに対して，斎戒衆は寺院周辺の農民を出自とし，在家の人が潔斎・精進する斎戒のみを持した。この出自と持戒の差異にもとづき，葬祭にさいしては，光明真言や釈迦念仏による聖霊回向（死霊の浄化）は僧衆が担当し，埋葬や墓地の管理など死穢にかかわる実務は斎戒衆が担当するという，身分関係にもとづく分業体制が敷かれていた。斎戒衆の拠点としては，唐招提寺の子院西方院や竹林寺の子院輿山往生院などが知られる。

　以上，遁世僧によって担われた律宗は，顕密僧では担えない葬祭分野に進出し，独自の存在感を獲得した。同様のことは，他の非顕密系の諸派についてもいえる。特に禅宗の臨済宗は15世紀以降，葬祭分野に盛んに進出して地方の在地領主や村落の上層農民との関係を深め，全国的に寺院数を大きく増加させていった。16世紀になると，非顕密系の諸派を中心とする多くの中小寺院が，地域における葬祭・墓地経営を手がけるようになる。

　他方，顕密寺院は墓所を営まず，配下の子院や関係寺院に葬祭や墓所を担わせていた。大和国の例を示すと，西方院は唐招提寺長老の墓所，斑鳩極楽寺（唐招提寺流律宗）は法隆寺寺僧の墓寺，喜光寺（西大寺流律宗）は興福寺一乗院門跡の墓寺，大安寺の子院己心寺（ともに西大寺流律宗）は興福寺大乗院門跡の葬送・菩提を担当する同門跡家の墓寺であった。

3）一結衆

　古代から中世前期にかけて，民間では遺棄葬（風葬）が多くみられた。その背景として，葬送を担う互助組織が未成立であったことが指摘されている。こうした状況のなか，互助組織の先駆的事例が登場する。『往生要集』の著者として有名な源信は永延2（988）年，自らが指導する念仏結社「二十五三昧会」の規定である「横川首楞厳院二十五三昧起請」を撰した。その第10ヶ条にお

いて、勝地に卒塔婆1基を建てて安養廟と名づけ、一結衆（同会の構成員）の墓所となし、死者を3日以内に同所に葬るとしている。卒塔婆（層塔ヵ）で荘厳された地に人びとを葬るという形式は、惣供養塔の周囲に埋葬墓が集まる中世の共同墓地の姿を彷彿させ、また二十五三昧会の結衆が葬送を担うというあり方は、中世における葬送の互助組織の先駆的姿を示している。

　13世紀末以降になると、村落の有力構成員が葬祭の互助を目的に、一結衆や念仏講衆といった講組織を形成するようになる。寛広寺神山墓地（大阪府河南町）の惣供養塔は、正和4（1315）年に願主八斎戒敬念を中心とした在地の六道講衆によって造立された五輪塔である。八斎戒敬念は寛広寺（現廃寺）の斎戒衆であり、彼が中心となって当時寛広寺の管理した共同墓地に、死者追福の惣供養塔を在地の六道講衆を組織して造立したものと考えられる。すなわち、斎戒衆は民衆に葬送追福の仏事を教え、共同祭祀の念仏講などの講を組織することによって、民衆の二世安楽への要求に応える役割を果たしたのである。また正応5（1292）年に造立された木津惣墓五輪塔（京都府木津川市）の銘文には、「和泉木津僧衆等廿二人同心合力し、五郷の甲乙諸人に勧進してこれを造立す」とあり、同塔もまた僧侶を含む講集団が近在の村々に勧進して造立されたものである。

　このように村落の有力構成員が僧侶の指導を受けて講組織を結成し、逆修・葬送・追善などを僧侶とともに行ったものと思われる。このことはまた、村落住民が葬祭を担い得る力量をもち始めたことをも意味するであろう。16世紀以降になると、村落の講衆が板碑や供養碑などを建立したり、惣墓（複数の村の共同墓地）を運営するようになる。その背景に村落共同体の自立的成長があることは間違いない。

② 墓地の展開

（1）平安時代の墓地

中世の前提として、平安時代の墓地について述べていく。古代の律令政府は、

京内における造墓を禁止してきた（『律令』喪葬令）。この法令は平安京においてもおおむね遵守されたと思われ，天皇の墓（陵墓）も平安京の郊外に設けられている。陵墓のあり方は分散的で，特に決まった葬地はなかったらしい。貴族もまた京外に葬られた。そのなかで，藤原氏（摂関家）は木幡に，村上源氏は北白川に，一門の墓地（氏族墓）を営んでいる。ただし，氏族の共同墓地は特定の貴族の家に限定されており，一般の貴族は家の墓地を形成するには至らなかった。鎌倉時代になると，貴族の家の分立にともない，九条家は小松谷，平経高は一切経谷というように，各家の墓地が郊外に形成されていく。

次に都市住民の場合であるが，古くは鴨川や桂川の河原が葬地とされていた。承和9（842）年，朝廷は嶋田（所在地不明）と鴨川の河原に散乱していた髑髏5,500余頭を焼かせ（『続日本後紀』），貞観13（871）年には桂川の河原を葬地に指定している（『類従三代格』）。庶民は河原や野山に遺体を葬ることが多く，これに対して朝廷は，当時京外と認識された桂川の河原を葬地に指定することで，庶民の葬送を管理しようとした。けれども，河原だけでは多数の遺骸を処理できるはずもなく，やがて郊外に共同墓地が形成されていく。京都郊外の葬地としては，東山の鳥辺野，船岡山付近の蓮台野，西郊の化野などが代表的である。このうちもっとも著名な鳥辺野の葬地には，貴族から庶民まで，幅広い階層に属する人びとが葬られた。鳥辺野の葬地は，流動的な大量の人口をかかえる京都の葬地需要に応じて自然発生的に成立した，いわば都市型の大規模共同墓地であった。

次に地方における墓地について述べていく。発掘事例によると，10世紀後半から12世紀前半にかけては全国的に墓の検出例が少なく，単独あるいは数基の規模で出土するという。この傾向は，人びとが墓を形成しなかったことを示すのではなく，村落周辺の山野を任意に選定して墓を設けたものととらえることができる（空閑地点定墓制）。墓は村落の外に散在するので発掘で検出されにくいと考えられよう。当時の人びとには，墓を長期的な祭祀対象とする意識が希薄であったようだ。そのなかで屋敷墓の存在が注目される。

屋敷墓は集落の屋敷地の内外に営まれた墳墓である。畿内では10世紀後半に

出現し，12世紀中頃から西日本を中心に各地へ展開するが，14世紀に入ると終息する。基本的に1基から3基の規模であり，その大半が土葬である。被葬者は主に在地領主や有力農民が想定されている。開発地（屋敷地・土地）の始祖を祀ることで，開発地の所有と継承を，死体に宿した祖先の霊力によって承認・維持させる意味があったものと推測されている[20]。

（2） 中世の墓地
1） 都市の共同墓地

12世紀後半から13世紀にかけて，各地で共同墓地の形成が開始される。共同墓地には，一族を範囲とする墓や村落の墓，都市の大規模共同墓地など，多様な規模・形態のものがみられるが，大半は2基から10基程度の集団墓である[21]。ここでは特徴的な事例を取り上げる。

まず京都であるが，京域の北に位置する蓮台野（船岡山の周辺地域）に，鳥辺野と並ぶ大規模な共同墓地が12世紀中頃までに成立する。中世から近世の蓮台野は上品蓮台寺の十二坊が運営した。また鎌倉時代末期までに，嵯峨の化野に共同墓地が形成される[22]。こうして郊外の大規模共同墓地が定着していくが，一方では13世紀前半頃から京都の市街地に墓地が入り込み，都市住民の居住地と墓域とが混在・隣接する地域が現われる。中世京都を代表する商工業の中心地である七条町では，商工業者の居住地に墓地が混在・隣接することが，発掘調査により判明している。この町なかの墓地（七条町型墓地）の被葬者は，緩やかな地縁によって結ばれた都市住民と考えられる[23]。

新興都市の鎌倉では，鎌倉幕府によって都市域内への遺体の埋葬は禁止されたとみられ，周囲を囲む山の際や尾根線上，あるいは海岸部など，都市の周縁部に墓地が営まれた[24]。山際にある寺院の背後などには，岩肌をくり抜き内部に五輪塔を配置した「やぐら」が多くみられる。また尾根線上に火葬骨を納めた骨壺を複数埋納する例もあり，これらは武士や僧侶の墓と考えられている。やぐらは13世紀中頃から15世紀中頃にかけて，鎌倉を中心に三浦半島や安房で造営された。一方，由比ヶ浜（前浜）は13世紀前半から15世紀にかけて存続した

大規模な葬地である。由比ヶ浜一帯では実際に大量の人骨が出土している。単体の遺体を埋葬した土坑墓もあるが、一つの土坑に200体を超す人骨が投げ込まれたり、数十個の頭骨のみを埋葬した事例などが検出されている。これらの集積埋葬は、戦乱による死者を含め、前浜などに遺棄され散乱した遺体を、ある時点で穴に投げ込んだものと解釈されている。近年発掘された由比ヶ浜南遺跡では、実に3,800体以上の埋葬遺体が検出され、うち3,000体以上が乱雑に埋葬された集積埋葬であった。

地方都市にも共同墓地が成立し始める。1980年代に発掘されて中世史研究者に衝撃を与えた一の谷中世墳墓群遺跡（静岡県磐田市）は、その代表的な事例である。同遺跡は、古代に国府、中世には守護所がおかれた、東海道の要衝見付の西北丘陵の先端部に形成された中世の大規模な共同墓地跡である。13世紀初頭から17世紀初頭まで墓地として継続し、およそ900基もの墓が発掘された。墓地の形成は13世紀初頭に丘陵頂部に塚墓（土葬墓）が築かれたことから始まり、13世紀中頃から後半にかけて土坑墓（土葬墓）と集石墓（火葬墓）が斜面地に展開する。塚墓は14世紀後半に造墓を終え、かわって集石墓が主流となる。被葬者については、塚墓は見付の在庁官人層、土坑墓と集石墓は見付の新興都市民と推測されている。

２）　村落部の共同墓地

村落部の共同墓地は、集落から離れた平野部や尾根・丘陵上に形成される事例が多くみられる。12世紀末に造墓が始まり、50基以上の集石墓が丘陵斜面地に数段のテラス状に並ぶ椎山中世墓（三重県鈴鹿市）、13世紀後半に造墓が始まり、最盛期には約400基の火葬墓と土葬墓が尾根上に展開した栗栖山南墳墓群（大阪府茨木市）などが発掘されている。

共同墓地の形成にはいくつかの契機が考えられる。その一つが、経塚（経巻を埋納した塚）を起点に形成される場合である。古い共同墓地のなかには、墓域の中央に経塚が検出されるものがある。たとえば大規模な中世の共同墓地跡である横尾墳墓群（三重県松阪市）は、12世紀前半から中頃にかけて経塚が造営されたことを契機に、12世紀後半に塚墓と集石墓の造営が始まっている。こ

うした事例から，埋経には周囲を聖域化する機能があったものと考えられている。すなわち，経塚を造営することで周囲が聖域化され，その後，経塚に結縁するかのように周囲に墓が造られて，集団墓地化するのである。

今ひとつの契機として，僧侶が関与する惣供養塔の建立がある。惣供養塔とは墓地に結縁したすべての人びとのための供養塔（石造五輪塔・十三重塔など）である。畿内ではこの惣供養塔を核として共同墓地が形成されることが多い。成立当初の共同墓地は，墓地の一角に屹立する惣供養塔に，周辺住民の土葬墓が寄り添うような景観であったと推測される。惣供養塔を本尊と見なした周辺住民は，聖域化された場所で本尊に結縁し，その引摂を期待したのであろう。この他にも，寺院の境内や在地領主（武士）・有力寺院の僧侶の墓所が，周辺住民の共同墓地化する例がある。

ところで，共同墓地はしばしば勝地に形成された。勝地とは，寺院や墓地の立地としてふさわしいと観念された場所のことである。見晴らしのよい丘陵部は勝地である。一の谷中世墳墓群は見付の町を見下ろす，見晴らしのよい丘陵上に形成されていた。経塚や惣供養塔により聖域化された空間もまた勝地である。中世の人びとは，景色がよく聖域化された勝地に葬られることを望んでいたようである。

3) 中世後期の墓地

16世紀（戦国時代）に入ると，七条町型墓地は京都の中央部にも増加していき，しばしば大規模な墓地を形成した。また市中の寺院が墓地経営に乗り出し，しだいに境内墓地を形成するようになる。境内墓地の経営に参画した寺院は，主に非顕密系の中小寺院であり，葬礼から追善までを一貫経営する。境内墓地の形成は，都市民として都市に定住する人口の増加を背景に，本堂に近接する墓地に葬られて恒常的な追善供養を受けることを願う都市住民の要請を，市中の寺院が積極的に受け止めた結果と考えられる。

こうして寺院は葬祭・墳墓の場として諸階層に開放され，檀家との寺檀関係を取り結んでいった。近世の寺請制度および仏教の葬式仏教化は，中世末期頃からすでに準備されていたのである。また大和国では15世紀末から16世紀初頭

にかけて，周辺村落が管理する共同墓地である惣墓が確立する。[36]

3 墳墓と石塔

(1) 中世の墳墓

1) 天皇・貴族の墳墓

　12世紀前半以降，天皇家の墓（陵墓）は，堂舎内に遺骸や遺骨を安置する墳墓堂の形式をとるようになる。[37]大治4（1129）年に死去した白河上皇の遺骨は，鳥羽離宮の域内にある三重塔（鳥羽御塔）に安置され，塔に隣接して成菩提院（阿弥陀堂）が建立された。また保元元（1156）年に死去した鳥羽上皇は，鳥羽離宮に三重塔と安楽寿院を生前に建立し，その遺骸は三重塔に納置されている。このように院政期の天皇は仏塔を建立し，その内部に遺骸や遺骨を納めるようになる（寺院伽藍陵墓）。同様の事例は同時期の上級貴族にもみられる。彼らは仏塔に安置されることで極楽往生を期待したのであろう。

　その後，陵墓となる堂舎は仏塔から法華堂に変化する。高倉上皇（治承5〔1181〕年死去）は「清閑寺小堂」（法華堂）に葬られ，後白河上皇（建久3〔1192〕年死去）は「蓮華王院東法華堂」に葬られている。以後，中世を通じて法華堂が一般的な陵墓伽藍となる。後深草上皇（嘉元2〔1304〕年死去）以降，大覚寺統の天皇たちの火葬骨は，泉涌寺で葬送を行った後，深草法華堂に葬られるようになる。そして近世には泉涌寺に陵墓が設定され，石造九重塔が建立されるようになる。

　墳墓堂の形式は上級貴族の間でも受容された。また，奥州藤原氏4代の遺体を納める中尊寺金色堂は墳墓堂であり，鎌倉幕府の創始者である源頼朝も墳墓堂としての法華堂に葬られている。以上，富裕な権力者層を中心に営まれた墳墓堂について，墳墓上に石塔を造立することとの関連が指摘されている。[38]

2) 中世的墳墓の展開

　12世紀末頃に作成された六道絵の一つである『餓鬼草紙』は，中世の墓地を彷彿させる情景が描かれていることで有名である。墓の形態に注目すると，描

かれた墓はすべて墳丘墓であり，古いタイプの塚墓と中世的な新しいタイプの集石墓が混在している。[39]

塚墓は土を盛った土饅頭状の墳丘墓，被葬者は土葬（火葬もある）である。塚のうえに木製卒塔婆を立てるものもある。『餓鬼草紙』では円形のものが描かれるが，中世の塚墓は方形を基調とし，たとえば一の谷中世墳墓群遺跡の墳丘墓はすべて方形である。集石墓は基壇を石で組んだ方形の墳丘墓で，被葬者は火葬されている。塚のうえに木製・石造卒塔婆が立てられることが多い。なお，『餓鬼草紙』には土坑墓の表現がみられないが，中世では土坑墓（土葬）も多く発掘されている。このように中世は土葬と火葬が併存するが，出土の割合から判断すると，火葬墓（特に集石墓）が主流であるといえる。『餓鬼草紙』は，古代的な墳墓から中世的な墳墓への移行期を描写したものであった。[40]

『餓鬼草紙』からうかがえることの一つに，遺棄葬の存在がある。『餓鬼草紙』には墳丘墓の間に，地上におかれた遺体が描かれている。衣服が剝がされた遺体は遺棄死体のようにみえるが，よくみると遺体は棺に納められたり薦のうえに安置されていて，頭の付近には供献された土器群が描かれている。よってこれらの遺体は遺棄されたのではなく，何らかの葬送意識をもって墓地に運び込まれたものであることがわかる。こうした葬法は遺棄葬（風葬）と呼ばれ，平安時代から中世後期まで確認される。[41]資力のある者は墓を営むはずなので，遺棄葬は貧困者に多い葬法であると考えられている。

（2） 中世の石塔

1） 石塔の供養塔化

中世の日本では，層塔・多宝塔・宝篋印塔・無縫塔・五輪塔・板碑・笠塔婆など，数多くの卒塔婆が造立された。ここでは石造の卒塔婆である石塔について述べていく。[42]

卒塔婆（卒都婆・率都婆）とはサンスクリット語のストゥーパの漢字音訳であり，仏舎利を安置する古代インドの仏塔（舎利塔）を起源とする。日本に導入されると舎利塔としての意味が後退し，代わって仏教経典や陀羅尼を釈迦の精

神を伝える法舎利として納入することが多くなる。ともあれ、仏塔（卒塔婆）は仏を象徴する存在であり、人びとによる信仰の対象であった。層塔や多宝塔・宝篋印塔は、古代インド以来の仏塔の流れをくんでいる。このうち層塔の出現は古く、紀年銘のある最古の事例は天平勝宝3（751）年の龍福寺層塔（奈良県明日香村）である。また宝篋印塔は13世紀前半、中国の福建省泉州付近にみられた塔形を日本に導入したものという。

ところが9世紀から11世紀にかけて、墳墓のうえに石塔を造立する事例が出てくる。天禄3（972）年5月、病中の天台座主良源は遺告を認め、自らの死に備えた。そのなかで良源は葬送について、①生前に石卒塔婆を用意して墓地に運ぶこと、②運ぶ前に死亡した場合は、埋骨のうえに仮の卒塔婆を立て、四十九日のうちに石卒塔婆に立て替えること、③卒塔婆のなかに真言・陀羅尼を安置すること、などを指示している（『平安遺文』305号）。真言・陀羅尼を納めた石卒塔婆は層塔、仮の卒塔婆は木製卒塔婆であろう。良源の魂は、造塔と法舎利安置の功徳で追善供養されることになる。また源信撰「横川首楞厳院二十五三昧起請」では、勝地に卒塔婆（層塔ヵ）1基を建てて一結衆の墓所とするとある。こうして石塔は墓や墓所と結びつき、しだいに供養塔としての意義を付加されていった。

2）　五輪塔と板碑

12世紀になると中世石塔の主流となる五輪塔が登場する。五輪塔は日本においてのみみられる形の石塔である。下から地輪（方形）、水輪（円形）、火輪（三角形）、風輪（半円形）、空輪（宝珠形）の5つの部位からなり、それぞれに仏・菩薩を象徴する種字（梵字）が刻まれることが多い。五輪塔はそれ自体が仏を象徴する信仰の対象であった。現存する五輪塔は、仁安4（1169）年の中尊寺釈尊院（岩手県平泉町）のものが最古の例である。五輪塔の起源について、一般には真言密教の教義にもとづくものとされるが、天台密教や浄土教との関係も指摘されていて、今後の研究が待たれるところである。

出現期の五輪塔には奉籠孔が穿たれたものが多く、本来は仏舎利を納める容器としての機能があったようだが、早い段階から故人の菩提を弔う供養塔とし

て理解されていた。仁安2（1167）年，近衛基実の遺骨が木幡に改葬されたが，そのさいには埋葬地のうえに「五輪石塔」を立てて釘貫（柵）をめぐらし，その周囲に法華経6部を記した小卒塔婆（柿経）6万本を立てている（『兵範記』）。同様の例は『餓鬼草紙』にも描かれている。13世紀になると五輪塔の造立数はいちじるしく増加する。それと同時に，死者の戒名と没年月日を銘文にもつものが出現し，五輪塔への納骨も行われるようになった。文永寺五輪塔（長野県飯田市）の場合，塔の床下に穴が穿たれ，床下に設置された大甕に納骨する構造をとっている。また鎌倉の「やぐら」には，岩窟内に納骨用の穴が穿たれる例が多い。12世紀中頃から死者の霊魂は骨（火葬骨）と結びつき，納骨の習俗が生まれている。骨に宿った死者の霊魂は，本尊たる五輪塔に納骨・供養されることで，浄土に送り出されたのであろう。

　五輪塔が全国的に流行した13世紀前半から，関東地方を中心に板碑が盛んに建立されている。板碑とは板状の石卒塔婆である。種字や画像で大きく仏の存在を示し，紀年銘と造立趣旨，あるいは偈が刻まれる。造立趣旨は追善や逆修であり，極楽往生を願うものが多い。板碑は本尊を供養するとともに，死者の追善や造立者の逆修を本尊に願う供養塔である。板碑は五輪塔を祖とし，武蔵国で発生したと考えられている。武蔵国をふくむ関東地方には全国総数の約70％（約4万基）もの板碑が集中している。板碑は14世紀中頃に造立数のピークを迎え，地域的にも全国に拡大する。大門山板碑群（宮城県名取市）は数百基の板碑を含む集団墓地の跡として著名である。当遺跡の発掘から，鎌倉時代後期の板碑が火葬墓上に造立され，年忌供養が行われたことが判明している。

3）　中世的石塔の終焉

　15世紀になると板碑の表面から偈や造立趣旨が消えて，追善供養を必要とする人物の法名をのみ刻んだ墓標的なものが増加する。また農村の結衆が月待（農村の祭の一つ）を記念して，現世利益的な目的から板碑を造立するようになる。以上の傾向は，板碑の意味が墓標に近くなったこと，造立主体が支配階層から一般民衆に下降したことを示している。板碑は16世紀末に消滅する。

　五輪塔もまた15世紀に変質する。15世紀以降，高さ90 cm程度の小型の五輪

塔が急増し、他方、一石五輪塔や舟形五輪塔などの五輪塔の省略形が大量に登場する[50]。一石五輪塔は高さ45cm前後の小型の五輪塔で、被供養者の戒名や没年月日を刻むため地輪が縦に長くなる。15世紀中頃から西日本で多く作製され、16世紀後半には墓地に林立するようになる。塔の下に埋骨されることが多い。舟形五輪塔（背光五輪塔・舟形五輪板碑）は舟の形をした肉薄の石に五輪塔を浮き彫りや線刻したもので、特に大和国において多くみられる[51]。15世紀末に登場し、17世紀後半に盛期を迎える。これにも被供養者の戒名・没年月日が刻まれる。板碑の場合と同様、一石五輪塔や舟形五輪塔の出現は、石塔の造立主体が一般民衆にまで拡大したこと、石塔に墓標としての意味が加わってきたことを意味している。

その後、組石・丸形の五輪塔の造立は一応継続するが、一石五輪塔・舟形五輪塔は18世紀前後の時期に消滅し[52]、代わって近世的な櫛形角柱形の墓標が主流となる。これは蒲鉾形角柱・位牌形墓標とも呼ばれるもので、現代の墓石に近い形状である。中世的な一石五輪塔・舟形五輪塔の消滅は、人びとの意識における大きな変化を示している。その背景の説明はむずかしいが、石塔の本尊としての意義がしだいに稀薄となり、現代社会に継承される「お墓」（墓標）としての側面が顕在化したことはたしかである。

4 寄進者の願い

（1） 金剛峯寺の寄進状

本節では、寺社に伝来する寄進状の文言から、中世の人びとの死生観について確認する。寄進状とは、仏神事や本尊などに対して物品や土地を寄進したさいに作成された文書のことである。この寄進状の文言には、寄進にかける人びとの願いが直截に記されている。以下、紀伊国高野山金剛峯寺と摂津国勝尾寺の事例について述べていく。

高野山金剛峯寺における信仰の中心地は、弘法大師空海が入定する奥之院である。ところが13世紀中葉から14世紀後半にかけて、弘法大師の影像を祀る御

影堂への信仰が高揚し，同堂で催された御影堂陀羅尼会への田畠の寄進が盛んに行われた。陀羅尼会とは，「滅罪生善の密呪，除災与楽の秘術」と観念された尊勝陀羅尼（尊勝仏頂の功徳を説く呪文）を，御影堂において毎日21遍読誦する法会である。この陀羅尼会の経済的基盤となった田畠が御影堂陀羅尼田である（以下，陀羅尼田と略称）。金剛峯寺にはこの陀羅尼田への寄進を示す「陀羅尼田寄進状」が多数伝来している。

　徳治3（1308）年に田地300歩を陀羅尼田へ寄進した比丘尼牧野心浄は，自身の寄進目的について，寄進状で以下のように述べている（『高』2—150）。

　　「過去沙弥智教并びに亡息良見等の出離生死・往生極楽，比丘尼心浄の現世安穏・後生善処，子孫繁昌，諸人快楽，乃至法界平等利益のため，寄進し奉る」

　故人である沙弥智教（夫ヵ）と子息良見の出離生死（生死を繰り返す迷いの世界を離れること）・往生極楽，自身の現世安穏・後生善処（来世に浄土へ生まれかわること），さらには子孫繁昌と人びとの利益を期している。
　このように陀羅尼田の寄進では，主に，①追善（故人の極楽往生・兜率往生などを願う），②現世安穏（自身の現世における安穏な生活を願う），③逆修（自他の後生菩提を生前に願う），を目的とするものが大半を占める。特に，①の追善がもっとも多くみられ，死者供養が寄進の主要な目的であったといえる（実際には，牧野心浄のように複数の目的が重複する）。寄進の契機は，金剛峯寺の寺僧や関係者が故人（師匠・肉親など）の遺言により寄進する例が大半である。
　人びとの追善・現世安穏・逆修などの願い（現世安穏・後生善処）は，日本仏教では普遍的にみられるものである。そのなかで，高野山の独自性を見出すならば，尊勝陀羅尼の功徳と弘法大師信仰ということになるだろう。尊勝陀羅尼の功徳については，

　　「尊勝陀羅尼は，消除業障の密語，離苦得楽の妙薬なり，然らば，先師聖

霊，少田の地理（利）を捧げて縁を陀羅尼の音声に結び，大師の汲引を仰ぎて志を転法輪の影堂に表す」

とあるように，尊勝陀羅尼には消除業障（生前・前世での罪悪を消滅させること。滅罪）・離苦得楽（浄土に往生すること）の功徳があった。人びとは御影堂で読誦される「陀羅尼の音声」に結縁し，「大師の汲引」を得て往生するために，陀羅尼田を寄進したのである（『高』2―98）。また弘法大師信仰については，

「当山は，大師入定の聖跡，諸仏集会の浄域なり，（略）弥勒下生の朝，大師出定の時，昔この地に結縁の輩は，その時に聴法の衆たり，誰か一花一香の供養を捧げて，得脱得果の来縁を結ばざらん」

とあるように，人びとはこの世の浄土である高野山へ参詣して大師空海と結縁することで，兜率天からこの世へ下生した弥勒菩薩による衆生救済の説法に大師とともに臨み，永遠の解脱を得ることを期待した（『高』2―130）。

もっとも，弥勒の兜率天や大日如来の密厳浄土ではなく，阿弥陀如来の極楽浄土への往生を望む者もいた。

「凡そ高祖の門人は多く都率の宝宮を欣ぶと雖も，幽霊の素意は安養の花台に生まれんことを望む，庶幾わくは，妙雲の来迎に預かり，まず西土詑生を得，次に大日の円光に引かれ，必ず上天の往詣を遂げんことを」

真言宗の僧侶の多くが兜率往生を望むなか，幽霊（先師阿闍梨重快。金剛峯寺の寺僧）は安養の花台，すなわち極楽浄土に生まれんことを願っていた。そこで弟子の入寺信祐は先師の素意を尊重し，まず極楽に往生してから兜率天へ往生することを願い，本寄進状を御影堂に納めている（『高』2―35）。東密では密厳浄土を浄土の最上におき，極楽浄土はやや劣るものとしてその下位に位置づけ，全体として密厳浄土と極楽浄土は同体であるとする。しかし人びとの極

楽浄土への希求は根強く、それは寺僧であっても例外ではなかったことを、この事例は示しているだろう。

（2） 勝尾寺の寄進状

次に摂津国勝尾寺の寄進について取り上げる。平安時代から聖の住所として知られた勝尾寺は、北摂山中に位置する天台系の中規模寺院である（近世以降は真言宗）。中世の同寺は、「当寺千手観音は、三十三所の随一、往来薫習の霊場」、「当寺は即身往生の勝地、日域無双の霊場なり、而る間、一度運歩の輩、安養厳浄の往詣疑いなし、微念信仰の族、滅罪生善の願望盍ぞ遂げざらん」（『市史』525・541）とあるように、西国三十三所観音霊場として名高く、一度足を運べばその身のままで極楽往生が定まるという即身往生の霊場であった。勝尾寺への田畠の寄進は、主に13世紀前半から15世紀前半にかけて行われている。寄進先は多岐にわたるが、本尊千手観音と薬師如来への寄進が中心をなし、14世紀に入ると初後夜懺法への寄進が増加する。

貞永元（1232）年、沙弥仙尊は病気の子息聖尊（勝尾寺の寺僧）のために、田地1段を本堂燈油料に寄進した（『市史』102）。その寄進状には、

「右、現世安穏・後生善処、滅罪生善・攘災招福のため、別してまた子息僧聖尊の除病延命・離苦得楽のため、寄進するところなり、それ薬師は除病延命の本誓余仏に勝り、観音は離苦得楽の悲願衆生に被る」

とあり、仙尊は子息の現世安穏（除病延命）を薬師に願い、後生善処（離苦得楽＝極楽往生）を観音に祈っている。薬師如来は衆生の病苦を除き悟りに至らせる医薬の仏として信仰され、観音菩薩は阿弥陀如来の脇士として人びとを極楽浄土へ引摂する、現当二世に絶大な利益をもたらす菩薩として信仰を集めた。

このように勝尾寺の信仰は観音と薬師を中心に据えるものであったが、とりわけ薬師如来に対する人びとの期待は大きかった。弘安5（1282）年に薬師堂燈油料として田地240歩を寄進した阿闍梨覚真は、

「覚真一期の運命尽き，既に獲麟に臨むの間，薬師如来の御利生にあらざれば今度の命を助け難し，よって且つうは今度の寿命を相延ばさんがため，且つうは八菩薩の引導に預からんがため，薬師如来御燈料田に寄進し奉るところなり」

と，寿命の延長と八菩薩の引導を薬師如来に願っている（『市史』301）。薬師如来には除病延命のほかに，八菩薩を遣わして人びとを極楽浄土に導く遣送仏としての利益があった。薬師如来は現世安穏のみならず後生善処を実現する存在として，多くの信仰を集めたのである。観音と薬師への信仰は，後生善処の側面に注目すると，つまるところは極楽浄土への往生を期待したものであったといえる。

さて，後生善処は中世の人びとに共通した願いであり，没後の追善供養が必要とされたが，人びとは子孫による追善をまずは望んだようである。元徳2（1330）年に寄進をした尼信阿弥陀仏は自身の後生善処を観音に願ったが，それは後世を訪（とぶら）うべき実子が一人もいなかったからであった（『市史』535）。また延慶元（1308）年に講堂二季彼岸会に寄進した橘氏女（萱野助阿闍梨女房）は，「出家の実子一人もなし，而して後生を妨（訪）うべき者なし」との理由から，二季彼岸会における阿弥陀経転読の功徳で極楽往生することを願っている（『市史』435）。このように追善の担い手には実子がふさわしく，その実子は出家していることがより望ましかった。

同様の事例は陀羅尼田の寄進にもみられる。弘安5（1282）年の阿闍梨快豪の寄進状によると，子息がいない内蔵宗近は寺僧の覚日房と親子の契約を結び，所領を覚日房へ譲与した。その後，覚日房は亡き宗近の後生を訪ってきたが，やがて死の床についてしまう。そこで覚日房は阿闍梨快豪（弟子ヵ）に遺言して，宗近から譲与された所領を弘法大師に進め，宗近の菩提と自らの得脱を図っている（『高』2—107）。

このように僧侶と親子の契約を結ぶことまでして，実子による追善を願うのであるが，その追善を託された者が死去してしまうと，追善の担い手はいなく

なってしまう。そこで継続的な供養を求めて寺院に寄進するのである。継続的な供養を求める心情は、朽損することのない石造の供養塔を建立する意識と通底するように思える。

勝尾寺では、極楽往生を確実に実現するためのさまざまな装置が用意された。その一つに、正安4（1302）年に始行された初後夜懺法がある。これは毎日朝夕に結番した寺僧が経（阿弥陀経ヵ）を読誦する仏事である（『市史』397・770など）。正和2（1313）年の阿闍梨覚明の寄進状には、

> 「当寺初後勤行は、重舜願主として、有縁亡者等の遺領を以てその供料に宛て、始行せしめ畢んぬ、（略）願わくばこの追善の薫修によって、一切衆生必ず妄念を生死の界に止め、菩提を不退の土に證せんがためなり」

とあり、当仏事は寺僧の重舜が願主となって開始した「追善の薫修」であること、「有縁亡者等の遺領」を供料に宛てたことがわかる（『市史』462）。すなわち、初後夜懺法は追善に特化した仏事であった。人びとの追善への期待に応えるべく、勝尾寺はこのように追善に特化した仏事を新たに用意したのである。

以上、金剛峯寺と勝尾寺の寄進状を通して、寺社に対する人びとの意識の一端をみてきた。浄土への往生とそのための継続的な追善供養を望む中世の人びとの姿を、限られた範囲における事例であるが確認した。

■ ■ ■

●注
(1) 中世の葬制・墓制については、勝田至編（2012）『日本葬制史』吉川弘文館、が最新の成果にもとづき、まとめたものとして有益である。本章も多くをこれに学んでいる。
(2) 浄土教については、速水侑（1978）『浄土信仰論』雄山閣出版、を参照した。
(3) 平雅行（1988）「井上光貞氏の浄土教研究についての覚書」『新しい歴史学のために』192号、のち改題して同氏（1992）『日本中世の社会と仏教』所収、塙書房；佐

藤弘夫（2008）『死者のゆくえ』第3章「納骨する人々」岩田書院。
⑷　細川涼一（1991）「梅原猛氏の日本人の『あの世』観論によせて」『歴史評論』490号，のち改題して同氏（1997）『死と境界の中世史』所収，洋泉社。
⑸　佐藤弘夫『死者のゆくえ』第4章「拡散する霊場」，前掲書。
⑹　佐藤弘夫（1998）『神・仏・王権の中世』第Ⅳ部第3章「地獄と極楽のコスモロジー」法藏館。
⑺　佐藤弘夫『死者のゆくえ』第3章「納骨する人々」，前掲書。
⑻　王家の葬祭については，大石雅章（1988）「顕密体制内における禅・律・念仏の位置——王家の葬祭を通じて」中世寺院史研究会編『中世寺院史の研究　上』所収，法藏館，のち同氏（2004）『日本中世社会と寺院』所収，清文堂出版，を参照した。
⑼　律宗・斎戒衆については，細川涼一（1987）『中世の律宗寺院と民衆』吉川弘文館，を参照した。
⑽　広瀬良弘（1988）『禅宗地方展開史の研究』第2章第8節「曹洞禅僧の地方活動——遠江国における松堂高盛の活動を中心として」吉川弘文館。
⑾　高田陽介（1996）「寺請制以前の地域菩提寺とその檀家」勝俣鎭夫編『中世人の生活世界』所収，山川出版社。
⑿　細川涼一『中世の律宗寺院と民衆』，前掲書；大石雅章（2000）「興福寺大乗院門跡と律宗寺院——とくに律宗寺院大安寺を通して」『日本史研究』第456号，のち同氏『日本中世社会と寺院』所収。
⒀　勝田至（1987）「中世民衆の葬制と死穢——特に死体遺棄について」『史林』70巻3号，のち同氏（2006）『日本中世の墓と葬送』所収，吉川弘文館。
⒁　細川涼一『中世の律宗寺院と民衆』，前掲書。
⒂　吉井敏幸（1993）「大和地方における惣墓の実態と変遷」石井進・萩原三雄編『中世社会と墳墓——考古学と中世史研究3』所収，名著出版。
⒃　勝田至（2003）『死者たちの中世』吉川弘文館。
⒄　勝田至『死者たちの中世』，前掲書。
⒅　山田邦和（1996）「京都の都市空間と墓地」『日本史研究』第409号，のち同氏（2009）『京都都市史の研究』所収，吉川弘文館。
⒆　勝田至（1993）「文献から見た中世の共同墓地」石井進・萩原三雄編『中世社会と墳墓——考古学と中世史研究3』所収，のち同氏『日本中世の墓と葬送』所収；同氏『死者たちの中世』，前掲書。
⒇　勝田至（1988）「中世の屋敷墓」『史林』71巻3号，のち同氏『日本中世の墓と葬送』所収；西口圭介（2009）「近畿の中世墓」狭川真一編『日本の中世墓』所収，高志書院。
(21)　西口圭介「近畿の中世墓」，前掲論文。
(22)　勝田至『死者たちの中世』，前掲書；同氏編『日本葬制史』，前掲書。
(23)　山田邦和「京都の都市空間と墓地」，前掲論文。

㉔　鎌倉の墓地については，河野眞知郎（1995）『中世都市鎌倉』講談社選書メチエ，を参照した。
㉕　河野眞知郎『中世都市鎌倉』，前掲書。
㉖　齋木秀雄（2002）「都市鎌倉と死のあつかい――由比ヶ浜南遺跡の調査」五味文彦・齋木秀雄編『中世都市鎌倉と死の世界』所収，高志書院。
㉗　磐田市教育委員会編（1993）『一の谷中世墳墓群遺跡』本文編；山﨑克巳（1993）「一の谷中世墳墓群遺跡とその周辺」石井進・萩原三雄編『中世社会と墳墓――考古学と中世史研究３』所収。なお，近年は墳墓の年代観を遡らせる見解が提示されている。松井一明（2009）「東海の中世墓」狭川真一編『日本の中世墓』所収。
㉘　松井一明「東海の中世墓」，前掲論文；市本芳三（2007）「大阪府栗栖山南墳墓群の調査」狭川真一編『墓と葬送の中世』所収，高志書院。
㉙　松井一明「東海の中世墓」，前掲論文。
㉚　藤澤典彦（1990）「墓地景観の変遷とその背景――石組墓を中心として」『日本史研究』第330号。
㉛　千々和到（1991）「板碑・石塔の立つ風景――板碑研究の課題」石井進編『考古学と中世史研究』所収，名著出版。
㉜　吉井敏幸「大和地方における惣墓の実態と変遷」，前掲論文。
㉝　千々和到「板碑・石塔の立つ風景――板碑研究の課題」，前掲論文。
㉞　山田邦和「京都の都市空間と墓地」，前掲論文。
㉟　髙田陽介（1986）「境内墓地の経営と触穢思想――中世末期の京都に見る」『日本歴史』第456号。
㊱　吉井敏幸「大和地方における惣墓の実態と変遷」，前掲論文。
㊲　墳墓堂については，水野正好（1987）「中世――その葬と祭と」『文化財學報』第５集；大石雅章（2003）「葬礼にみる仏教儀礼化の発生と展開――王家の葬礼を中心にして」仏教史学会『仏教史学会五十周年記念論集　仏教の歴史的・地域的展開』所収，法藏館，のち同氏『日本中世社会と寺院』所収，を参照した。
㊳　水野正好「中世――その葬と祭と」，前掲論文。
㊴　中世の墳丘墓については，藤澤典彦「墓地景観の変遷とその背景――石組墓を中心として」，前掲論文，を参照した。
㊵　西口圭介「近畿の中世墓」，前掲論文。
㊶　勝田至「中世民衆の葬制と死穢――特に死体遺棄について」，前掲論文。
㊷　五輪塔を含む石塔については，播磨定男（1989）『中世の板碑文化』東京美術；小林義孝（2004）「墓塔の成立過程」小野正敏・五味文彦・萩原三雄編『中世の系譜　東と西，北と南の世界』（考古学と中世史研究１）所収，高志書院；千々和到（2007）『板碑と石塔の祈り』（日本史リブレット）山川出版社，などを参照した。
㊸　山川均（2008）『中世石造物の研究――石工・民衆・聖』第２章「石造宝篋印塔の起源について」日本史史料研究会。

(44) 狭川真一氏は五輪塔出現の背景に天台宗にかかわる集団や人物の存在を想定している。同氏（2002）「五輪塔の成立とその背景――出現期資料の分類を中心とした予察」『元興寺文化財研究所研究報告2001』参照。
(45) 狭川真一「五輪塔の成立とその背景――出現期資料の分類を中心とした予察」、前掲論文。
(46) 小林義孝「墓塔の成立過程」、前掲論文。
(47) 佐藤弘夫『死者のゆくえ』第4章「拡散する霊場」、前掲書。
(48) 板碑については、播磨定男『中世の板碑文化』、前掲書；千々和到『板碑と石塔の祈り』、前掲書、を参照した。
(49) 千々和到『板碑と石塔の祈り』、前掲書。
(50) 藤澤典彦「墓地景観の変遷とその背景――石組墓を中心として」、前掲論文。
(51) 吉井敏幸（1993）「中世群集墓遺跡からみた惣墓の成立」『国立歴史民俗博物館研究報告』第49集。
(52) 藤澤典彦「墓地景観の変遷とその背景――石組墓を中心として」、前掲論文。
(53) 陀羅尼田については、山陰加春夫（1988）「金剛峯寺衆徒とその生家」中世寺院史研究会編『中世寺院史の研究　上』所収、法藏館、のち加筆して同氏（1997）『中世高野山史の研究』所収、清文堂出版；拙稿（1998）「中世高野山における陀羅尼田支配について――諸供領贐次番付書を通して」『和歌山地方史研究』35、などがある。
(54) 「陀羅尼寄進状」の大半は、『大日本古文書』家わけ第一『高野山文書』に収載されている。以下『高』とし、巻数と番号をもって略記する。
(55) 勝尾寺の歴史については、箕面市史編集委員会編（1964）『箕面市史』第1巻（本編）、箕面市役所、にくわしい。
(56) 「勝尾寺文書」の大半は、箕面市史編集委員会編（1968・1972）『箕面市史』史料編1・2、箕面市役所、に収載されている。以下、同文書の出典は『市史』とし、番号をもって略記する。
(57) 勝尾寺への料田寄進については、小山貴子（2004）「中世後期在地寺院の『寺領』形成過程とその展開――摂津国勝尾寺の事例」『駿台史学』第122号、が寺領形成の観点から論じている。
(58) 引用史料中の「八菩薩」を『箕面市史』史料編1は「八喜」とするが、『勝尾寺文書』写真帳（東京大学史料編纂所架蔵）の該当文書の字形および文意から「八菩薩」と判断した。「八菩薩」の用例は「紀氏女畠地寄進状」（『市史』105）にもみられる。
(59) 西尾正仁（1985）「摂関期の薬師信仰――法成寺薬師堂を中心として」『御影史学論集』10号、のち同氏（2000）『薬師信仰――護国の仏から温泉の仏へ』所収、岩田書院。

第4章
死の現象学
―― 死の知に関するシェーラーの考察 ――

浅 野 貴 彦

1 死の現象学の課題

　日々の生活のなかで死にふれる機会はいたるところにある。動物や植物の死，新聞やニュースが報道する死，あるいは身近にいる大切な人の死。人はこうした多様な死に接し，動植物ばかりでなく人間もまたやがて消滅し，永遠に存在するものではないことを認識する。人間はこうして，消滅性を生のただなかにおいて知り，苦悩し，限られた人生について思いをめぐらす点で動物と異なる。また，死をあらかじめ知り，ともに語り合い，死を理解しようと欲するのも人間だけである。その意味で死は，人間存在の本質を規定する根本現象の一つであるといえる。

　現代の哲学的人間学の創始者と見なされているマックス・シェーラー（1874～1928）は，フッサールによって創唱された現象学から決定的な影響を受け，アウグスティヌスやパスカルが説いた「愛の秩序」の伝統を受け継ぎ，本質直観にもとづく現象学的方法を生のさまざまな領域や人格の分析に適用した。彼は，死の問題を現象学的に分析する際にも，あくまでも生との連関内で死を記述し，生に内在した現象として死を解明しようとする。こうした彼の現象学的方法は，ハイデッガーやサルトルのもとでいわゆる実存の現象学と結びつくことになる。

　シェーラーにとって現象学は「精神的直観の立場に対する総称」であり，この直観において，隠された「本質」や「事実」からなる世界が露わにされ，体

験される。現象学にもとづいた哲学は、したがって、直観の作用のなかに「与えられて」いる事実を基礎とし、あらゆる偶然的現実存在に対してアプリオリに妥当する洞察を追求する。その際、現象学的哲学は、「〈世界〉の本性とは何であるのか？ その本性に対応する認識作用のあり方はどのようなものであるのか？」といった問題を提起し、この問いに答えるために、直観という直接的経験において与えられるものに定位する。この意味において「現象学的哲学は最も徹底した経験主義であり」、それは第一に、「最も生き生きとした、最も強烈な、また最も直接的な、世界そのものとの体験交渉」を重視する。

　シェーラー現象学は、こうして世界との直接的な体験交渉において問題となり、主題となる対象と、それと相関する作用の本質を解明しようとする。それゆえ彼は死の現象学を構想するにあたり、「死の本質」と「死の認識論」の考察を優先課題とし、「死とは何であるのか、それはどのように我々に与えられているのか、そしてどのような種類の死の確信を我々はもっているのか」という問題に取り組んだ。

　シェーラーによると、「死」や「死ぬこと」という一見すると自明な事実は、とりわけ「近代の人間が彼らの生と死とをまさにどのように観察し経験しているのか」ということにわれわれが目を向けたとき、問題的なものとして立ち現われる。近代人は、彼のみるところ、死を直視する心を喪失し、死を排除している。「彼は、死は我々にとって確実であるという我々の意識に絶えず現前する直観的事実を自分なりの生活様式と職業様式とによって、明確な意識帯の外に押し出してしまい、ついには自分は死ぬであろうというような単なる判断的知識だけが後に残ることになる」。そうして、〈人はいつかはきっと死ぬ。しかし当分は私の番ではない〉と自分にいい聞かせ、死の問題を処理しようとするのである。

　さて、このようなシェーラーの批判は、死を抑圧し、死の現象から目をそらそうとする現代社会の諸状況をいいあてている。わが国においても、医療技術の飛躍的な進歩による平均寿命の延伸や都市における住居問題、それにともなう病院での死亡の増加傾向は、死に関する意識に関しても変容をもたらしてい

る。いわゆる死の意識の希薄化による「死生観の空洞化」という現象である。現代の社会では，「〈人間はいつかは何かで必ず死ぬ〉というあたりまえの事実が，今日の長寿化の陰でいつの間にか希薄になってしまっている」のである[7]。

とはいえ他方で，20世紀後半に入って，こうした現代の状況を反省し，死に対する新たな取り組みが心理学の分野において生まれている。たとえば，アメリカの精神科医エリザベス・キューブラー・ロスは，死に直面した末期患者がどのような心理的プロセスを辿って死に至るのかを研究し，死へのプロセスを，否認・怒り・取り引き・抑鬱・受容という5つの段階に区別している。彼女の主張するところによると，「患者にとっては，死そのものは問題ではなく，死にゆくことが，それに伴う絶望感と無援感と隔離感のゆえに怖ろしいのである」[8]。今日，自然科学や医学がどれほど進歩をとげても，「死そのもの」は人間にとって永遠の謎であり，それはいつまでもだれにもわからない。しかし死のプロセスを学び，死に対する態度を考えることはで可能であり，そのようにしてわれわれは死について知を深め，より安らかに死に臨むことができるのである。

このようにロスの研究は，「死そのもの」については語らず，問題としない。むしろ，人間が自分自身の死に直面することによって経験する，死の段階的な心理的プロセスに着目し，不安や恐怖を通じた，死に関する知の獲得や深化のプロセスを提示している。

それでは，シェーラーの死の現象学において，「自分自身の死の知」というものはどのように分析されているのであろうか。死の知，とりわけ「私は死ぬ」ということについての知は，彼の見解では，何によって生まれるのであろうか。それは，ロスが述べているような，死の不安や恐怖によってなのであろうか。さらに，また，現象学的経験においては，「死そのもの」を経験し，それを知ることが可能となるのであろうか。

本章では，以上のような問題に考察の焦点を定めながら，シェーラー現象学の視線が死の思想に対してもった意味あいを明らかにし，死の現象学の現代社会における意義を検討したい。

②　死とは何か

　シェーラーは，先にふれておいたように，近代における死の意識の希薄化という状況を指摘しているが，別の箇所では，「あらゆる時代において，死の意味への問いほど，人間の関心を強く惹きつけた問いはない」と述べている。このことからわかるように，近代における死の意識の希薄化という状況は例外的なものであり，また，あらゆる近代人が死に対してまったく無関心に生活していたわけではない。

　実際，死は，人間がこの世に生まれ，さまざまな人びとと出会い，愛する人や肉親の死に接して否応なく考えさせられる問題である。さらに，自分の死期を悟った際には深刻な思索のきっかけを与え，自分自身の実存にかかわる熟慮の対象となる。哲学の歴史においても，こうした実存的な問題に面して，死の問題は繰り返し探求され，根本的諸問題の一つとされてきた。

　もっとも，他方でシェーラーが近代の例外的状況を指摘していたように，人類の歴史において死の観念や死に対する態度は歴史的にも，社会的にも変化してきた。哲学の歴史においても，死の問題に対するアプローチの仕方はさまざまで，統一的な視点というものは存在しない。

　そこで，以下ではまず，ドイツの哲学者ヘクトール・ヴィトヴァーが行った死の哲学的諸問題の体系的区分を参考にして，死の哲学的研究史におけるシェーラー現象学の位置を確認し，その後，「死の本質」に関するシェーラーの記述を辿ってみよう。

　ヴィトヴァーによれば，死の哲学的諸問題を体系化し，区分すると，少なくとも次のような４つのテーマ領域を提示することができる。

①死とは何かという問題（魂の不死や死後の永生の問題を含む）
②個々の人間は，自分は死ぬということを何にもとづいて知るのかという問題

③自分の死を知っているという事実は，自分自身の死や生に対する態度に関してどのような影響を与えるのかという問題（死に対する恐怖や不死は望ましいのかといった問題を含む）

④死に関する多くの倫理的問題（遺骸の道徳的地位の問題，そして自殺や安楽死および死刑の是非に関する問題等）

 ヴィトヴァーはこれら4つの区分において，シェーラー現象学に関しては「死の認識論」のみを取り上げ，それを②のテーマ領域に位置づけ，若干のコメントを述べるにとどめている。[11]けれども，既述したように，シェーラーは「死と永生」論文で，「死とは何であるのか，それはどのように我々に与えられているのか，そしてどのような種類の死の確信を我々はもっているのか」という問題を提起していた。それゆえ，①のテーマも重要な研究対象となっている。
 また「老化と死」の草稿からうかがい知れるように，シェーラーは1923年から1924年にかけてケルン大学で，1．死の現象学，2．死の認識論，3．死の自然哲学，4．死の心理学，5．死の社会学，6．死の倫理学，7．死の形而上学というテーマを講義で順に扱っていた。こうした彼の壮大な構想を顧みれば，シェーラーの死の研究構想は，きわめて多岐にわたるテーマ領域を射程に収め，諸学問の総合化や学際化という現代的方向性を内包していたことがわかる。ただし，残存しているこの草稿には欠落部分が多く，またわれわれは紙数の都合上，そのすべてに目をとおすことはできない。本章では，適宜その草稿を参照しつつ，「死と永生」論文での記述を補足し，その論旨を辿っていこう。
 シェーラーはこの論文で，「死の本質」と「死の経験」という2つのテーマを「死の本質と認識論」と題した1つの同じ節で論じている。このようにこれら2つのテーマは密接に連関しあっているが，われわれはこれらを個別的に扱い，本節では「死の本質」を考察の主題とし，次節で「死の経験」について論じることにする。
 まず，「死とは何か」という問いかけに対しては，通常，「生命の終わり」という答えが返ってくるであろう。現代の医学の定義によれば，死は生命機能の

不可逆的な停止を意味する。

しかしながらこのような死の定義は，多くの文化や民族にみられる死についての神話的・宗教的な観念を顧慮した場合，十分なものとはいえないであろう。今日では，たしかに，死の自然科学的な理解が優勢である。しかし，人類の長い歴史を振り返れば，「きわめて多くの文化において，死は人間存在の完全な終局であるとは捉えられておらず，むしろ別の様式をもった存在への移行として考えらてきたし，考えられている(12)」。したがって，「生命の終わりというものは様々な仕方で解釈されうる(13)」ものなのである。

それでは，このような死の神話的・宗教的な考えに対して，哲学はどのような関係にあるのであろうか。この問いに関して，たとえばヴィトヴァーは次のように簡潔に答え，哲学における2つの立場を取り上げている。

「死についての統一的な哲学的理解は存在しない。生命の終わりが哲学的にどう理解されるかは，とりわけ，〔その哲学が〕二元論的人間学を前提にしているのか，一元論的人間学を前提にしているのかによって左右される。というのも二元論は，魂を自存した実体とみなし，その魂はさらに身体から独立して存在しうるということを出発点とするからである。それゆえ二元論はどちらかというと，人間の肉体の死を生の完全な終わりとみなさない考えである。この点において二元論は，神話的かつ宗教的な死の考えと一致している。ただし，〔魂の〕不死に関する哲学的学説は，論証を拠り所としている点で，〔魂の〕永続への信仰とは区別される(14)」。

ちなみにシェーラーは，生命と精神の二元論的人間学を諸学の基礎と見なし，「死と永生」論文では精神的人格の永生を力説することによって，「永生における死の克服」を展望している(15)。ただし，こうした彼の二元論的学説は，上記のような魂の不死をめぐる古典的な議論とは区別されるべきものである(16)。

さて，「死とは何か」という問題に立ち戻ると，シェーラーは死を「生命の終わり」として理解することに異議を唱える。というのも，死の現象学が解明

第4章 死の現象学

しようとしているのは「死の本質」であるが，この本質はあらゆる生命の構造の内にふくまれており，「生命の終わり」にあるのは「死の本質」ではなく，「あれこれの個体による死の偶然的実現にすぎない」からである。彼によると死は，「我々が暗闇を歩いていてぶつかる壁のように，我々がいわば単に偶然に突き当たるようなもの」ではない。死はむしろ生命構造のうちにすでにふくまれており，その構造に即して経験され得る。実際のところ人間において死はどんなに偶然的な仕方で与えられようとも，死は生命の運動過程において，「私は死ななければならない」という確信をともなって直観的に経験され得る。現実の死は，こうした死の直観的確実性を確証することとして示されるにすぎないのである。

こうして，死の本質は生命構造の内に存しており，それをわれわれは「内的経験」においてであれ，「外的経験」においてであれ経験し得る，ということをシェーラーは強調する。以下ではまず死の「外的経験」について考察するが，そこでシェーラーが問おうとするのは，「死の本質は，我々が何らかの生命現象についてなす外的経験の内においてどのようなものとして示されるのか」という問題である。

シェーラーは生命の「根本現象」として，それに固有な形態現象や運動現象を取り上げる。有機体は環境との間で，一定のリズムを保ちながら，物質とエネルギーを交換し，生命を維持している。有機体が無機物と異なるのは，とりわけ，こうした生命活動を特定の持続的な形態を維持しつつ営んでいるという点にある。もちろん，環境との物質やエネルギーの交換における形態の維持という運動現象は，滝や噴水あるいは停滞した水の流れにもみてとることができるであろう。しかしシェーラーがここで強調するのは，有機体に固有な形態現象や運動現象は「外的」にではなく「内的」に規定されているという点にある。つまり生命は，自らの「中心から外へ運動していく固有な形態をもっている」のである。それゆえ有機体の生命運動は，「内的な原因」によって引き起こされており，「外的な原因」によって一義的に規定されて慣性の法則にしたがって停止する物体運動とは異なる。逆にいうと，死（自然的な死）とは，同じく

79

「内的な原因」によって，生物の内部から引き起こされる生命運動の停止なのである。

こうしてシェーラーの考えによると，死は生命に内在しており，「〈自分が死ぬ〉ということはやはり生命作用の系列に属する作用」である[23]。たとえ，不慮の事故のように「外的な原因」によって死の作用が触発され，偶然的に実現されるような「破局的な死」があるにしても，死の作用そのものは生命作用のうちにすでにふくまれている。死はそれゆえ，「内部から規定された過程の中止をつねに意味するのである」[24]。

以上，われわれは「外的経験」の観点から生命の死を考察し，死は生命過程の終わりにあるのではなく，むしろ終わりにあるのは「死の本質」の「偶然的な実現」にすぎないということを確認してきた。次節では，「内的経験」の観点から生命や死の本質を解明し，死はどのような「直観的確実性」において与えられ，経験され得るのかという問題を検討しよう。

③ 死の経験について

これまでみてきたように，シェーラーは死を「生命の終わり」としてとらえない。もし，死を「生命の終わり」として考えるならば，「死は各人にとって経験可能な事実であるとは一般に言われないであろう」し，死について確信することはできないからである[25]。このことは，言い換えるならば，われわれは「生命の終わり」に到来する「死そのもの」（死んだ状態）を経験することはできない，ということを意味する。エピクロスのいうように，死を「死そのもの」として理解するならば，死はわれわれにとって何ものでもない。私の生きているときには死はなく，死が到来するときには私は生きておらず，それを知覚することはできないからである。

しかし他方，死を「死そのもの」と「死の意識」とに区別し，後者の観点からみるならば，われわれは自分の死の確実性や不可避性について知っているということができる。この「死の意識」のことをシェーラーは「死の内的な経

験」と呼び，この経験においては，死の確実性は知の対象となり得る。なぜなら，「死の確実性は，どんなに些細な〈生命相〉の中にも，それの経験構造の中にもすでに存在している」からである。[26]

ただし，繰り返していうと，「死そのもの」を実際に経験した者は存在せず，それはどこまでも無規定なものである。それゆえ，「現実に〈私は死んだ〉というように，第一人称について，しかも過去時制で死を語ることは明らかにナンセンスである[27]」。したがって時制に即してみるならば，「第一人称について何らかの形で意味を持ち得る文章は死に関する限り未来形しかない」。すなわち「私は死ぬ」や「私は死ぬだろう」という表現である。

このことからシェーラーは「死の認識論」で，形而上学的な意味での「死そのもの」については語らない。むしろ，彼がここで問おうとするのは，「私は死ぬ，ということに関して私がもっている特定の知は，どこから生じるのか」という問題であり，ここでは「死の意識」が肝要な問題となる。[28]

「死の意識」に関するこうした問題を考える際に，ここではまず，子どもの死の概念獲得に関する発達心理学の知見を概観しておこう。現在，死の概念の獲得年齢に関する研究は多くあるが，たとえばグロルマンの研究によると，[29]幼児や未就学児が死を理解することはむずかしい。彼らがもつ死の概念は限定的で未発達であり，死を別離や眠りと同じような一過性の出来事としてとらえている。次に，5歳から9歳の子どもは，死の不可逆性を認識するようになるが，死は自分の身には起こり得ないものとして考えている。そして10歳以上になると，現実に即した死の概念がもてるようになり，自分自身にも死が起こり得ることだと理解し，死を恐れるようになる。なお，付言しておくと，こうした子どもの死の概念獲得に影響を及ぼす要因の一つは，死別体験である。「私は死ぬ」ということについて，子どもは主に身近な人の死をとおして理解し，知るに至るのである。

これに対してシェーラーが「死の認識論」でまず出発点をとったのは，こうした死別体験のような「外的経験」によって観察される他者の死ではない。彼は思考実験を行い，次のようにいう。

「人は、もしかりに彼が地上でたった一人の生物であると仮定しても、死が彼を襲うということを何らかの形式や仕方で知っているであろうし、また彼は他の生物が結局死体という現象に至るような変化を受けるのを決して見なかったとしても、そのことを知っているであろう」。

彼はこうして、「我々の死についての知は、他者と我々を取り巻く生物の死に関する観察と帰納に基づく外的経験の単なる帰結にすぎないという、現在最も流布した考え」を退ける。われわれは、多くの他者の死を観察し、それらから帰納的に自分の死を推論したとしても、それは「〈蓋然的な〉生命の終わりがある」ことを示唆するにすぎず、自分の死の「直観的な確実性」を知り、納得することにはならない。たとえば、トルストイは『イワン・イリイチの死』において、帰納的推論による死の知の問題を次のように叙述している。

「昔、キーゼヴェッターの論理学でこんな三段論法の例を習った——〈カイウスは人間である。人間はいつか死ぬ。したがってカイウスはいつか死ぬ〉。彼には生涯この三段論法が、カイウスに関する限り正しいものと思えたのだが、自分に関してはどうしてもそう思えなかった。カイウスが人間であり、人間一般であること——そこには何の問題もない。だが自分はカイウスではないし、人間一般でもなくて、常に他の人間たちとはぜんぜん違った、特別の存在であった」。

このように、他者の死を観察し、そこから自分の死を帰納的に推論したとしても、ほんの束の間死について思いをめぐらせたとしても、死を切実な問題として受け止め、自分の死を凝視することはない。ましてやさまざまな雑務に明け暮れている多忙な日常生活では、死がいくどとなくテレビの画面に映し出され、ニュースや新聞などで報道されたとしても、自分には無縁な他人事として見すごされている。したがって、「死の確実性は、出会われる種々の死亡事例の確認に基づいて算定されることはできない」のである。

第4章　死の現象学

　また、たとえ身近な人の死の臨終に居あわせ、それを「外的」に観察し、死の恐怖や不安を想像することができたとしても、彼の死を内部から体験し、「内的」に経験することは不可能である。その場合、他者の死を推論や類推によって自分の死としてとらえようと試みても、やはりそれは他者の死であって、自分自身の死とは異なっている。それゆえ、ハイデッガーの言葉を借りると、「我々は真の意味では、他者の死を経験しないのであって、せいぜいいつもただ〈居合わせて〉いるにすぎない」。死は各自のものであり、自分で自分の死を引き受けるしかなく、他者がそれを代理することは不可能なのである。
　ちなみに、ハイデッガーによると、死についての「知」や「無知」は、「不安」における人間のあり方を表わしており、「不安」において獲得される。死に関する「無知」が、死に面して生きるということからの「逃避」を表わしているのに対し、死についての「知」は、死の可能性への自己の被投性を露わにしている。そうして、不安における「死への先駆」によって、本来的な実存が可能となる。
　さて、シェーラーの考えでは、「死の直観的な確実性」は死の不安や予感とは異なっており、そうした「感情の動きよりはるかに深遠なところ」にある。死の恐怖や不安は、死にゆく過程における特定の時期や状況に左右され、状況や各人の態度によって変化し、偶然性を免れ得ない。これに対して「死の直観的な確実性」は、意識をもつあらゆる生物にみられ、「生命経験の不変の要素」となっている。
　それでは、「死の直観的な確実性」はどのようにして洞察され、経験され得るのであろうか。このような問題に向かう前にシェーラーは生命の2つの側面を整理し、こう述べている。

　　「生物学的意味においていわゆる〈生命〉といわれるものは、同一の事態として我々には二つの仕方で示される。すなわち、人間・動物・植物の外的知覚における一群の独特の形態現象と運動現象として、そしてまた、特殊な意識の仕方において与えられる過程として示される」。

83

第Ⅰ部　死生観の研究

　すでにみてきたように，生命は固有な形態現象や運動過程をもっており，これら生命の根本現象に即して「死の本質」を「外的」に看取することができる。しかし，シェーラーが「死の直観的な確実性」の問題において考察の対象とするのは，こうした「外的経験」によって把握される生命ではない。むしろ，「内的経験」という「特殊な意識の仕方において経験される生命の過程」である。もっとも，彼が「外的経験」と「内的経験」と呼ぶものは，同一の生命に対する考察上の2つの観点である。生命はこれらの観点に応じて2つの側面を示すのである。

　さて，「内的経験」の観点から生命過程とその内部意識を分析すると，そこには「3つの独特の時間的広がり」が構造としてあることがわかる。すなわち，「この広がりとは，あるものについての直接の現在・過去・未来の存在，X・Y・Z（可変内容）を言うのであり，そうしてこれらに応じて，このX・Y・Zが与えられている性質を異にする三つの作用の仕方，すなわち直接知覚・直接記憶・直接期待」といった作用が明らかとなる。われわれはこれらの作用によって，「外的経験」にもとづく推論・連想・再生を経ずに，「あるものが急ぎ去り」そして「あるものが近づく」ことを「直接的」に体験することができる。

　以上でいわれている「3つの独特の時間的広がり」は，時計によって計測可能となるような客観的時間ではない。客観的時間は生命過程の構造から独立して進行する時間であって，その均質な時間構造においてとらえることができるのは死せる物体だけである。これに対して，生命過程の時間においては，「G（総体内容）＝V（過去）＋Z（将来）というように分かたれた総体内容が，分かちえない各瞬間の内に存している」。そしてこの総体内容の範囲は，生命過程が「死への方向」へと進んでいくにしたがって，次のように変化していくのである。

　　「過去Vの広がりにおける内容の範囲と，この過去内容が体験され，直接あとに作用することが増大すればするほど，一方では同時に直接的な未来Zの広がりにおける内容の範囲とこの内容の未来に向けての作用とはま

ます減少していく。しかし二つの範囲の間にある現在の範囲はいよいよ著しくいわば〈圧縮される〉。(中略) 子供にとって現在はきわめて色とりどりの存在に満ちた明るい平原である。しかしこの平原は生命過程の進行とともに小さくなっていく」(41)。

このように，生命過程の進行とともに将来の展望範囲は狭まり，過去の範囲は増大していく。このような「死への方向」において体験され，直観されるものこそが「老化」という根本現象である。シェーラーがここでいう「老化」は自分の「老いの外的徴候」を知覚することによって初めて気づかされるものではなく，「死への方向」において直接的に意識される根源的な現象である。このような直接的な「年齢意識」こそが「〈年齢〉概念一般の究極の直観的基礎」となっており，「老化の本質」を構成しているのである(42)。

以上のことから，「死の直観的な確実性」は，「外的経験」の成素ではなく，「内的経験の内に存する明証的な成素である」とシェーラーは結論づける(43)。したがってそれは，「生命過程の変化する内容について観察したり帰納したりするあらゆる経験にとってアプリオリなものである」(44)。

④ 死と社会

前節でみてきたように，「死の直観的な確実性」は「内的経験」の「明証的な成素」であり，意識をもったあらゆる生物に帰することができる知である。このようにシェーラーは死の確実性を「生命経験の不変の要素」とみるが，他方で同時に，それが時代や社会によって条件づけられている点についても注意を促している。

「死の確実性がすべての生命経験の不変の成素であるにしても，そこには著しい変化の範囲が存在する。〔すなわちその範囲は〕，死の理念が人間にどの程度明晰判明となるのか，そして人間はどの程度の関心と注意をこの

内容に向けるのかということ〔によって規定される〕。したがって死の理念が人間・集団・時代において実際に演じる役割には非常に種々の様式と程度があり、そしてまた死の現象の無限に相違した仕方の解釈と見解がある」。[45]

　死についての知はこのように、各人の態度や時代・社会の状況によって明晰性の程度を異にする。そして近代に至っては「死の明証性」が欠落し、死の理念が排除されている、というのがシェーラーの考えである。このことから彼は「近代西欧の人間タイプ」に特有な体験構造を分析し、そこにおいて死の確実性を曖昧にしている「積極的原因」を明らかにしようとする。

　近代における「死の排除」という出来事は単なる偶然的な現象ではない。それは、シェーラーの解釈によると、近代人の態度を根底から規定している「無制限の労働欲と営利欲」に由来する。[46] もちろんシェーラーも付言しているように、労働と営利という活動は近代人に特有なものではなく、それ以前においても「多かれ少なかれ生活の必要上やむなくされた任意の活動であった」。[47] しかしそれらの活動は「近代の人間にとっては衝動的となり、衝動的であるがゆえに無制限となった」。[48] そうして彼らは、「生命の果てしない進展というありもしない幻想を抱いて」、目標も意味ももたぬ「進歩」の理念を「永遠の生命の〈代用品〉」とするのである。

　進歩すること自体を進歩の意味とみるこうした近代人の心の奥底には、シェーラーのみるところ、世界に対する不安や形而上的な絶望が潜んでいる。彼らの体験構造においては「計算可能なものが現実的であり」、これに対して価値や意味は「非現実的」で、空虚なものとなる。[49] 今や世界は永遠の不安の対象となり、この不安こそが「生活態度を計算する習性」を生み出す。けれども、この近代的人間が「たとえどんなに死を〈計算に入れ〉、何千回となく〈生命保険に入る〉にしても、死は彼にとって本当のところは直観的に現在していない」のである。[50]

　このように死を排除することを「進歩」の証とし、「計算」によって死を処

理しようとする近代において，死はますますみえないものになっていく。近代の世界において「生活態度を計算する習性」は，さらに人びとの認識構造を規定し，世界を計画的に改変するテクノロジーをもたらした。その世界で死は，医学の「進歩」の欠乏と見なされ，「医学と技術が医療の熟練と力を合わせれば無限に延ばしえないような自然な生命限界は存在しない」と主張される[51]。そして，生と死のせめぎあいの前線では，テクノロジーが可能な限り死を抑制し，自分に固有な死を「死ぬことのできない」人びとを生み出している。

　近代の自然科学は，こうして「自然的な死」を否認し，あらゆる死を多かれ少なかれ「人工的」にして「破局的」な死と見なす[52]。それは，「独自の〈生命〉の根本現象の否定，および本質的に生命に属する〈死〉の根本現象の否定」のうえに成り立っている[53]。他方，「自然的な死」は，「外的な原因」によってではなく，「内的な原因」によって生物の内部から引き起こされる生命運動の停止である。ここで死は，破局として与えられるのではなく，生命過程に即して直観され，意識され得る。このように死を意識し，各人が自分の死を死ななければならないということを知っている限りにおいて，それぞれの生を固有のものとして完成する可能性が開かれてくる。しかし死の到来を抑止し，個人から死を取り上げてしまったかのような近代においては，「誰一人として自分の死を死ななければならないとはもはや感じないし，知ってもいない」[54]。近代人という「新しい人間タイプ」は，死の出現を人生の意味の必然的達成とする可能性をあらかじめ奪われている。そこにおいて残されているのは，「排除された死，〈居合わせていても〉目につかなくなり，ついには畏れられて解体され「非存在」となった死」のみである[55]。

　さて，われわれは，ここでシェーラーのいう「排除された死」は，アリエスの「転倒された死」の概念と関連していくことを理解しないわけにはいかない。アリエスは現代の「転倒された死」についてこう書いている。

「工業化社会では，瀕死者はもはや死がくるのを感じなくなっている（中略）。瀕死者はもはやその印を最初に読みとる者ではなくなり，その印は

以後は彼の目から隠されてしまうようになった。自分たちだけが知っている医師と看護婦は，(中略) 彼には知らせないようになった。瀕死者は，知ってはならぬ者となった」[56]。

「死はもはや，昔の見事な規則性，その最初の予告と最後の別れとを数時間が隔てるという規則性を持たなくなった。医学の発展はその時間を延長し続ける。そのうえ，ある限界内で，人はその時間を縮めたり延ばしたりもできる。(中略) 今日，健康に恵まれた人は，実際に，まるで自分が死すべき存在でないかのように生きている。たぶんカイウスは死すべき存在であろう，が自分はそうじゃないという次第だ」[57]。

このように，アリエスによると，現代では病院で死を迎えるケースが増加するにつれて，死にゆく患者が死から隔離され，死は「不意の急死」[58]という気づかれない死となる。ここでは，自分の死を知らないことこそが患者にとって回復の一要素と見なされ，「死に直面する好ましい仕方」とされる。それゆえ周囲の者も知らない振りをして，テクノロジーによる緩慢な死をできるだけ急死（破局的な死）に近寄せようと配慮する。死をタブー視するこうした現代の態度は，「死が身近にあり，親密であると同時に衰弱し，無感覚となった昔の態度」とは大きく異なり，転倒した事態をもたらしている。ちなみに，この親密な死をアリエスは「飼いならされた死」[59]と呼ぶ。

もっとも，このような「転倒された死」は現代の死を鋭く解き明かしているが，同時にアリエスも述べているように，近年こうした状況が大きく変わりつつあることも事実である[60]。たとえばロスの取り組みのように，「瀕死者への強い同情心を意識し，それからタブーに立ち向かおうと」する動きが生まれている。彼女たちは「死を〈排除する〉ことよりも，むしろそれを〈人格化〉し」，死を必要なものとして，しかも恥ずかしくないものにしようと尽力している[61]。

5 死の意味

　以上において、主に「死と永生」論文における「死の本質と認識論」に関する記述に沿いながら、遺稿集における関連する断片的記述をも参照することによって、シェーラーの死の現象学について考察してきた。ただ、「死と永生」論文の後半で扱われている人格の「永生」については、紙幅の都合上論じることができなかった。今後の課題としたい。

　本章でみてきたように、シェーラーは「死の本質と認識論」で、死の不安や恐怖といった感情よりもさらに深い次元にある死の確実性の意識を、老化という生命経験に即して分析した。たしかに人間は「死そのもの」を経験することはできず、その意味で「死は我々の経験の単に経験的な成素ではない」といえる[62]。しかし、死の確実性については、帰納や観察を経ずに直接的に経験し、明証的な知をもつことができる。それゆえ死は、「生命過程のどの可能な内的経験の内にも存在する必然的かつ明証的な成素であり」、帰納や観察から独立した、アプリオリな経験において与えられるのである[63]。

　このことからシェーラーは、「死の明証性を念頭に置く人がいるとしたら、彼は通常の人とは全く異なった生き方、行い方をするであろう」と議論を展開している[64]。われわれは自分の死の確実性を知り、死と向きあうことによって、人生の有限性を再確認することができる。それは自分の人生をどう生きたらよいのかという問いへわれわれを導き、限られた時間を自分にとって本質的な課題へ集中させるよう促す。

　また、さらに、自分の死の確実性を意識し、苦悩にとらわれることは、なぜ世界には死や苦悩があるのかということについて哲学的に熟考する強力なきっかけを与える。このような死や苦悩の意味に関しては、死を他人事として処理したり、死一般を客観的に研究したりする態度においてではなく、愛を核とする人格的な態度においてこそ立ち現われてくる、とシェーラーは考える。彼は「苦悩の意味について」と題した論文で、「苦痛と死は愛に由来し、愛がなけれ

ば苦痛も死も存在しないであろう」と述べ，死の意味についてこう記している。

> 「すべての苦悩は，全体が少しでも苦しまないようにするために，〈身代わりをする〉し，先んじる。個体のすべての死は，それがなければ生ずるであろう種の絶滅の代わりであり，そうすることによって〈中略〉生命に奉仕するのである。すべての愛は，犠牲的愛であり，改新していく全体のための部分がもつ，意識における〈主観的な〉犠牲の反響である」。

　世界を目的論的な観点からみるならば，このように死の意味は愛にもとづく「犠牲」にある。われわれは，「苦痛と死なしに生命の高度な発展と成長を，犠牲とその苦痛なしに愛の甘さを望むことはできない」。こうした洞察を単に知性によってではなく，心でもってつかみとるならば，「その洞察は我々に苦痛や死の存在と和解させてくれるであろう」。このように死を「排除する」のではなく，それを必要なものとして「人格化する」という営みは，シェーラーの場合，愛を核とする精神的・人格的な態度によって可能となるのである。
　このように，老化という根本現象に即して分析された己の死の確信は，犠牲的愛の目覚めと呼応することによって，死を避けがたい運命として自ら引き受け，受容しようとする人格的な態度へと深化していく。もちろん，たとえ犠牲という自己否定を通して他者の身代わりとなり，死んでゆくとしても，その身代わりによって他者の死を己の死として引き受けることはできない。死は最終的には各人が引き受けざるを得ないものである。しかし，こうした犠牲が犠牲的愛となり，愛を核とする生命の連帯性が可能となる限り，己が死にゆくことが他者に対して死の意味を開示し得るし，他者が死にゆくことが己に対して死の意味を開示し得る。人間の死という事実は，愛を核とする生命の連帯性において初めてその意味を見出し，そうしてわれわれを死の存在と和解するよう促すのである。

第4章　死の現象学

●注
＊本章は，拙論（2014）「マックス・シェーラーの死の現象学」『神戸国際大学紀要』（神戸国際大学学術研究会）第86号，1～11ページを改題し，加筆修正したものである。
＊シェーラーの著作からの引用訳文で，原著のイタリックは傍点で記載する。引用文中〔　〕内文言は筆者による補足である。

(1) Max Scheler, "*Gesammelte Werke*", Bd. 10, Francke Verlag, 1957, 2. Aufl., S. 380.
(2) Max Scheler, "*Gesammelte Werke*", Bd. 5, Francke Verlag, 1954, 4. Aufl., S. 66.
(3) Scheler, "*Gesammelte Werke*", Bd. 10, S. 381.
(4) Scheler, ibid., S. 16.
(5) Scheler, ibid., S. 15.
(6) Ibid.
(7) 鈴木隆雄（2012）『超高齢社会の基礎知識』講談社現代新書，38ページ。
(8) エリザベス・キューブラー・ロス（1992）『死ぬ瞬間』読売新聞社，296ページ。
(9) Max Scheler, "*Gesammelte Werke*", Bd. 12, Bouvier Verlag, 1987, S. 253.
(10) Héctor Wittwer, "*Philosophie des Todes*", Reclam, 2009, S. 7ff.
(11) Wittwer, ibid., S. 8.
(12) Wittwer, ibid., S. 11.
(13) Ibid.
(14) Wittwer, ibid., S. 15.
(15) Scheler, "*Gesammelte Werke*", Bd. 10, S. 15.
(16) シェーラーは「死と永生」論文の第2節で，死後における人格の「永生」について考察している。ここで彼は人格の「永生」については語るが，「不死」については語らないという立場をとる。というのも「不死」は証明不可能であるからである。ともあれ，近代人は死を排除し，死の本質を否定するがゆえに，「永生」に重きをおいていない，という問題意識が「永生」論の出発点となっている。この議論の展開については別の機会に取り上げたい。
(17) Scheler, ibid., S. 18.
(18) Scheler, ibid., S. 23.
(19) Scheler, ibid., S. 18.
(20) Vgl. Scheler, "*Gesammelte Werke*", Bd. 12, S. 258f.
(21) Scheler, "*Gesammelte Werke*", Bd. 10, S. 24.
(22) Scheler, "*Gesammelte Werke*", Bd. 12, S. 259.

⑳ Scheler, "*Gesammelte Werke*", Bd. 10, S. 24.
㉔ Scheler, ibid., S. 36.
㉕ Scheler, ibid., S. 23.
㉖ Scheler, ibid., S. 16.
㉗ 木村尚三郎編／村上陽一郎（1998）『生と死Ⅰ』東京大学出版会，5ページ。
㉘ Scheler, "*Gesammelte Werke*", Bd. 12, S. 254.
㉙ アール・A・グロルマン／重兼裕子訳（1999）『死ぬってどういうこと？ 子供に「死」を語る時』春秋社，48〜56ページ。
㉚ Scheler, "*Gesammelte Werke*", Bd. 10, S. 16.
㉛ Ibid.
㉜ Vgl. Scheler, "*Gesammelte Werke*", Bd. 10, S. 16.
㉝ トルストイ／望月哲男訳（2010）『イワン・イリイチの死／クロイツェル・ソナタ』光文社，86〜87ページ。
㉞ Martin Heidegger, "*Sein und Zeit*", Max Niemeyer Verlag, 1993, S. 264.
㉟ Heidegger, ibid., S. 239.
㊱ Heidegger, ibid., S. 251f.
㊲ Scheler, ibid., S. 26.
㊳ Scheler, ibid., S. 18.
㊴ Scheler, ibid., S. 18f.
㊵ Scheler, ibid., S. 19.
㊶ Scheler, ibid., S. 19f.
㊷ Scheler, ibid., S. 21.
㊸ Scheler, ibid., S. 23.
㊹ Scheler, ibid., S. 18.
㊺ Scheler, ibid., S. 26.
㊻ Scheler, ibid., S. 27.
㊼ Scheler, ibid., S. 28.
㊽ Ibid.
㊾ Scheler, ibid., S. 29.
㊿ Scheler, ibid., S. 30.
(51) Scheler, ibid., S. 34.
(52) Scheler, ibid., S. 32.
(53) Ibid.
(54) Scheler, ibid., S. 31.
(55) Scheler, ibid., S. 30.
(56) フィリップ・アリエス／伊藤晃・成瀬駒男訳（1983）『死と歴史』みすず書房，264〜265ページ。

⑸7　アリエス，前掲書，265ページ。
⑸8　アリエス，前掲書，527ページ。
⑸9　アリエス，前掲書，23ページ。
⑹0　アリエス，前掲書，529ページ。
⑹1　フィリップ・アリエス／成瀬駒男訳（1990）『死を前にした人間』みすず書房，553ページ。
⑹2　Scheler, ibid., S. 22.
⑹3　Scheler, ibid., S. 23.
⑹4　Scheler, ibid., S. 22.
⑹5　Scheler, "*Gesammelte Werke*", Bd. 6, S. 45.
⑹6　Scheler, ibid., S. 46.
⑹7　Ibid.
⑹8　Ibid.

第5章
死生観の構造

三宅義和

1　死生観とは

　医療の進歩はわれわれ日本人の寿命を延伸させたが，死に場所に変化をもたらしたといわれている。終戦の直後には，ほとんどの人が自宅で家族に看取られながら死んでいったがその数もしだいに減少，その一方病院で亡くなる人が増加，今では約80％の人が病院で亡くなるようになった。このような変化にともない，人前で死を語ることやその話題にふれること，すなわち死のタブー化が強まっていった。普段から死について考えをめぐらすことのない人びとは，死は自分と無縁の出来事としてとらえ，日々の生活で喜怒哀楽を経験しつつも，それなりに人生を謳歌しているだろう。しかしながら，人は生まれるとかならず死ぬ。このことは何人たりとも免れ得ない事実である。「死を抑圧して意識から締め出すことは，生への思考の貧困化と表裏一体の現象である」とデーケン（1990）が現代人の死の回避志向について述べている。死の必然性と生の有限性に気づきそれに向きあうことが，人生の深淵さを知るおおいなる契機となり，またそのことによりその人固有の人生にこそ与えられる真の恵みを味わえることに気づく必要があろう。

　死生観は，字義どおりにいうと死生の観方であり，すなわち生きることと死ぬことに対するとらえ方にほかならない。が，単なるとらえ方ではない。だれしもが死すべき存在であるなら，死そのものに対する向きあい方と，死ぬまでの人生をどのように生きていくべきかという問いも含まれてくる。ということ

になると，死生観とは，死に対するイメージ，死に付随するイメージ，死を想像することによって喚起される感情，限りある時間のなかでどう生きるかという人生の価値観や考え方を包括する概念となる。

では，具体的にどのようなものを指し示すのか。心理学の分野では，以下のような側面を取り扱っており，それぞれの側面を測定するさまざまな尺度が開発されている。

（1） 死の不安・恐怖

自分が死ぬことを想像すると，人はだれでも多かれ少なかれ恐怖を抱くであろう。それは，もう二度と目覚めることなく，この世から消滅してしまうという思いに駆られるからである。また，自分の死によって生じる後の出来事，たとえば，家族が困るのではないか，友人が悲しむのではないかなど，このような不安も生じてくる。神仏を信じる者の場合，死後，生前の生き方やその行いに対する裁きが下されるのではないか，という不安もあるだろう。いずれにせよ，死を想像することでさまざまな不安や恐怖が喚起される。

（2） 死後生の確信

世のなかにはさまざまな宗教が存在するが，その多くは死後の世界について語っているものが多い。現代科学のパラダイムでは，この存在の真偽はたしかめようもないが，その存在を信じている者と信じていない者とでは，今の生き方が変わってくるのも当然と考えられる。日本人の場合，この存在を信じる者，信じない者，どちらともいえない（わからない）と答える者が，それぞれ約3分の1の割合でいる。唯物論者は多いが，仏教や祖先を祀る文化などの影響を受ける者も少なくなく，この側面に関してはさまざまな考えを持った人びとがいると考えられる。

（3） 人生の意味や目的

いずれ人は死ぬのなら，なぜ，人は生きているのか。何らかの形で死の問題

に直面した人にとって，それはかならず考えさせられる問題である。また，死の問題に直面しなくても，人生に意味を見出したり，目標や目的を設けたりしなければ，生き生きとした人生を過ごすことはできない。死ぬまでの限られた時間のなかで，なぜ，生きるのかという問いを立てることは，死生観の重要な側面である。

（4） 寿命に対する考え方

寿命は，もともと定められているのか，そうでないのか。なかにはどちらともわからないという者もいるだろう。宿命論と偶然論を両極としたとらえ方であり，そのどちらをどの程度信じるのかも人によって異なる。この寿命に対するとらえ方が違えば，近親者の死に対する受け止め方も当然，異なってくると考えられる。

② 死生観に影響を与える要因

上述したように，死生観にはさまざまな側面がある。では，これらの側面は，属性の違いによりどのように異なるのか，また影響を受けるのか，以下，心理学分野における研究知見について記していきたい。

（1） 性　別

辰巳（2000）は，高齢者を対象として死生観の性差について検討を行った。死の不安は男性よりも女性の方が有意に高く，また質問項目「死はこの世の痛みと苦しみからの解放である」，「死んでも魂は残る」，「寿命は最初から決まっている」においても，男性より女性の方が有意に高かった，と報告した。松下（2009）は，現代青年を対象に辰巳と同様な手続きを用いて調査したが，やはり上述とほぼ同じ結果を得ている。また，赤澤・藤田（2007）は青年期の若者を対象として，死生観尺度（平井ほか，2000）を用い，死への関心，解放としての死，死後の世界観，寿命観において，有意な性差を見出した。つまり，死の

不安,死は生という苦しみからの解放,死後生の確信,宿命としての寿命といった死生観については,女性の方が男性に比べて高いといえよう。

(2) 宗　教

倉田(2008)は,死に対する4つの態度,つまり死の恐怖,積極的受容,中立的受容,回避的受容について何らかの宗教を信仰しているかいないかにより,その差異を検討したところ,有意な差はみられなかったと記している。

村上ほか(2012)は,社会福祉士養成学部の学生を対象にした調査で,特定の宗教の有無により,死後の世界観と寿命観で有意な差がみられたと述べた。つまり,特定の宗教を信じている者は何も信じていない者に比べ,死後の世界はあると考える者や,寿命はあらかじめ定められていると考える者が多い,としている。

また,丹下(2004b)は,死に対する態度などについて,信仰の有無別に検討したところ,人生に対して死がもつ意味,死後の生活の存在への信念,死に対する思索の深さにおいて,信仰を有している者の方が有意に高かった,と報告した。

信仰を有する者とそうでない者では,死に対する恐怖などは違うわけではないが,やはり,死後生の確信の度あい,死に対する向きあい方や生き方が異なるといえる。

(3) 近親者の死

村上ほか(2012)は,親しい人の死の経験の有無により,解放としての死,寿命観で有意な差がみられたと報告した。つまり,親しい人の死を経験している方が経験していない者と比べて,死は生という苦痛や苦しみからの解放,寿命はあらかじめ定められているという考え方をしている。また,赤澤・藤田(2007)によると,血縁者や友人,動物などの死別体験をしている者の方が,死への関心が有意に高い。同様に,親との死別体験の有無別で,山本・岡本(2009)は,体験者の方が,外傷後の成長の度あいが有意に高いと報告してい

る。概していえば，何らかの形で死別体験を有している者は，死への関心とその意味が強くなると考えられる。

（4） 所属学部

大学生を対象とした調査では，所属学部の違いにより死生観が異なることが報告されている。倉田（2008）は「死について深く考えたことがある」は，医学部学生の方がその他の学部（理工学部・経済学部）より非常に多い，としている。医療系の学生は生死について，思索する傾向が他の学生よりも強く（一色・河野，2000），看護学生は，死への恐怖・不安は高いが，死からの回避傾向は低いこと，死後の世界観（死後生の確信）は高いことが示されている。医療系学部の学生と他の学部生との違いについて，倉田（2008）は，「援助行動を通して病や障害と向き合うことで，援助者自身が人生を考える契機となり，生きること，そしてその最後にある死について思索を深める機会となったのではないか」とまとめている。

③ 死生観調査

本節では，質問紙による死生観調査[7]についての結果を記したい。データの収集は2013（平成25）年10月から11月，A大学の2学部の学生，計189名（平均年齢＝20.2歳）を対象に調査は行われた[8]。質問紙の構成としては，回答者の属性，神や仏の存在をどの程度信じているか，信仰する宗教，異界とその諸力（5項目），宗教的行為およびそれに関する慣習行動の頻度（10項目），平井ほか（2000）の作成による死生観尺度，三宅（2014）の生きる意味尺度などである。

死生観に影響を与えるものとして，従来から宗教があると指摘されてきた。今回の調査では，超越的な世界に対する信念の程度を，上述の項目群（神や仏の存在をどの程度信じているか，信仰する宗教，異界とその諸力，宗教的行為およびそれにまつわる慣習行動の頻度）により測定し，死生観との関係を記述する。また，生きる意味と死生観との関係についても記していきたい。

（1） 死生観の測定と結果

平井ほか（2000）は，27項目からなる死生観尺度を作成し，因子分析によって死生観には7つの因子（下位特性）があることを見出した。つまり，

①死後の世界観：死後の世界が存在するという確信の程度

②死への恐怖・不安：死ぬことに対する恐怖感，不安感の程度

③解放としての死：死ぬことで生の苦しみから解放されるという意識の程度

④死からの回避：死あるいは死について考えることは避けたいという思いの程度

⑤人生における目的意識：自分の人生の目的・使命・意義をどれほど自覚しているのかという程度

⑥死への関心：文字どおり，死に対する関心の程度

⑦寿命観：人の寿命は，偶然ではなくあらかじめ決まっているという確信の程度

の7つである。

⑦寿命観は3つの項目から成るが，他の①～⑥はそれぞれ4つの項目から構成されている[9]。この尺度の各項目について，「あてはまる」（7点），「ほとんどあてはまる」（6点），「少しあてはまる」（5点），「どちらともいえない」（4点），「あまりあてはまらない」（3点），「ほとんどあてはまらない」（2点），「まったくあてはまらない」（1点）の7件法で回答を求めた。それぞれの因子を構成する項目の素点を合計し，それぞれの因子の得点を算出した。平均値，標準偏差などの基礎データを表5-1に示す。

表5-1　死生観尺度の基礎データ

	項目数	理論的得点範囲	平均値	標準偏差	最小値	最大値
死後の世界観	4	4～28	17.0	5.59	4	28
死への恐怖・不安	4	4～28	17.6	6.33	4	28
解放としての死	4	4～28	13.4	5.93	4	28
死からの回避	4	4～28	14.5	5.83	4	28
人生における目的意識	4	4～28	14.7	5.20	4	28
死への関心	4	4～28	12.9	5.14	4	28
寿命観	3	3～21	10.5	4.97	3	21

（2） 超越的な世界に対する信念の程度と死生観との関係
1） 神（仏）の存在について[10]

　神（仏）の存在についてどの程度信じているか否かについて，6件法でたずねた。図5-1をみると，「神（仏）の存在を信じるときもあるし，信じないときもある」が29.1％ともっとも多く，「神（仏）の存在などは信じない」が13.2％，「私は，実際に神（仏）が存在することを知っており，その存在に何の疑いも持っていない」が5.8％であった。「信じない」から「信じる」までバラつきの多い結果であった。国際比較調査（宗教）は1998（平成10）年と2008（平成20）年の2回行われたが，両年での日本の調査結果と比べてみても，この比率は大きく変わってはいない。

　次に，この項目を用いて3群に分類し，死生観の7つの得点との関連を検討した。3群への分類の仕方は，「神（仏）の存在などは信じない」「神（仏）が存在するかどうかわからないし，それを明らかにする方法もないと思う」を「信じない群」，「神（仏）がいるとは思わないが，何か超自然的な力はあると思う」「神（仏）の存在を信じるときもあるし，信じないときもある」を「半分信じる群」，「神（仏）の存在に疑問を感じることもあるが，神（仏）は存在すると信じている」「私は，実際に神（仏）が存在することを知っており，その存在に何の疑いも持っていない」を「信じる群」とした。

　死生観尺度の7つの得点について，この3群別の平均値を算出した（表5-2参照）。全体的にみると，あまり変わらない項目もみられるが，死後の世界観と寿命観に関しては「信じる群」＞「半分信じる群」＞「信じない群」の順ではっきりとした差があるように見受けられる。これが群別の要因によるものなのか，それを明らかにするために分散分析によって検討したところ，やはり死後の世界観，寿命観で有意（推計学的に考えて，群別の要因によって平均値に差が生じたと判断することは誤りではないという意）であった。また，その差がどの群とどの群との間で有意であるのか，tukey法[11]を用いて検討した。死後の世界観ではすべての群間（「信じる」＞「半分信じる」，「信じる」＞「信じない」，「半分信じる」＞「信じない」）で有意であり，また寿命観では，「信じる」＞「信じない」，

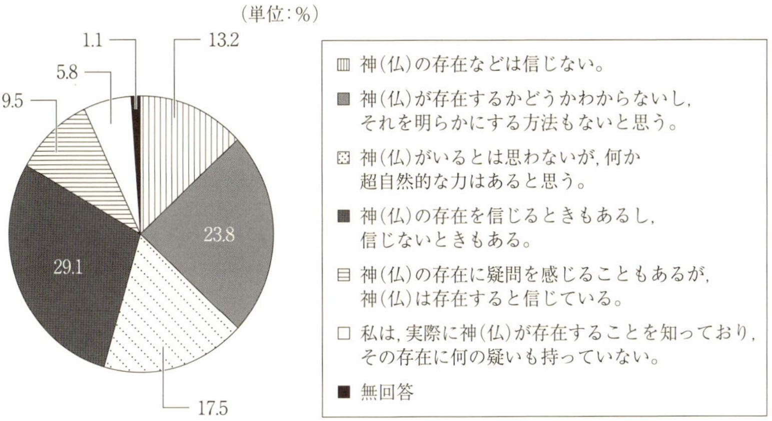

第5章　死生観の構造

(単位:％)

- ▒ 神(仏)の存在などは信じない。
- ■ 神(仏)が存在するかどうかわからないし，それを明らかにする方法もないと思う。
- ⊠ 神(仏)がいるとは思わないが，何か超自然的な力はあると思う。
- ■ 神(仏)の存在を信じるときもあるし，信じないときもある。
- ☰ 神(仏)の存在に疑問を感じることもあるが，神(仏)は存在すると信じている。
- ☐ 私は，実際に神(仏)が存在することを知っており，その存在に何の疑いも持っていない。
- ■ 無回答

値: 13.2, 23.8, 17.5, 29.1, 9.5, 5.8, 1.1

図5-1　神（仏）の存在について

表5-2　神（仏）の存在と7因子との関連

	信じる	半分信じる	信じない	F値	有意確率	下位検定（p＜.05）
死後の世界観	20.7	18.0	14.0	20.94	p＜.001	信じる＞半分信じる，信じる＞信じない，半分信じる＞信じない
死への恐怖・不安	17.3	18.2	17.1	0.61	n.s.	
解放としての死	14.9	13.4	12.8	1.18	n.s.	
死からの回避	16.4	14.8	13.4	2.96	＋	
人生における目的意識	15.2	15.0	14.1	0.85	n.s.	
死への関心	13.9	13.2	12.2	1.28	n.s.	
寿命観	13.3	10.7	9.3	6.95	p＜.01	信じる＞信じない，半分信じる＞信じない

注：p＜.001は0.1％，p＜.01は1％，p＜.05は5％，＋は10％水準で有意であることを示す。

「半分信じる」＞「信じない」で有意であった。神仏の存在に肯定的（否定的）な者は，死後の世界の存在も肯定（否定）しており，また，神仏も含め超自然的な力の存在を何がしか信じている者は，寿命は偶然ではなくあらかじめ定められているという宿命論的な考え方をしている傾向が強いといえる。

2）　信仰する宗教について

図5-2に信仰する宗教の割合が示されている。「何も信仰していない」が68.8％と一番多く，それに次いで仏教が22.2％，キリスト教が4.8％[12]，神道が1.6％であった。日本では無信仰者の割合がかなり多い。2008（平成20）年の国

第Ⅰ部　死生観の研究

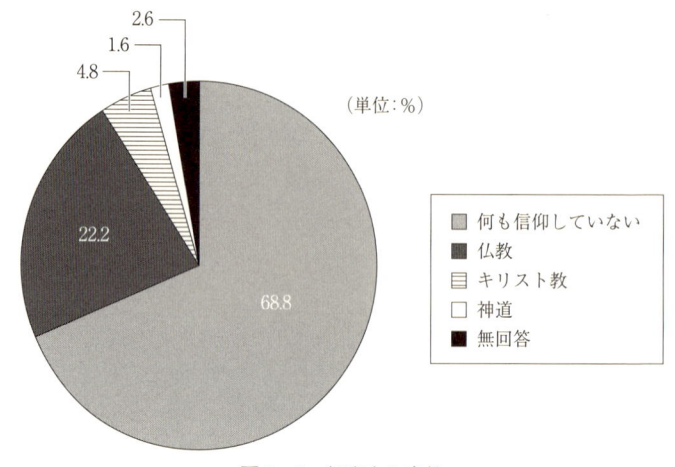

図5-2　信仰する宗教

（単位：%）

- 何も信仰していない　68.8
- 仏教　22.2
- キリスト教　4.8
- 神道　1.6
- 無回答　2.6

表5-3　信仰なしと仏教における7因子との関連

	信仰なし	仏教	キリスト教	t値(注)	有意
死後の世界観	16.4	18.1	18.8	1.67	＋
死への恐怖・不安	17.9	16.9	15.0	−0.85	n.s.
解放としての死	12.6	15.7	11.5	2.96	$p<.01$
死からの回避	14.1	15.1	15.5	0.99	n.s.
人生における目的意識	14.3	15.1	19.2	0.87	n.s.
死への関心	12.8	13.0	12.0	0.26	n.s.
寿命観	9.9	11.4	14.2	1.67	＋

注：$p<.01$は1％，＋は10％水準で有意であることを示す。t値の計算にあたり，「仏教群」の平均値から「信仰なし群」の平均値を引いている。

際比較調査（宗教）における日本の調査結果では，無信仰者が49％，仏教が34％なので，この結果は調査対象者が若者であることに由来するといえよう。

　キリスト教や神道の実数が少なかったので，「信仰なし群」と「仏教群」の2群でそれぞれ，死生観尺度の7つの得点の平均値を算出した（表5-3参照）。死への恐怖・不安を除いた6つの得点において「仏教群」の方が「信仰なし群」より得点が高かった。この差が群別の要因により生じているかどうかを検討するためにt検定を行ったところ，有意（推計学的に考えて，群別の要因によって平均値に差が生じたと判断することは誤りではないという意）な差があったのは解

放としての死, また有意傾向にあったのは, 死後の世界観と寿命観であった。つまり, 仏教を信仰している者は, 死を生という苦しみからの解放ととらえている傾向が強い。また, 死後の世界が存在するという考えや人の寿命は偶然ではなくあらかじめ決まっているという考えもやや強いが, これも仏教の教義に影響された結果であるといえよう。

3) 異界とその諸力について

ここでは, 死後生, 天国, 地獄, 生まれ変わり (転生), 祖先の霊的な力の5項目のそれぞれに対し, 「絶対にある」, 「たぶんあると思う」, 「あるかないか, わからない」, 「たぶんないと思う」, 「決してない」の5件法でたずねた。図5-3～図5-7は, それぞれの回答の割合を示している。死後生と地獄についてでは, 「あるかないか, わからない」がもっとも高く (31.7%, 30.2%), それに次いで「たぶんあると思う」が高かった (30.7%, 25.9%)。それに対し, 天国, 生まれ変わり (転生), 祖先の霊的な力は, 「たぶんあると思う」がもっとも高く (33.9%, 35.4%, 33.9%), それに次いで「あるかないか, わからない」が高かった (24.9%, 20.6%, 24.9%)。図5-3～図5-7が示しているように, どの項目も「絶対にある」から「決してない」まで一定の割合の者が回答している。これらの存在について信じているか否かは人によって大きく異な

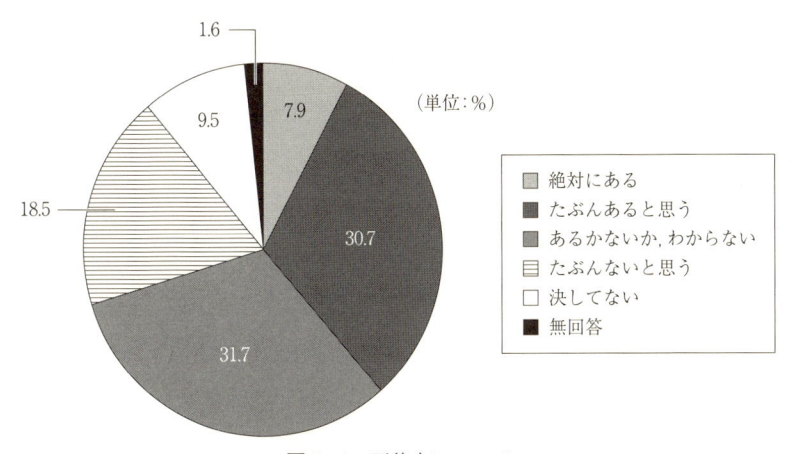

図5-3 死後生について

第Ⅰ部　死生観の研究

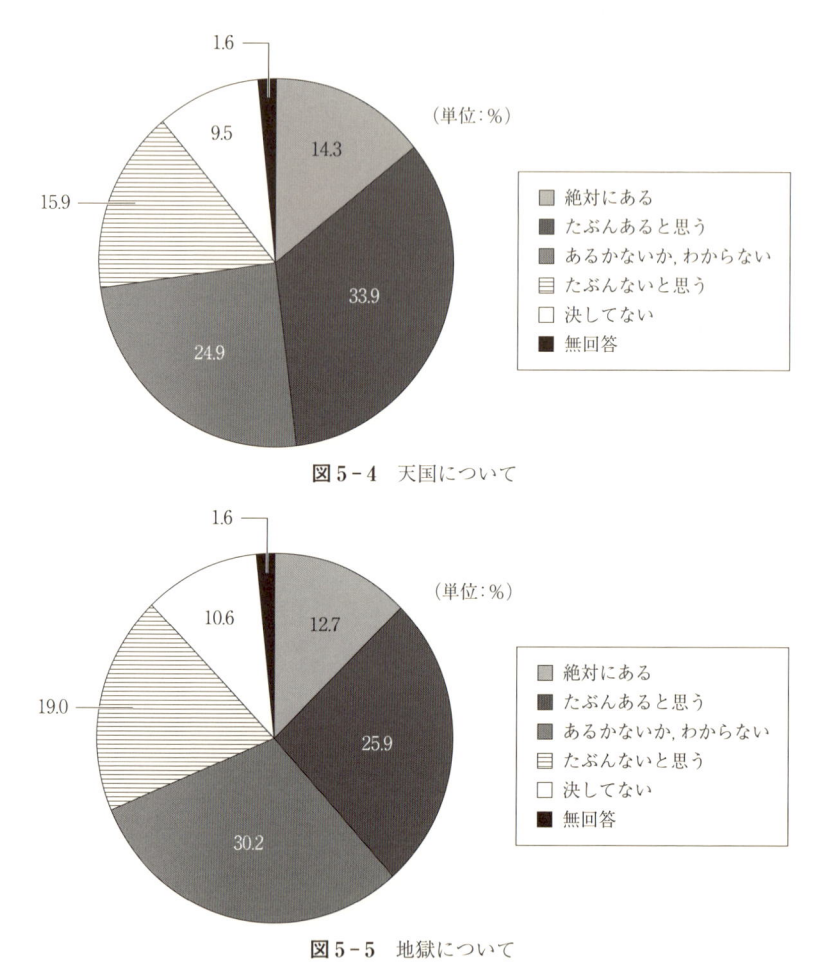

図5-4　天国について

（単位：%）
- 絶対にある：14.3
- たぶんあると思う：33.9
- あるかないか，わからない：24.9
- たぶんないと思う：15.9
- 決してない：9.5
- 無回答：1.6

図5-5　地獄について

（単位：%）
- 絶対にある：12.7
- たぶんあると思う：25.9
- あるかないか，わからない：30.2
- たぶんないと思う：19.0
- 決してない：10.6
- 無回答：1.6

るといえよう。

　ただ，5項目それぞれの間で相関係数を計算すると，この数値はどの組みあわせにおいても.498以上と高く，そしてこれらの数値はすべて有意であった(15)（表5-4参照）。つまり，ある項目の存在を肯定している（否定している）者は，もう一方の項目の存在も肯定している（否定している）場合が多い。たとえば，死後の世界と天国との間の相関係数は.706と高いが，死後の世界を肯定（否定）している者は，天国の存在も肯定（否定）している場合が多いのである。

第5章　死生観の構造

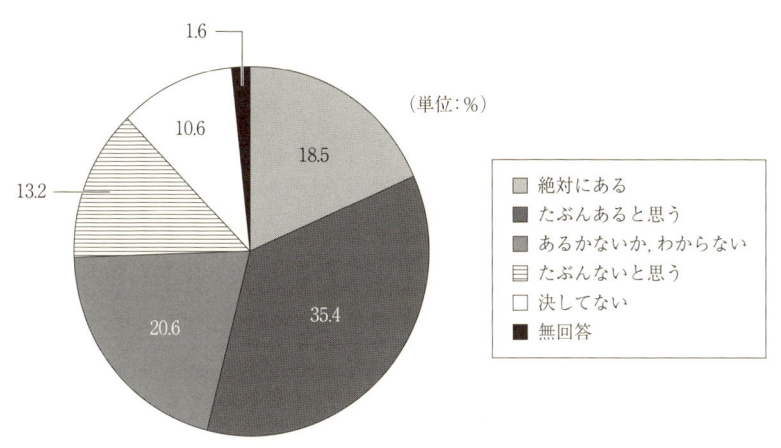

図5-6　生まれ変わり（転生）

（単位：％）

- 絶対にある
- たぶんあると思う
- あるかないか，わからない
- たぶんないと思う
- 決してない
- 無回答

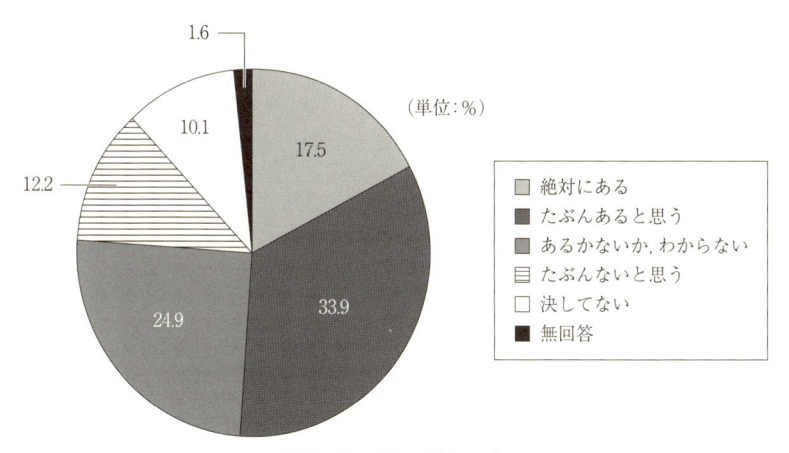

18.5／35.4／20.6／13.2／10.6／1.6

図5-7　祖先の霊的な力

（単位：％）

- 絶対にある
- たぶんあると思う
- あるかないか，わからない
- たぶんないと思う
- 決してない
- 無回答

17.5／33.9／24.9／12.2／10.1／1.6

表5-4　死後生観の5項目の相関係数

	死後	天国	地獄	転生	祖先
死後	—	.706	.672	.620	.554
天国	p＜.001	—	.697	.589	.562
地獄	p＜.001	p＜.001	—	.502	.498
転生	p＜.001	p＜.001	p＜.001	—	.565
祖先	p＜.001	p＜.001	p＜.001	p＜.001	—

注：右上はスピアマンの相関係数。左下は有意確率。

表 5-5　死後生と 7 因子との関連

	信じる	どちら	信じない	F 値	有意確率	下位検定 (p<.05)
死後の世界観	20.5	17.2	11.9	61.18	p<.001	信じる>どちら，信じる>信じない，どちら>信じない
死への恐怖・不安	18.6	17.9	16.0	2.54	+	
解放としての死	14.4	13.7	11.6	3.78	p<.05	信じる>信じない
死からの回避	15.8	14.8	12.5	5.14	p<.01	信じる>信じない
人生における目的意識	15.9	15.3	12.4	8.53	p<.001	信じる>信じない，どちら>信じない
死への関心	13.4	13.6	11.6	2.67	+	
寿命観	11.4	11.5	8.1	9.32	p<.001	信じる>信じない，どちら>信じない

注：p<.001は0.1％，p<.01は1％，p<.05は5％，+は10％水準で有意であることを示す。

表 5-6　天国と 7 因子との関連

	信じる	どちら	信じない	F 値	有意確率	下位検定 (p<.05)
死後の世界観	19.8	15.5	13.0	34.83	p<.001	信じる>どちら，信じる>信じない，どちら>信じない
死への恐怖・不安	18.7	16.2	16.9	2.77	+	
解放としての死	14.1	13.1	12.3	1.54	n.s.	
死からの回避	15.6	14.3	12.8	3.75	p<.05	信じる>信じない
人生における目的意識	16.2	14.2	12.5	9.14	p<.001	信じる>信じない
死への関心	13.3	12.6	12.7	0.38	n.s.	
寿命観	11.5	10.7	8.5	6.27	p<.01	信じる>信じない

注：p<.001は0.1％，p<.01は1％，p<.05は5％，+は10％水準で有意であることを示す。

つまり，異界とその諸力は，この世でない，いわゆるあの世（あちら側の世界）とその力として，ひとくくりにされていると考えられる。

また，死後生の回答から回答者を 3 群に分けた。つまり「絶対にある」「たぶんあると思う」を「信じる群」，「あるかないか，わからない」を「どちらでもない群」，「たぶんないと思う」「決してない」を「信じない群」とした。これと同様の処理を天国，地獄，生まれ変わり（転生），祖先の霊的な力でも行った。

そして，これら 5 項目のそれぞれにおいて，3 群別に死生観尺度の 7 つの得点の平均値を求めた（表 5-5～表 5-9 参照）（死後の世界観については有意な差がみられたのは当然なので，この点に関する記述を以下ではすべて省略する）。また，その差が有意なものであるかどうか確かめるために分散分析を行った。

まず，死後生の 3 群別の比較では，死への関心，寿命観を除くすべての得点

第5章 死生観の構造

表5-7 地獄と7因子との関連

	信じる	どちら	信じない	F値	有意確率	下位検定（p<.05）
死後の世界観	20.0	16.6	13.4	28.67	p<.001	信じる>どちら，信じる>信じない，どちら>信じない
死への恐怖・不安	17.9	17.4	17.5	0.10	n.s.	
解放としての死	14.4	13.8	11.7	3.40	p<.05	信じる>信じない
死からの回避	14.8	15.1	13.6	1.04	n.s.	
人生における目的意識	15.6	15.0	13.3	3.45	p<.05	信じる>信じない
死への関心	13.5	12.8	12.4	0.72	n.s.	
寿命観	11.8	11.2	8.2	9.52	p<.001	信じる>信じない，どちら>信じない

注：p<.001は0.1％，p<.05は5％水準で有意であることを示す。

表5-8 生まれ変わり（転生）と7因子との関連

	信じる	どちら	信じない	F値	有意確率	下位検定（p<.05）
死後の世界観	19.8	16.8	10.6	77.05	p<.001	信じる>どちら，信じる>信じない，どちら>信じない
死への恐怖・不安	18.4	17.3	16.1	2.05	n.s.	
解放としての死	13.9	13.2	12.4	0.93	n.s.	
死からの回避	15.3	15.3	12.1	5.41	p<.01	信じる>信じない，どちら>信じない
人生における目的意識	15.6	15.5	12.1	7.92	p<.01	信じる>信じない，どちら>信じない
死への関心	13.3	12.9	12.2	0.68	n.s.	
寿命観	11.6	10.9	7.8	10.35	p<.001	信じる>信じない，どちら>信じない

注：p<.001は0.1％，p<.01は1％水準で有意であることを示す。

表5-9 祖先の霊的な力と7因子との関連

	信じる	どちら	信じない	F値	有意確率	下位検定（p<.05）
死後の世界観	19.7	16.4	11.4	48.55	p<.001	信じる>どちら，信じる>信じない，どちら>信じない
死への恐怖・不安	18.8	16.6	16.0	3.79	p<.05	信じる>信じない
解放としての死	13.8	14.5	11.3	3.75	p<.05	どちら>信じない
死からの回避	15.3	15.0	12.3	4.14	p<.05	信じる>信じない
人生における目的意識	15.4	15.3	12.6	4.61	p<.05	信じる>信じない，どちら>信じない
死への関心	13.4	13.2	11.5	2.06	n.s.	
寿命観	11.5	11.3	7.4	12.15	p<.001	信じる>信じない，どちら>信じない

注：p<.001は0.1％，p<.05は5％水準で有意であることを示す。

で「信じる群」＞「どちらでもない群」＞「信じない群」の順であったが，分散分析の結果，有意であったのは，解放としての死，死からの回避，人生における目的意識，寿命観の各得点であった（表5-5参照）。

次に，天国の3群別での比較を行った。死への恐怖・不安，死への関心を除

くすべての得点で「信じる群」＞「どちらでもない群」＞「信じない群」の順になったが，分散分析により有意であったのは，死からの回避，人生における目的意識，寿命観の各得点であった（表5-6参照）。

また，地獄の3群別での比較を行ったところ，死への恐怖・不安，死からの回避を除くすべての得点で「信じる群」＞「どちらでもない群」＞「信じない群」の順になった。分散分析により有意であったのは，解放としての死，人生における目的意識，寿命観の各得点であった（表5-7参照）。

生まれ変わり（転生）の3群別での比較を行った。すべての得点で「信じる群」＞＝「どちらでもない群」＞「信じない群」の順となったが，分散分析の結果，有意であったのは，死からの回避，人生における目的意識，寿命観の各得点であった（表5-8参照）。

祖先の霊的な力の3群別での比較を行った。解放としての死を除くすべての得点で「信じる群」＞「どちらでもない群」＞「信じない群」の順になったが，分散分析により有意であったのは，死への恐怖・不安，解放としての死，死からの回避，人生における目的意識，寿命観の各得点であった（表5-9参照）。

ここでの分析をまとめると以下のようになる。異界とその諸力の存在について肯定している者は（それを否定している者と比べて），人の寿命はあらかじめ定められたものであり，その天寿をまっとうすることで生の苦しみから解放されると考えている。ただ，生きている間はなるべく死のことを考えないようにしているが，それゆえ自分の人生の目的や役割を見出し，日々の生活に向きあっている。

4）宗教的行動・生活習慣の頻度[16]（表5-10参照）

宗教的行動・生活習慣に関する10項目を，5件法で訊いた。予想されたように4「礼拝，修行，布教などの宗教的活動をする」，5「経典，聖書などの宗教関係の本を読む」は，8割以上の者が①「まったく（ほとんど）行わない」と答えた。それに対し，3「お祈りなどをする」への回答は，⑤「いつものように，よく行う」が7.4%，④「年に数回以上行う」が9.6%，③「年に二・三回行う程度」と②「年に一回行う程度」がそれぞれ19.7%と，多くの者にとっ

第5章 死生観の構造

表5-10 宗教的行動・生活習慣の頻度　　　　　　　　単位（％）

		①	②	③	④	⑤
1	墓参りに行く	20.2	33.0	25.5	16.5	4.8
2	決まった日（初詣や祭り）に，神社やお寺にお参りに行く	32.8	28.6	15.3	11.1	11.6
3	お祈りなどをする	43.6	19.7	19.7	9.6	7.4
4	礼拝，修行，布教などの宗教的活動をする	82.4	7.5	4.3	4.3	1.6
5	経典，聖書などの宗教関係の本を読む	82.4	8.0	4.3	3.7	1.6
6	お願いごとするために，神社・仏閣・教会などに行く	64.9	10.1	9.0	11.7	4.3
7	神社やお寺に行って，お札やお守りなどを買う	39.0	42.2	11.2	4.8	2.7
8	神社などへ行って，おみくじを引く	32.6	44.9	12.3	7.0	3.2
9	有料で手相をみてもらったり，占いなどをしてもらったりする	85.0	8.6	3.7	2.7	0.0
10	占いの本やホームページなどをみる	64.9	10.1	9.0	11.7	4.3

注：①まったく（ほとんど）行わない
　　②年に一回行う程度
　　③年に二・三回行う程度
　　④年に数回以上行う
　　⑤いつものように，よく行う

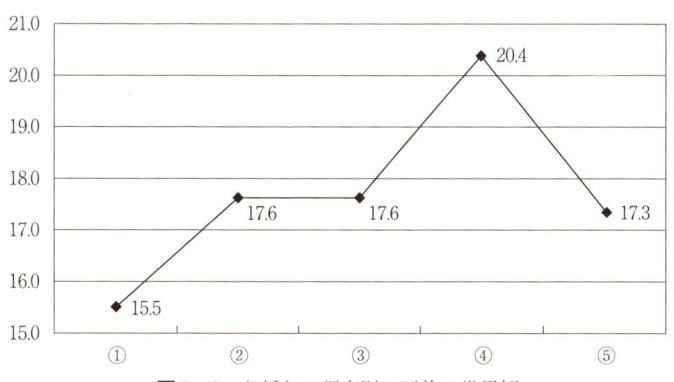

図5-8　お祈りの頻度別の死後の世界観

（①15.5　②17.6　③17.6　④20.4　⑤17.3）

て頻繁な行為であるとはいえないものの，意外によくなされている行為であることがわかった。

　死生観の7つの得点について，3「お祈りなどをする」の選択肢ごとの平均値を算出し，折れ線グラフとして表わしたものが図5-8〜図5-14である。死への恐怖・不安を除く6つの得点は，①「まったく（ほとんど）行わない」，②「年に一回行う程度」，③「年に二・三回行う程度」，④「年に数回以上行う」と頻度が上がるにつれて，高くなっているのがわかる。ただし，⑤「いつ

第Ⅰ部 死生観の研究

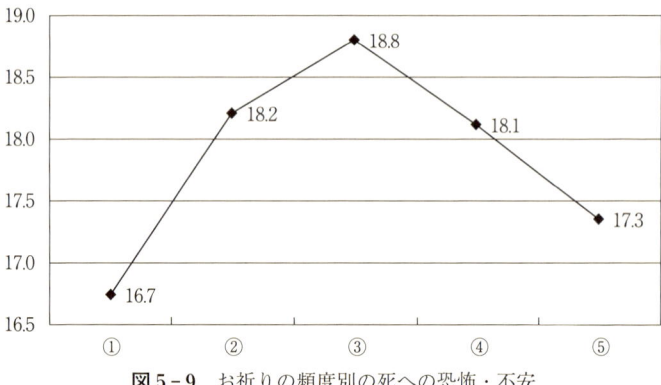

図5-9 お祈りの頻度別の死への恐怖・不安

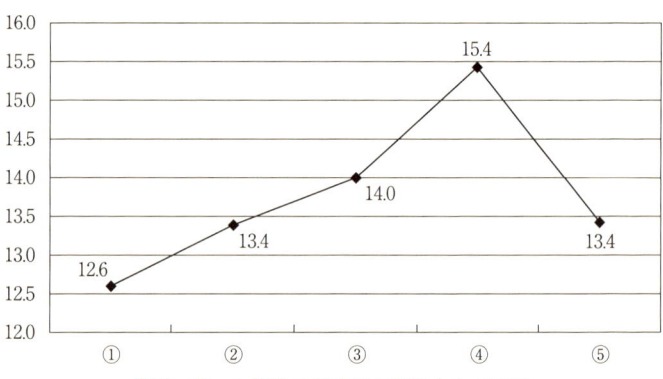

図5-10 お祈りの頻度別の解放としての死

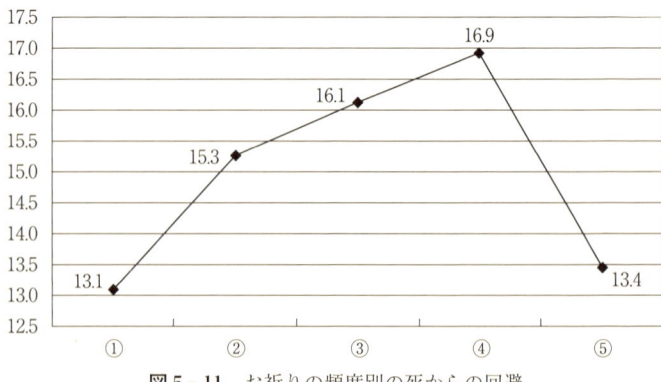

図5-11 お祈りの頻度別の死からの回避

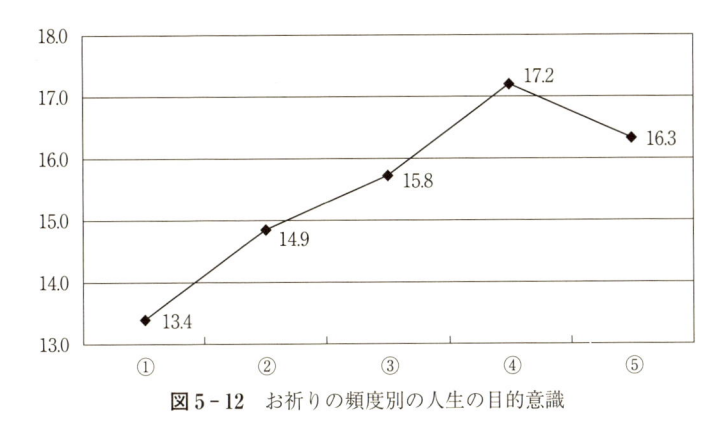

第5章 死生観の構造

図5-12 お祈りの頻度別の人生の目的意識

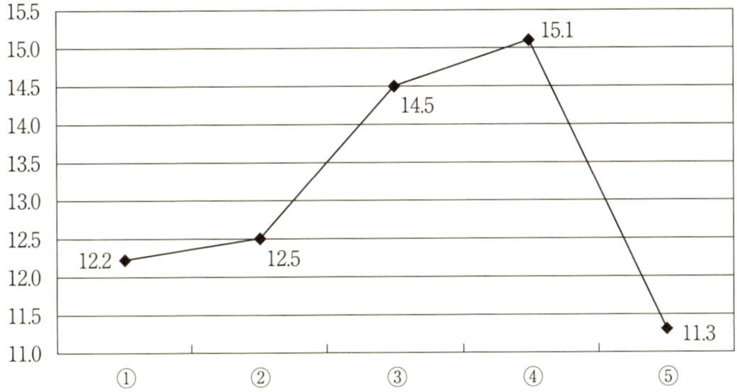

図5-13 お祈りの頻度別の死への関心

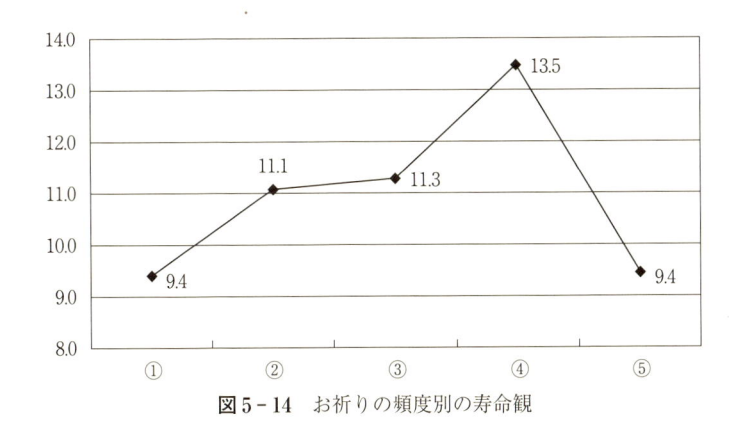

図5-14 お祈りの頻度別の寿命観

ものように，よく行う」と答えた者は，①「まったく（ほとんど）行わない」と答えた者とほぼ同じ程度に各得点は低かった。これと同様の分析を２「決まった日（初詣や祭り）に，神社やお寺にお参りに行く」，７「神社やお寺に行って，お札やお守りなどを買う」，８「神社などへ行って，おみくじを引く」でも行ったところ，図５−８〜図５−14とほぼ同じような結果が得られた。お祈りや神社仏閣への参拝は，多くの者にとって日常的な行為ではなく多くとも年数回にとどまる。ただ，その範囲においては，死生観の意識と関係しているといえるのではないか。また，普段からよくお祈りをしたり神社仏閣へ行く者の死生観は，普段からそういう行動をしない者とは異なる別の心理が関係していると考えられる。

（3） 生きる意味尺度と死生観尺度との関係

人びとは個々それぞれの生き方を携え，人生の目的やその達成を見据えて生きている。三宅（2014）は，そのような目的や目標を網羅し，計21項目からなる生きる意味尺度を作成した。このそれぞれの項目について，「強くそう思う」，「どちらかといえば思う」，「あまりあてはまらない」，「あまり，そうは思わない」，「まったく，そうは思わない」の５件法で回答を求め，それぞれ５点〜１点の点を与えた。

通過率，内的一貫性の検討で２項目を削除，残りの19項目を因子分析した結果が，表５−11である。この尺度においては，３つの下位因子が見出された。第１因子への負荷量の高い項目に注目する。11「苦難に直面したとき，これは自分の人生に課せられた試練であると感じる」，４「人生は，修行の場である」，３「人生は，自分に課せられた難題に立ち向かうためにある」，10「人生は，多くの人と喜びを分かちあうためにある」，６「人生は，互いに立場の違う人を理解するためにあると思う」，９「人生は，家族と一緒に過ごすことこそに意味がある」，12「人生は，自分の夢をかなえるためにある」，15「人生の意味は，人によってそれぞれ違う」などであった。11，４，３，15などからは，人生における実存的な意味（フランクルが述べるような）を表わしていると考えら

第5章 死生観の構造

表5-11 生きる意味尺度の因子分析

	項　目　内　要	第1因子	第2因子	第3因子
11	苦難に直面したとき，これは自分の人生に課せられた試練であると感じる	.659	.083	-.058
4	人生は，修行の場である	.651	.200	-.003
3	人生は，自分に課せられた難題に立ち向かうためにある	.643	.285	-.091
10	人生は，多くの人と喜びを分かちあうためにある	.637	-.136	.327
6	人生は，互いに立場の違う人を理解するためにあると思う	.607	.289	.047
9	人生は，家族と一緒に過ごすことこそに意味がある	.539	-.051	.228
12	人生は，自分の夢をかなえるためにある	.509	.144	.298
5	多くの価値を築くことこそに人生の意味がある	.506	.418	-.015
7	人生は，幸せになるためにある	.490	.106	.414
15	人生の意味は，人によってそれぞれ違う	.382	-.186	.321
17	ある程度の社会的地位を得ることができなければ，そんな人生には意味がない	.099	.769	.137
8	勝ち組の人生でなければ，人生には意味がない	.098	.659	.217
2	お金持ちになれなければ，人生には意味がない	-.010	.594	.118
13	名誉を得ることができなければ，人生には意味がない	.348	.492	.156
16	生きているのなら，できるだけ多くの異性とつきあいたいと思う	.296	.322	.064
19	自分のしたくないことを強いられるような人生は，意味がない	.013	.127	.734
20	好きな人と結婚できないのなら，そんな人生は無意味だと思う	.137	.085	.707
21	自分のしたい仕事ができないなら，そんな人生は無意味だと思う	.150	.219	.567
18	生きていくうえにおいて，自分の気に入らない人とはつきあいたくはない	-.026	.165	.496

れる一方で，10，6，9，12などからは共同体の他者と喜びを分かちあうことの追求のようなものを表わしていると考えられる。ここではこの因子を苦楽の享受と喜びの追求と命名しておく。

　また，第2因子への負荷量の高い項目を列挙すると，17「ある程度の社会的地位を得ることができなければ，そんな人生には意味がない」，8「勝ち組の人生でなければ，人生には意味がない」，2「お金持ちになれなければ，人生には意味がない」，13「名誉を得ることができなければ，人生には意味がない」，16「生きているのなら，できるだけ多くの異性とつきあいたいと思う」であった。そこで第2因子を社会的パワーへの希求と命名した。

　また，第3因子への負荷量の高い項目を列挙すると，19「自分のしたくないことを強いられるような人生は，意味がない」，20「好きな人と結婚できない

表5-12 生きる意味と死生観得点との相関係数

	苦楽の享受と喜びの追求	社会的パワーへの希求	妥協の拒否
死後の世界観	.402（p<.001）	.090（n.s.）	.051（n.s.）
死への恐怖・不安	.289（p<.001）	.090（n.s.）	.174（p<.05）
解放としての死	.196（p<.01）	.220（p<.01）	.059（n.s.）
死からの回避	.229（p<.01）	.215（p<.01）	.105（n.s.）
人生における目的意識	.409（p<.001）	.308（p<.001）	.014（n.s.）
死への関心	.097（n.s.）	－.037（n.s.）	.015（n.s.）
寿命観	.221（p<.01）	.159（p<.05）	.117（n.s.）

注：p<.001は0.1%、p<.01は1%、p<.05は5%水準で有意であることを示す。

のなら、そんな人生は無意味だと思う」、21「自分のしたい仕事ができないなら、そんな人生は無意味だと思う」、18「生きていくうえにおいて、自分の気に入らない人とはつきあいたくはない」であった。そこでこの因子を妥協の拒否と命名した。

それぞれの因子について、因子を構成する項目の素点を合計したものを、その因子得点とした。この3つの得点と、死生観の7つの得点との関係をみるために、相関係数を算出した（表5-12参照）。生きる意味のなかでも、苦楽の享受と喜びの追求が、死生観尺度のほとんどの因子と有意な相関をなしていた。それに対して、妥協の拒否は、死への恐怖・不安を除いて、死生観の各因子得点とは関係しなかった。また、社会的パワーへの希求と有意な相関があったのは、解放としての死、死からの回避、人生における目的意識、寿命観であった。

④ 死生観の構造モデル

この節では、前節で使用したデータを用いて死生観の構造を粗描していきたい。今回の調査において平井ほか（2000）の死生観尺度を用いたが、この尺度は死生観における7つの側面を測るものであった。では、この7つの側面の互いの関係はどのようになっているのだろうか。とりあえずこれらの相関を示したのが表5-13である。「死への恐怖・不安」「解放としての死」間を除くすべての組みあわせにおいて有意な相関関係がみられた。しかし、これらの相関係

第5章 死生観の構造

表5-13 死生観における7得点間の相関係数

	死後の世界観	死への恐怖・不安	解放としての死	死からの回避	人生における目的意識	死への関心	寿命観
死後の世界観	—	.204	.215	.265	.235	.224	.407
死への恐怖・不安	p＜.01	—	.063	.592	.351	.243	.140
解放としての死	p＜.01	n.s.	—	.255	.219	.269	.372
死からの回避	p＜.001	p＜.001	p＜.01	—	.507	.189	.245
人生における目的意識	p＜.01	p＜.001	p＜.01	p＜.001	—	.156	.166
死への関心	p＜.01	p＜.01	p＜.001	p＜.05	p＜.05	—	.226
寿命観	p＜.001	p＜.10	p＜.001	p＜.01	p＜.05	p＜.01	—

注：右上はスピアマンの相関係数，左下は有意確率。

数のうち，いくつかの組みあわせは他の変数を媒介とした擬似相関（見かけの相関）である可能性が高い。それぞれの組みあわせにおいて，正確な関係が得られるならば，これらの変数間での関係，つまり死生観の構造モデルを描くことができるであろう。

「死への関心」を除く6つの変数の組みあわせすべてにおいて，求めるべき相関の2変数以外の変数でコントロールされた偏相関係数を算出した。すべての結果を記すと煩雑になるので，以下，モデルの仮説構築に有意義であったと考えられた主な結果について記していく。

まず，「死への恐怖・不安」，「人生における目的意識」，「死からの回避」の3変数の関係について。「死への恐怖・不安」と「人生における目的意識」の相関係数は.351（p＜.001）であったが，「死からの回避」でコントロールされた偏相関係数は.087（n.s.）であった。つまり，「死への恐怖・不安」と「人生における目的意識」は「死からの回避」を媒介とした擬似相関であるといえよう。また.592（p＜.001）と高い値であった「死からの回避」と「死への恐怖・不安」の相関係数は，他の変数でコントロールしても.592とあまり変わらない高い偏相関係数が得られた。同様に，相関係数が.507（p＜.001）と高い値であった「死からの回避」「人生における目的意識」間も，他の変数でコントロールしても偏相関係数はこの数字とほぼ変わらなかった。この3つの変数の関係を図示すると図5-15のようになる。

次に，「死後の世界観」，「解放としての死」，「寿命観」の3変数の関係につ

第Ⅰ部　死生観の研究

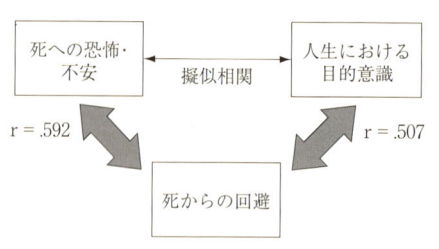

図5-15　「死からの回避」「死への恐怖・不安」「人生における目的意識」の関係

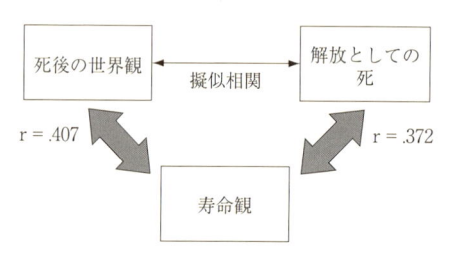

図5-16　「寿命観」「死後の世界観」「解放としての死」の関係

いて。「死後の世界観」と「解放としての死」の相関係数は.215（p<.01）であったが，「寿命観」でコントロールされた偏相関係数は.086（n.s.）であった。つまり「死後の世界観」と「解放としての死」は「寿命観」を媒介とした擬似相関であるといえる。また.407（p<.001）と高い値であった「死後の世界観」と「寿命観」の相関係数は，他の変数でコントロールしても，.407とあまり変わらない偏相関係数が得られた。同様に，相関係数が.372（p<.001）と高い値であった「解放としての死」「寿命観」間も，他の変数でコントロールしても偏相関係数はこの数字とほぼ変わらなかった。この3つの変数の関係を図示すると図5-16のようになる。

　上述の2つの図の関係はどのようになると考えられるか。「解放としての死」は「死への恐怖・不安」とは無相関であり，「人生における目的意識」との間の相関係数は.219（p<.01）であるものの，この値は「死からの回避」を媒介とした擬似相関であった（偏相関係数は.083）。また，「死後の世界観」は，「死への恐怖・不安」との相関が.204（p<.01），「人生における目的意識」との相

第5章　死生観の構造

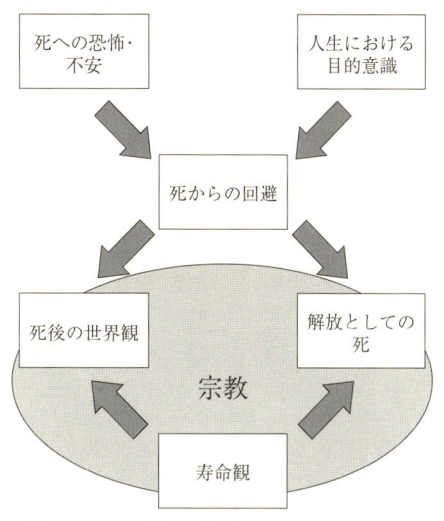

図5-17　死生観の構造に関する仮説モデル

関が.235（p＜.01）であったが，これらの値も「死からの回避」を媒介とした擬似相関であった（偏相関係数はそれぞれ.007, .107）。あと，これらの結果と時間的な因果関係を考慮して考えられた仮説モデルが図5-17である。

　この仮説モデルについてパス解析を用いて分析した結果が図5-18である。それぞれのパス係数は有意できわめて高い値となっているが，また，各変数の重決定係数も高い。「死への恐怖・不安」，「人生における目的意識」は「死からの回避」を生み出しており，また，「死後の世界観」，「解放としての死」という意識は，主に「寿命観」と関係しているが，「死からの回避」という意識によっても生み出されている。

　この仮説モデルが正しいとするならば，どのようなことがいえるのであろうか。2点ほど記したいと思う。第1は，宗教と死生観が関係するのは，当たり前のこととしてとらえられているが，死生観のどのような面と関係しているのかがより明らかになったといえるであろう。先行研究では「死後の世界観」，「寿命観」，「死からの解放」と関係があることが示されているが，この寿命観を中心とした3変数はそれぞれ関係が深く，図5-18に示されているように，

第Ⅰ部　死生観の研究

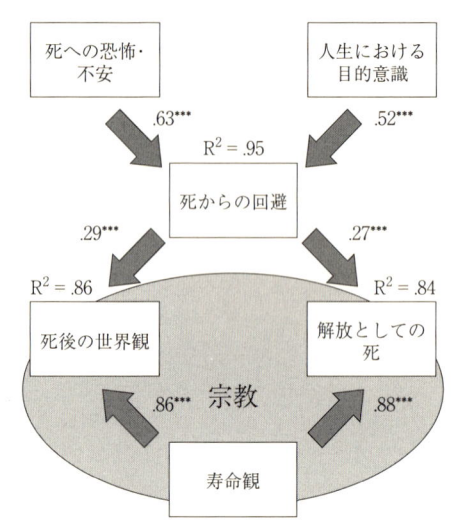

図5-18 死生観の構造に関する仮説モデルの標準回帰係数
注：＊＊＊はp<.001を示す。

この背後に宗教（信仰）がかかわっているといえよう。「寿命観」は人の寿命は偶然ではなくあらかじめ決まっているという確信の程度のことであり、その背後には人間の意志や偶然を超えた何かの存在に対する強い確信、いわば畏敬の念がある。

　次は、死の恐怖や不安に対してどのように対峙すればよいのという問題についてである。これは高齢者にとって切実な問題であろう。が、この仮説モデル図では「死への不安・恐怖」は独立変数であり、これを直接減じる変数はない。つまり、死の恐怖や不安は何かによってそれを減じることができるという性質のものではない。むしろ、死の恐怖や不安は、死を回避したいという思いを強めるが、それが人は必ず死ぬという事実との間に強い葛藤をひき起こし、その結果「死後の世界観」、「解放としての死」などの宗教的なるものの見方にアクセスするきっかけになるのではないか、ということである。この点につき、宗教的なるものに否定的な立場を取る者は、死後の世界は存在する、また死は人生の苦しみからの解放であるという考えが、もともとは死の恐怖にもとづく不

安の投影物にしかすぎないと考えるであろう。しかし，もし宗教的なるものが実在的な何かであるのなら，死の不安や恐怖は，死からの回避と死への直面という葛藤（考えたくはないが考えなければいけない）を通じて，宗教的なるものの見方（真の安心感）にふれる絶好機となる。

　また，このメカニズムは「人生における目的意識」にも適用され得るだろう。つまり，自分の人生の目的や使命に対して自覚が強い者は，自分が死ぬことを想定せずに，日々その目的遂行のために奮闘している。が，何かのきっかけで自分にとって残された時間は限られているのではないかと思うようになると，死については考えたくはないが考えなければいけないという葛藤に向きあうことで，やがて，「死後の世界観」，「解放としての死」といった宗教的なるものに目を向けるきっかけになるのではないか，ということである。

　あと，先行研究では，近親者の死は「寿命観」と関係しているという報告が多くなされているが，このモデル図からは，この機会も宗教的なるものにふれるきっかけとなることを示しているといえよう。つまり，近親者によって，人の寿命はあらかじめ決まっているという考えがわきおこり，それは死後の世界の存在や死は人生という苦しみからの解放であるという考えにいたる。

　ただ，パス解析によるこの結果は，モデル適合度がよい数字を示しておらず，あまり精緻なモデルとはいえない。死生観に関するおおまかな構造はとらえているとは思うが，今回測定していない他の変数も関係してくるであろう。さらなるモデルの改良が必要であり，今後，この問題に関する議論を深めていきたい。

●注
(1) この場合，心理学では特性という言葉が使われる。
(2) デーケンは死の恐怖を，以下の9つすなわち，苦痛への恐怖，孤独への恐怖，尊厳を失うことの恐怖（不愉快な体験の恐れ），家族や社会の負担になることへの恐れ，未知なるものを前にしての不安，人生に対する不安と結びついた死への不安，

人生を不完全なままで終わることへの不安，自己消滅への不安，死後の審判や罰に関する不安，に分類している。
(3) 神智学のように，死後生世界の存在を論理的に説明しうる枠組みを有しているパラダイムもある。
(4) 「神の世界・死後の世界に対する見方（世界55カ国比較）」http://www2.ttcn.ne.jp/honkawa/9520.html を参考にした。
(5) この3つは平井ほか（2000）の死生観尺度のなかの文言である。
(6) この場合，調査で得られたデータにおいて男性と女性で差がみられたわけだが，その差が男性一般と女性一般の差であると判断してもさしつかえないとき，有意に高い（低い）ということばが使われる。
(7) この種の調査にあたり，回答は控えたいという者がいれば，回答する必要のないことを徹底して周知している。
(8) 性別の内訳は男子149名，女子39名，不明者1名である。
(9) 因子構造については，今回の調査のデータで因子分析した結果を用いるのが一般的な方法であるが，従来までの研究により因子構造が確定されているものとして，このように取り扱った。
(10) これは，ISSP 国際比較調査（宗教）で用いられた項目と同じものを使用した。
(11) 群間差を検討するためによく用いられる分散分析の下位検定のひとつ。
(12) 日本人全体では，キリスト教の信仰者は約1％であることが知られている。調査対象者の所属する大学がキリスト教系の学校であることが影響しているかもしれない。
(13) 仏教群だけのデータでさまざまな分析を試みたが，やはり同様の傾向が得られた。
(14) これも，ISSP 調査で用いられた項目と同様である。
(15) −1から＋1までの数で表され，負の相関関係があれば−の値をとり，正の相関関係があれば＋の値をとる。ただ，0周辺の数値はほぼ無相関である。
(16) 丸山（2004）の作成した項目を参考にした。

●引用・参考文献

赤澤正人・藤田綾子（2007）「青年期の死生観に関する研究」『日本教育心理学会論文集』第49巻，338ページ。

A・デーケン（1990）「死生観の変遷をめぐる一考察」『人間学紀要（上智大学人間学会）』第20号，上智大学，75〜90ページ。

海老根理絵（2008）「死生観に関する研究の概観と展望」『東京大学大学院教育学研究科紀要』第48巻，193〜202ページ。

林文（2008）「健康観・死生観と宗教的な心」『W'waves』第14巻第1号，35〜38ページ。

平井啓・坂口幸弘・安部幸志・森川優子・柏木哲夫（2000）「死生観に関する研究

――死生観尺度の構成と信頼性・妥当性の検証」『死の臨床』第23巻，71〜76ページ。
平川仁尚・益田雄一郎・葛谷雅文・井口昭久・植村和正（2007）「終末期医療・看護に関する授業と医学生の死生観との関係」『日老医誌』第44号，247〜250ページ。
一色康子・河野政子（2000）「看護学生と他分野学生の死のイメージに関する調査研究――調査項目の所属間の比較による検討」『看護学総合研究』第２巻第１号，57〜61ページ。
小松万喜子（2000）「日本の現代の青年の死生観とその教育課題」『佛教大学大学院紀要』第28巻，99〜104ページ。
倉田真由美（2008）「女子大学生の死に対する態度と関連因子との検討」『立命館人間科学研究』第16巻，95〜104ページ。
丸山久美子（2004）「死生観の心理学的考察」『聖学院大学叢集』第16巻第２号，189〜218ページ。
松下千夏（2009）「青年期の死の不安と死生観――高齢者との比較から」『龍谷大学大学院文学研究科紀要』第31巻，103〜123ページ。
三宅義和（2014）「死後生観の起源に関する一考察――生きる意味との関連から」『神戸国際大学経済文化研究所年報』第23号，19〜31ページ。
村上信・佐藤真由美・宮下榮子・佐野強・藤澤由和（2012）「社会福祉士養成の学部教育における学生の死生観に関する意識調査」『淑徳大学研究紀要（総合福祉学部・コミュニティ政策学部』第46巻，87〜94ページ。
西久美子（2009）「"宗教的なもの"にひかれる日本人〜ISSP国際社会比較調査（宗教）から〜」『放送研究と調査』５月号，66〜81ページ。
丹下智香子（2004a）「青年前期・中期における死に対する態度の変化」『発達心理学研究』第15巻，第１号，65〜76ページ。
丹下智香子（2004b）「宗教性と死に対する態度」『名古屋大学大学院教育発達科学研究科紀要心理発達科学』第51巻，35〜49ページ。
辰巳有紀子（2000）「日本の高齢者における死の不安と死生観」『聖心女子大学大学院論集』第22巻，105〜120ページ。
山本彩留子・岡本祐子（2009）「青年期における親の『死』に関わる危機の捉え方とその過程に関する研究」『広島大学心理学研究』第９号，229〜244ページ。
「神の世界・死後の世界に対する見方（世界55カ国比較）」http://www2.ttcn.ne.jp/honkawa/9520.html

第Ⅱ部
葬送儀礼の研究

第6章
葬送倫理の提言

近藤　剛

Sunt aliquid Manes: letum non omnia finit.

　冒頭に掲げた言葉は，古代ローマの叙情詩人プロペルティウスが，亡き恋人キュンティアを偲び，詠んだものとして知られている。その大意は「たしかに霊魂は存在する。死によってすべてが終わるのではない」ということであろう。われわれは，この言葉をどのように受け止めればよいのだろうか。死後の生が果てしなく続くということだろうか[1]。今ここに生きるわれわれにとって，そんなことはわかるはずもない。ただ，確実にいえることは，亡くなった人を手厚く葬り，悼み，弔い続けるならば，われわれと死者の関係は保たれるということである。つまり，死者の想いは，生存している人間のなかへとリアルに蘇ってくるということである。そのような意味において，死によってすべてがおしまいになるとはいえないであろう。死せる者と生ける者は語りあうことができる。そして，いったんは失われてしまった絆を取り戻すことができる。そうした対話の発端は，葬送に始まる。
　亀井勝一郎は「死とは，厳粛に考えるならば，我ら人間がそれへ向って成熟して行かねばならぬ一種の「完成」とも言えます。一人間の完成は死。生とは未完の死」[2]と述べた。ならば，一人の人間の生涯は，葬送においてきわまるといえよう。葬りという行為は，生と死の境界を顕わにする。それは死の事実を介して，生の真実を物語る。それによって，去りゆくまではたしかに存在していた人間の証が，われわれの胸中に改めて深く刻み込まれる。いったい人類は，

第6章　葬送倫理の提言

　これまでどれほど多くの死者を葬ってきたのであろうか。統計的には表わし得ないが、葬りの歴史は間違いなく、人類の歴史とともに古かろう。それは歴史的な意味においてのみならず、人間性に深くかかわっているという根源的な意味においても古いといえよう。葬りは死んだ者のために執り行われる儀式であるが、同時にそれは他者の死を媒介させることによって自己自身の死を省察させるとともに、故人の喪失を広く認知させることによって社会構造を再編させる働きももっている。つまり、それは故人の喪失にかかわる個人的・主体的応答と社会的・客観的対応を融合して、その以後に営まれるであろう遺された者の生を円滑に進めていくプロセスの端緒となる。

　しばしば社会科学的な考察によって指摘されることだが、現代の日本においては、血縁関係や地縁関係が希薄化し、「無縁社会」(3)と呼ばれる状況が到来しつつある。また、未婚化ないし非婚化の傾向が強まり、いわゆる「家族難民」が増大し、将来的には年間の孤独死が20万人に及ぶという試算もなされている(4)。別の表現を借りれば、「終活難民」の急増も予見されている(5)。そうなると、だれにも看取られないし、だれにも葬ってもらえない。だれも末期に立ち会ってはくれない。こうした理由から、今後は行政サービスの一環として、単身者の安否確認や遺体処理を行う「埋葬課」のような部署の設置も必要ではないかという議論が巻き起こっている。そのようなことを反映してか、日本各地で「墓じまい」（廃墓）が余儀なくされ（これはすでに代行業者によってビジネス化されている）、「葬式無用論」や「０葬」がまかりとおり、「直葬」のニーズが高まっている。「直葬」とは言葉どおり、遺体を病院から火葬場へ直送することにほかならない。葬送の簡略化は単に金銭的な問題（たとえば、葬儀の執行をめぐる過度の商業主義に対する批判という場合もあるし、また経済的困窮のため葬儀に要する費用を捻出できないという場合もある）にとどまらず、死生観や葬送習俗をめぐる現代人の意識変化にも起因していると考えられる。実際、葬儀の段取りが煩わしいという意見も少なくない(6)。また現実には、在宅死した肉親を弔わず、朽ち果てていく状態を放置し続け、腐敗臭に耐えてなお不正に年金を受給しようとするような文字どおりの人でなしも存在する。このような状況に鑑みると、日

第Ⅱ部　葬送儀礼の研究

本社会において，人間を人間たらしめる何か決定的なものが損なわれつつあるのではないかと憂慮せざるを得なくなる。その根本的な反省も込めて，本章では改めて葬りの意味を考えてみたい。先の東日本大震災では，日本人の遺体に対する真摯な向きあい方や，故人に対する丁重な弔い方が図らずも注目されることとなり，葬るという行為の意味を問い直させる契機となったことも覚えておきたいと思う。

1　死者に対する儀礼としての葬り

　死とは，生において決して経験することのできない事実である。エピクロスを引くまでもなく，人は自らの死を経験したときにはすでに生きていない。それゆえに，自分自身による自分自身の死の認証は不可能である。死とはつねに他者の死に投影されて観念化されるのであり，そうすることによってしか，自らの死についても思いめぐらせることはできない。さらに，人は死んだ後でも生きている人と何らかのかかわり方を持続すると考えられ，死者の存在が有意味化される。それによって，葬りの意義が示されることになる。死者の存在が不在というあり方によって明確かつ強固に認識されるにつれて，葬りという行為が価値を帯びるのである。もういなくなってしまったからこそ，かえってそこにいたことが今になって強く意識されるようなプレゼンスの示し方もあり得る。不在というあり方は，理論理性によって把捉されず，構想力の領域において求められるものであろう。人間には，対象が現前していなくても，直観のうちにそれを表象する能力がある。死者の不在は，単なる生の絶無として片づけられるものではない。それは紡がれた追想のなかで鮮烈な余韻を残し，われわれのイマジネーションに滞留する。

　ところで，死者の概念が有意味である根拠は，生きている人間の記憶にあると考えられる。この記憶が曖昧であれば，死者の概念も揺らぎ始め，やがて意味をなさなくなる。この記憶が忘却されれば，死者の存在理由も失われる。死者と生者を結ぶ記憶を紡ぐ作業，それが葬りというセレモニーの本質であろう。

そして，葬送後に繰り返し行われる追悼の儀式が，死者と生者の関係の持続性を担保する。ノルベルト・オーラーは，次のように主張している。「死者が世代を越えて心から偲ばれているさまを見てきた生者は，死という不可解なものをより泰然と待ち受けることができた。死後も自分は忘れられることがないであろう，生者たちの共同体は自分のこともせめて年一回，命日には思い出してくれるであろうという期待を持って生き，そして死んだことだろう。追想は現前化を意味する。空間を分かち，時間に隔てられたものが，眼前に出現するのだ」。われわれは多くの人びとを葬り，やがて，そのわれわれが葬られることになる。だが，そのことの顚末をわれわれは決して自分自身で見とどけることができない。ただ，生き残った者に託すのみである。託されて見とどけた者が，自らも次代に託すことを許され，葬られ，見送られる。この繰り返しが，世代間にわたる共同の作業としての葬礼のありようである。

　このように人類が編み出した文化的な戦略によって，「死後忘れ去られる恐怖」(ロバート・ウィルキンズ)は払拭されてきたと考えられよう。むろん，究極的には，ほとんどの人間がいずれは完全に忘れ去られるであろうが，代々にわたり葬り続けていく継承の共同体(すなわち歴史と伝統)において，あるいは祈り深き心情の連鎖において，死者は悠久にあり続けることであろう。三木清は「伝統の問題は死者の生命の問題である」と主張し，次のように問いかけている。「死の問題は伝統の問題につながっている。死者が蘇りまた生きながらえることを信じないで，伝統を信じることができるであろうか」。死者の生が積み重ねられるところに，歴史が形づくられる。そして，死に切った過去を虚無と見なさず真理ととらえるところに，伝統が成り立ってくる。そのような歴史と伝統のうえにあって，われわれの生が許されている。

　さて，ダグラス・デイヴィスが「死の歴史の内部における一つの共通要素は，死骸は除去されなければならない，死者はある種の注意と扱いを要求している，という事実である」と述べているように，物理的に考えれば，遺骸は放置されると異臭を放ちながら腐敗していくので，適切かつ迅速に処理される必要がある。したがって葬りの第一義は，遺体処理にある(要するに，物理的な必要性が

儀式性，宗教性，思想性に先行するということ)。しかしながら，デイヴィスの指摘にもあるように，葬りには，そのような物理的な処置を超えた精神的な意味あいがある。宗教学の知見を借りれば，葬りの意義を照らし出す死者という概念の発見は，霊魂の観念と深くかかわっていることがわかる。霊魂 spirituality はラテン語の spiritus に由来するが，その語源はヘブライ語のルーアッハ（רוּחַ rûah）やギリシャ語のプネウマ（πνεῦμα）に遡る。spirituality にはさまざまな意味があるが，そのうちの一つは「息」である。まさに，死とは息絶えることである。古代人は死者の呼吸停止をもって肉体から離脱した霊魂をイメージし，その先の旅程を創造的に空想した。霊魂の道行きが，宗教思想において他界観を発展させることにつながる。そして，霊魂観と他界観が，葬りという儀式の思想的基盤となっていく。不滅の霊魂という想定は，故人の冥福や永生を願うものであると同時に，いやそれ以上に，生きている自分自身の死に対する不安や恐怖を和らげるものであると考えられよう。厳粛な態度で手厚く葬ることは，故人に対する弔意や感謝の表明であると同時に，いやそれ以上に，死霊の祟りの回避という意味あいが強かったものと推察できよう。たとえば，池上良正が指摘しているように，恨みや羨みを抱いた恐るべき死者の霊威への対処法として発展したのが，日本人の「祀り，祓い，浄霊，鎮魂，弔い，供養，追悼，慰霊」であった。死者に対する生者の情緒作用は，死者と生者の敵対的関係を反映した恐怖と，死者と生者の友好的関係を反映した哀惜に区分される。前者の場合，死者の蘇りという恐怖や，生前の仕打ちに対する報復（祟り）の恐怖が際立ってくるので，それらを鎮める目的で葬りがなされる。後者の場合は，純然たる悲しみ，故人への敬意や愛情に起因する哀惜が際立ってくるので，それらを証する目的で葬りがなされる。ただし，葬りの意図を生者の情緒的反応に限定して汲み取ろうとするのは十分とはいえない。人類学や社会学が明らかにしてきたように，葬りの機能的側面にも留意する必要がある。この点について，引き続き論じていこう。

　一般的に，人間は「社会的動物」として規定されることがあるが，死者儀礼はそのような人間の本性（nature）に由来すると考えられる。たとえば，ロベ

ール・エルツは葬儀を社会構造の再統合であると主張している。(15)文化人類学の視点では，葬りは死者のための供養であるとともに，生者が死者を受容するプロセスでもあると解釈される。アルノール・ヴァン・ジェネップは，葬りを「通過儀礼」(rites of passage) の一種であるととらえている。(16)通過儀礼とは，一生のうちに社会の構成員として通過すべき儀礼，ある一つの状態から他の状態へと通過していくことにかかわる儀礼を指す（たとえば，誕生，入信，婚約，結婚，病気治癒，死など）。葬りとは，死者を生から分離することに始まり，冥府の世界へと編入することに至る一つの過渡と見なされる。ジェネップの議論によれば，服喪とは，遺された生者のための過渡であると考えられる。遺族はまず「分離」の儀礼（最初の遺体処理）によって過渡に入る。次に，彼らは「境界時」の儀礼（血縁者を失うことで変わってしまった，あるいは構成員の損失によって打撃を与えられた社会的関係を再秩序化する集会）を通過する。最後に，この期間の終わりに「再統合」の儀礼（埋葬のため墓地への葬列を行って，死者を祖先たちの組織体のなかへと整序する。そして，祖先たちの世界と生者の世界の正しい関係を再構築する）を催して，彼らは一般社会に戻ってくる。実は，このような遺族の過渡は死者の過渡と表裏一体である。遺族の過渡期の終わりは死者の過渡期の終わりであり，葬りという通過儀礼をとおしてのみ，死者が生者の世界から死者の世界へと統合される。フィリップ・アリエスの言葉を借りれば，そのようにして死を飼いならして，死者を（此岸においても彼岸においても）葬り尽くすことが，社会的安定につながると考えられる。(17)

　これらとは別の視点で，たとえば哲学的に考えれば，葬りは死を直視させ，自らの終わり方をも反省的に予期させる。つまり，死者儀礼は自己省察を不可避とする。それは，故人に対する個人の心情的判断，あるいは喪失に対する共同体の社会的認知とは，また別のレベルの問題（その後の生き方にかかわる実存的な危機）となるであろう。いわゆる主体性の吟味に跳ね返ってくるような，葬りの反省的作用を考えてみる必要がある。その点で，久野昭の指摘が興味深い。引用してみよう。「私たちは日常生活のなかで，自分にかかわりのない者の死を単なる自然の現象としてみすごすことになれている。いや，自分にかか

わりのある者の死に際しても、その死を単なる自然的現象として割りきろうとし、社会的な約束事に従って、その葬儀に列席し、遺族にむかって、通り一遍の悔みのことばを述べる場合がある。それもひとつの葬送にはちがいない。しかし、そんなところに葬送の倫理があるであろうか」[18]。久野は葬送の倫理という事柄を明確に規定しているわけではないが、示唆的な問題提起を行っていると思う。つまり、葬りにおいて問われているのは、葬る側のあり方、換言すれば主体性の問題であるということである。この点を考慮に入れつつ、さらに葬りの意味を探っていきたい。

2　葬りの意味の形而上学

　これまでの考察により、葬るという行為には、個人的にも社会的にも認められる（求められる）普遍的な理由があることがわかった。ここではさらに、葬ることの意味そのものを掘り下げて考えてみよう。そこで手がかりにしたいのが、パウル・ティリッヒの「意味の形而上学」（Sinnmetaphysik）という考え方である。本章の趣旨から離れることをおそれるので、ここでは専門的な議論を差し控えることにするが、「意味の形而上学」とは、ティリッヒの1920年代の理論的枠組みであり、意味の構成要素を分析するために役立つものである[19]。単純化して説明すると、意味とは意味の「形式」（Form）、意味の「内容」（Inhalt）、意味の「内実」（Gehalt）から構成されている。たとえば、「イエスの十字架」を主題とする絵画作品の場合、「形式」は構図、色彩、線の配置、「内容」はイエスの磔刑のシーン、「内実」は作品を超越して現臨する究極的意味を指す。つまり、制約的な意味の「形式」と意味の「内容」に対して、意味の「内実」は無制約的なものである。ようするに意味の「内実」とは、一定の時代や文化圏での意味創造の全体に対する根本的態度、究極的解釈、最深の実在把握（形而上学的な力）のことと理解できる。

　この枠組みを用いて、葬りの意味を分析すると、次のようになるのではないか。葬りの意味の「形式」は具体的な葬制（狭義の葬制、つまり遺体処理）に、

第6章　葬送倫理の提言

葬りの意味の「内容」は個別的で特殊的な葬儀（いわゆるわれわれが出席する葬式）になると解釈できる。つまり、葬りの意味の「内容」、すなわちセレモニーとしての葬儀に反映されるのは、それぞれの文化的な伝統および霊魂観と他界観にかかわる狭義の宗教（既成の教団組織や制度といった何らかの実体によって規定される宗教）なのである。それに対して、葬りの意味の「内実」は狭義の宗教を超えたところにあるもの、より普遍性の高いものである。筆者は、この意味の「内実」に反映させた「葬送倫理」を構想したいと考えているが、葬りの意味を構成するそれぞれの要素について、さらに説明を加えていきたい。

　葬制とは、具体的な葬り方（遺体処理の方法）を指しており、これは直接的には気候や風土に影響されることが多いが、その選択をめぐっては宗教的、社会的、政治的、経済的側面も深く関係する。周知のように、葬制は乾燥葬と湿葬に大別される。遺体を乾燥させて処理する乾燥葬には、火葬（cremation）、風葬（aerial burial）、樹上葬（tree burial）、ミイラ葬（mummy burial）がある。たとえば、火葬は現代の日本においては一般的であり、仏教文化圏やヒンドゥー教文化圏（輪廻転生に肉体は不要）でも容認されているが、キリスト教文化圏（肉体の復活という教義に違反）、イスラーム文化圏（死者に対する侮辱）、儒教文化圏（肉親の肉体の焼却は親不孝）においては忌避される。遺体を湿らせて腐敗させ自然に帰す湿葬には、土葬（burial）、水葬（burial at sea）、舟葬（boat burial）がある。その他、チベットやインド（パールーシー教）でみられる鳥葬（sky burial）、自然界に散骨した後で墓石の代わりに植樹する樹木葬（eco burial）などがある。火葬が主流である日本でも、かつては土葬が基本であり、沖縄や奄美大島では風葬、出羽三山ではミイラ葬、島根では水葬がみられ、地域差も少なくない。

　葬儀は伝統的儀礼の体系として成り立っており、文化的、民族的、宗教的要素が多様に織り込まれている。各宗教の死生観や他界観にもとづく確立された典礼としての葬儀はもちろんのこと、東南アジアのトラジャやイバンの独特な葬送習慣から、今日にみられる無宗教的な自然葬や、アメリカで発達したエンバーミング（遺体保存術）まで、葬りの形は多岐にわたっている。葬儀の観光資源化、個人主義化、サービス産業化など、葬りの形は従来の宗教学的なアプ

ローチではカバーできないほどの広がりをみせており,学際的な研究の取り組みが不可欠となっている（たとえば,社会学,心理学,経済学,観光学などの観点は必要であろう）。そのこと以上に指摘しておきたいのは,狭義の宗教は葬りの意味の「内容」の一つであってすべてではないという点である。つまり,葬りの普遍性はかならずしも実定的な宗教に求められないのであり,わかりやすくいえば,特定の宗教や信仰をもたなくても葬式は執り行われるのである。たとえば,仮に強度の無神論者であったとしても,または霊魂の存在を認めない唯物論者であったとしても,何らかの葬式を挙げるのが通例ではないか（いわゆる無宗教的な葬式が普通に行われている）。私見によれば,すべての人間に求められる葬りの無制約的な要請は,一般的に予想されるところの狭義の宗教には由来しないと考えられる。宗教なしでも成り立つ葬りの意味を考えるうえで重要となるのが,次に述べる葬りの意味の「内実」にほかならない。

　死霊鎮撫（穢を忌避する,死霊を畏怖する）や礼拝供養（故人の冥福を祈る,故人へ感謝の気持ちを捧げる,故人への罪障感を代償する）といった葬送習俗を基礎づけてきた観念（宗教的伝統）は,かならずしも葬りの普遍性を担保していないといわざるを得ない。むしろ,葬儀は宗教の有無にかかわらず,信仰の有無にかかわらず,社会（集団,組織）において決して任意というわけにはいかず,人間に課せられた義務として考えられなければならない。この義務の無制約的な要請こそ葬りの意味の「内実」というべきであり,筆者はここに「葬送倫理」を位置づけてみたいと思う。「葬送倫理」とは,現在世代と過去世代の間を取り結ぶ世代間的な倫理であり,自己の存在認証に不可欠な現在世代の来歴にかかわるものである。ハンス・ヨナスの提唱する「世代間倫理」が現在世代から未来世代への「責任」として考えられた倫理であるのに対して,ここで構想されている「葬送倫理」は逆のベクトル,つまり現在世代から過去世代への「配慮」を要求し,そのうえで,先行した過去世代から後続する未来世代への受け渡しを現在において担う「責務」として考えられた倫理である。この発想は,対等な者同士の双方向的なルールとして取り決められる倫理の水平的思考と異なっている。「葬送倫理」の特徴は,不在によって明らかとなる存在（死

者），つまり今は失われた過去世代へ向けられた（翻って未来世代へと託される）倫理の垂直的思考にある。以下では，この「葬送倫理」について，さらに考察を進めていく。

③ 葬送倫理という発想

「葬送倫理」の発想を説明するために，少し長くなるが，波平恵美子の主張を引用したい。

> 「死者儀礼は，宗教的傾向を極めて小さくしながらも遂行されている。僧侶や神父・牧師など宗教リーダーの参加や指導を全く排した死者儀礼の，それなりの様式も日本で定着しつつある。一方，日本の葬式の多くは仏式で行なわれるが，参加者のほとんどは仏教の教義に無知で無関心であり，果してこのような儀礼を「仏教儀礼」と呼びうるかと問うこともできる。すでに世俗的で無宗教な内容の葬式も営まれているであろう。それにもかかわらず，葬式を遂行しないと遺族は強く批判される。それは「無信仰」であるゆえの非難なのか。少なくとも日本ではそうではなく，死者の存在を無視することへの非難である。つまり生と死とを明確に分けることや，生の領域から死の領域へ，今まさに移行しようとする存在はもっとも注意を払うべきものであり，そのことに死者の遺族が無関心であることへの非難なのである。その非難を成り立たせている基盤は，生を死に映して見ること，「私」という存在を「あなた（たち）」の中に映して見ることに価値を置く文化である」[24]。

この波平の指摘から，日本社会においては，特定の宗教性を脱却しても葬りは成り立つこと，死者への無関心が社会的に指弾されること，他者の死を介して自らの人生を観想することが文化的価値として定立されることなどが理解される。死者への無関心に対する世間の糾弾という側面から，葬りが義務化され

る理由を導き出すことができる。しかし，それだけで十分であるとはいえない。義務化を求める社会性のみならず，その責任を負う主体性が問われなければならないからである。世俗化のなかにあっても求められる葬送義務の根拠について，より明瞭な説明が必要であろう。私見によれば，その根拠こそ「葬送倫理」にほかならない。「葬送倫理」の核心に位置するものは，他者の死と重ねあわせて自己の死に向きあう主体性の「覚悟」である。あるいは，ハイデッガー的な表現を用いれば，それは「現存在」の「全体性」を成就するために，そのつど，自分の死をあらかじめ先回りして，その可能性と立ち向かう「先駆的決意性」を促すものであろう。また，それはティリッヒの言葉を借りれば，自らの生の始まりと生の終わりへの「究極的関心」に裏づけられたものであると考えられる。「葬送倫理」とは無制約的な要請であり，現在において先行世代と後続世代を結節するとともに，生の根源に迫らせようとすることで主体性を錬成し，世代間の応答という責任を負わせることで社会的な秩序を形成し，人間を人間たらしめる条件となるものである。

　ここで，久野昭の意見を参照しておきたい。

「……現世の生が死をくぐりぬけることによって到達する常世の表象には，さまざまな宗教的観念が入ってきている。とりわけ仏教が受容され民間に定着していった過程で，浄土信仰のはたした役割はかなり大きかったであろう。そして，葬送儀礼自体がそのような来世観念と密接に結びついていることは，いまさら言うまでもない。だが，みずからも死すべき人間が死んだ人間を葬送するのに，必ずしも壮麗な教義を要するであろうか。たとえば死者の再生ということにしても，その再生の願いが教義学的に正当化されるに先立って，もっと死の根源的な不安と結びついたところで，あるいは現身をいつ死が襲うかきめられないという死の無規定性の不条理にかかわる気持と結びついたところで，発想されたはずなのである。現世→死→来世という図式が教義的に外から与えられたものにとどまる限り，この発想自体に含まれていた倫理的な性格はもはや影をひそめる。形骸化して

しまった葬送儀礼にふたたび倫理的な内容を盛るためには，葬送にあたって，死の不安を，また，むしろ死の理不尽に対する人間的ないきどおりを抱くところから出発すべきではないか。その上での死者の再生でなければなるまい」[25]。

まさしく，死の不安と不条理に面して主体性が剥き出しにされるような実存的な衝撃があってはじめて，葬送はより高次の倫理的な色彩を帯びるのである。「葬送倫理」におけるわがことのように真摯に他者を葬るという論点を，さらに展開したい。

葬りは「死の擬似体験」と表現されることがある。波平の見解によれば，「死者儀礼は，死んだ人にとって社会的にも心理的にも強く結びあっていた人々によって遂行されること，また人間の生命や生存の由来を強く認識させる形式をとることが多いことからして，参加遂行する人々に，自分に将来必ず起る死の擬似体験の機会を与えているとも考えられる。死んでしまった人間が生き返って死を語ることはできない。死のうとしている人は自分の死を実況中継風に，周囲の人々に語りつつ死ぬことはできない。死は常に，生きていて，死を体験したことのない人々によって考えられたり語られたりする」[26]と説明される。ようするに，われわれは他者を葬ることによって，自らの死を擬似的に体験するというわけである。これまでも繰り返し述べてきたように，このような形でしか死をみつめる心は養われないであろう。こうした問題を突き詰めて考えた哲学者の一人に，ウラジミール・ジャンケレヴィッチがいる。

ジャンケレヴィッチによれば，死は「第一人称態の死」，「第二人称態の死」，「第三人称態の死」に分類される。端的にいえば，「第一人称態の死」は自分自身の死を，「第二人称態の死」はあなたの死を，「第三人称態の死」は報道などで始終よく目にする死を表わす。われわれの世界は「第三人称態の死」に取り囲まれている。ニュース，新聞，インターネットなどをとおして，この種の死を見聞きしない日は一日たりともないであろう。われわれは日々，地震，津波，洪水，台風，山火事などの自然災害，あるいは事故や事件に巻き込まれた被害

者たちの死を目の当たりにしている。しかし，われわれはそれらの死に対して，そのつど，真剣に向きあうことはない（少しばかり同情する程度であろう）。たとえ凄惨な死に対して悲しみを覚えたとしても，不条理な死に対して哀れみを感じたとしても，それらの情動は瞬間的に去りゆくことであろう。見知らぬ者の死の一つひとつに立ち止まっていられないのが，この現実のありようである。数量化できる死を客観的に眺めている限り，死はわれわれにとって切実な問題にはなり得ない。ならば，いつどのようにして死の問題は切実になるのか。それは，このわれわれ自身に死がさし迫ってきたときである。実際に恐怖を体験しなければ，死は自己の問題として取り込まれてこない。それが「第一人称態の死」と呼ばれるものである。

　ジャンケレヴィッチは次のように述べている。「第三人称が平静の原理なら，第一人称は疑いもなく苦悶の源泉だ。わたしは追いつめられた。第一人称では，死はわたしのすべてにおいて，つまりわたしの虚無において（虚無が"すべて"の無であるということが真実なら），わたしに親密に関連する一つの神秘だ。わたしはこの問題に対して距離を保つことができず，密接に粘着する。わたしのことが問題なのだ！（メア・レス・アギテュール）　わたしが問題なのだ。死が個人的にわたしの名で呼ぶわたし，他人を指さし，袖を引き，隣人のほうに横目をつかういとまを与えぬわたしだ」。ところが，この「第一人称態の死」はわれわれ自身の死にちがいないが，われわれに密着しすぎて（換言すれば，死がわれわれそのものになる），死を問題化することにつながらない（問題化はある種の客観化であり，主体と対象の間には適度の距離が必要である）。むしろ「第一人称態の死」はわれわれを緊迫させ，煩悶させ，絶望させ，正常な感覚を失わせ，おそらく狂気へと誘うであろう。「第一人称態の死」がもたらすインパクトは苛烈すぎて，死の観想には決してそぐわない。

　ジャンケレヴィッチによれば，われわれにとって真に身につまされる死とは，あなたの死をおいて他にはないのである。これが「第二人称態の死」である。「第三人称の無名性と第一人称の悲劇の主体性との間に，第二人称という，中間的でいわば特権的な場合がある。遠くて関心をそそらぬ他者の死と，そのま

まわれわれの存在である自分自身の死との間に、近親の死という親近さが存在する。たしかに"あなた"は第一の他のもの、直接に他である他、"わたし"との接点にあるわたしならざるもの、他者性の親近の限界を表象する。そこで、親しい存在の死は、ほとんどわれわれの死のようなもの、われわれの死とほとんど同じだけ胸を引き裂くものだ」。この「第二人称態の死」に直面して、われわれは死との適切な距離感を得て、死に対する適度な切迫感を覚えて、真剣に死を考えることができるようになる。そして、そのような機会をダイレクトに与えるものが、まさに葬りなのである。

「第二人称態の死」を媒介して、擬似的に死を体験するという形で、倫理的な主体性が先鋭化されてくる。他者の葬りは、そのつど、自らの死の先取りであり、このことが自らの生の基盤を認証する作業となる。それゆえにわれわれはすべて等しく、葬ることを義務として要請される。われわれに命をつないで過ぎ去って行った者に対する葬送という厳粛な儀礼は、過去世代によって生かされて今を生きる現在世代から湧き上がってくる「責任感情」に裏づけられねば、倫理的なものとはならない。死者への敬意と葬送への責任が、人間性を証する（アンティゴネーの行為を想起せよ）。人間が人間である限り、葬りは丁重かつ荘厳になされるであろう。このような「葬送倫理」が葬送習俗の形骸化を防止し、葬るという行為の意味を充溢させると主張したい。

④ 葬送倫理と死者崇拝

ここでは、「葬送倫理」についてさらに理解を深めるため、死者崇拝との関連性を取り上げてみたい。周知のように、オーギュスト・コントは実証主義による社会秩序の構築を目指し、死者崇拝を中心に組み立てた「人類教」を構想している。コントによれば、「人類」の中核をなすのは、われわれにとって愛の対象となり得る身近な死者である。死者と生者の関係は、愛と尊敬を基礎とした礼拝において成立し、そこでは対象の理想化が起こり、死者の欠点は忘れられ、その長所しか思い出されなくなる。理想化された死者の記憶が生者にお

いて保ち続けられることにより、生者の生き方そのものも理想化の影響作用を受けて高められ、結果的に道徳性が涵養されることになり、そのおかげで社会生活を再構築することが可能となる。もはや、死別の悲嘆からの回復を図る喪明けは必要とされず、生者は永遠の喪において死者を生かし続けることになる。その際、記憶の保持と強化を助けるのが死者にまつわる具体的な「もの」であり、その点で「人類教」の性格はフェティシズム（物神崇拝）[31]と考えられる。

過去、現在、未来においてもっとも具体的である過去の記憶が、人類と歴史を構成する。歴史の基礎は、生者の生長の論理においてではなく、死者の生命の論理において求められるべきである。こうした過去の絶対化（過去はすでに死であるという意味において、現在を生きる生者にとって絶対的なものであるという理解）という点で、三木清の指摘が重要である。「過去は何よりもまず死せるものとして絶対的なものである。この絶対的なものは、ただ絶対的な死であるか、それとも絶対的な生命であるか。死せるものは今生きているもののように生長することもなければ老衰することもない。そこで死者の生命が信ぜられるならば、それは絶対的な生命でなければならぬ。この絶対的な生命は真理にほかならない」[32]。死者の生命に真理性を見出すこと、人類と歴史を形成するために世代間にわたる記憶を継承すること、これらは「葬送倫理」によって意図される内容と合致する。また、コントが示唆しているように、追悼の行為はかならずしも特定の宗教のスタイルによらずとも、死者に対する生者の愛と尊敬に支えられているという点も「葬送倫理」の発想と相容れるように思われる。こうしたことから「葬送倫理」は、死者崇拝の慣習において実証性を獲得できるのではないだろうか。

アリエスによれば、「死者崇拝はキリスト教大宗派によって特別扱いされなかっただけではなく、教団の会衆が減る時に、躍進しもしている。神が死んだ時、死者崇拝が真正の唯一の宗教になる可能性がある」[33]と指摘されている。アリエスの主張は、伊達聖伸による「人類教とは、神を退位させ、死者を崇拝する宗教なのである」[34]という見解とも符合していて興味深い（神なき時代の宗教の存立可能性を、狭義の宗教を超えた広義の宗教[35]、ないし「葬送倫理」に求めるという方

向性については，別の機会に改めて本格的に論じる予定である)。もちろん歴史的な事象としてコントの「人類教」が実現されることはなかったが，そこで示唆された死者崇拝の思想性を「葬送倫理」において引き継ぐことができると考えられる。

ところで，死者崇拝のフェティシズムについて若干の補足をするため，納骨礼拝堂の事例を扱いたい。死者の記憶を担保する「もの」とは何か。故人を偲ぶ具体的な思い出の品物や，故人が遺した業績など，いろいろと考えられるだろうが，それらは個人の記憶に限定される。より普遍性の高い記憶をとどめる「もの」は公共的な場所なのではないか。筆者は，その典型を納骨礼拝堂に求めたい。死者の記憶を実体化するのが墓の役割であり，死者との対話を演出するのが礼拝堂の役割であるが，その2つをあわせた施設が納骨礼拝堂と呼ばれるものである。そこでは，死者の骸そのものが死者の記憶を担保する「もの」となっている。もはや故人の個別性は解消され，積み上げられた死者の骸は人類そのものを表象しているかのようである。そのような施設の代表例として，通称「骸骨寺」と呼ばれるローマの納骨礼拝堂を取り上げてみたい。

アンデルセンの『即興詩人』にも登場するトリトーネの噴水が威容を誇るバルベリーニ広場から，瀟洒な建物と街路樹が美しいヴェネト通りを上がったところに，それはある。「骸骨寺」とは，正式にはカプチン・フランシスコ修道会（Ordo Fratrum Minorum Capuccinorum）の拠点であるサンタ・マリア・インマコラータ・コンチェツィオーネ教会（Santa Maria Immacolata Concezione）の地下礼拝堂を指す。[36]もとは1626年にカプチン派の枢機卿アントニオ・バルベリーニの依頼でA. カソーニが建立した教会であるが，ここの地下墓所には約4,000体のカプチン派修道僧の骨が保存されている。

17〜18世紀の思潮において，死者に一種の人格を認める医学的立場（ポール・ザキア，クリスチャン・フリードリッヒ・ガルマンなど）が存在し，アリエスによれば，「死体が消え去るはずがない，そこには何かが残存している，それは保存せねばならぬ，それを陳列し，それを見るのは好ましいことだという確信[37]」があったという。さらにアリエスから引用を続けよう。「この保存という

考えは，すでに見た通り，解剖家，遺体化粧師，学者的であれ，自由思想家的であれ，死体を取り扱う人たちには無縁なものではなかった。それは，はるかにより一般的かつ全般的な仕方で，埋葬後の死体の変化についての信仰に関わるものだった。その頃から一つの考え方が現われる。もはや死体を永久に遺棄したりせず，それとの物質的接触を保とうというのがそれである。人は，さまざまな状態を経る死体を見守り，その変化に介入し，それを地中から引き出し，ミイラか骸骨という最終的な姿でそれを示したいと考える」。この「骸骨寺」には文字どおり，人骨によって装飾された空間が広がっている。筆者が実際に訪れてみた印象であるが，おびただしい骸骨の群を前にして恐怖心が込み上げてくるとともに，それでいてわれわれを不思議と魅了するような圧倒的な存在感が醸し出されている。いわば，死の世界への畏敬と魅惑のアンビバレントな感覚が呼び起こされ，まさに聖なるものの現臨を体感できる場となっている。それとともに，死せる生命の躍動にふれることにより，時空を超えて過去と現在が重なりあい，歴史のただなかに生きていることが実感され，生ける生命の担い手としての自己自身の省察を余儀なくされた。

納骨礼拝堂において骸骨が装飾されて保存された理由について，ポール・クドゥナリスは次のように解説している。「納骨堂を考察するにあたり，派手な飾り付けをどのように解釈するかという問題は避けて通れない。一番典型的な解釈がメメント・モリ（死を想起させるもの）で，納骨堂を訪れた者に，自分もまたいずれ死ぬという事実を心に銘記させるためだという。キリスト教神学においてメメント・モリの図像は，この世の栄誉や社会的地位にかかわりなく，死は我々全員を等しくさもしい物質へと変えるという教訓を伝えるもので，それゆえ現世の虚栄心を捨て，罪を悔い改めねばならないとされた。納骨堂はまさにそうした役割を果たしていた」。そういえば「骸骨寺」にも，次のような文言が刻まれていた。「我々はあなた方と同じように生きていた。あなた方も我々と同じようになるであろう」(Noi eravamo come voi, voi sarete come noi)。死者そのものの姿は，死者の記憶を呼び起こす「もの」であり，また生者の生き方を問い質す「もの」になり，「葬送倫理」の実効性を高める「もの」として，

第6章　葬送倫理の提言

　アラン（エミール・シャルティエ）は『幸福論』のなかで「死者崇拝」の項目を立て、「死者の崇拝は美しい慣習である」と述べている。アランは、「死者は死んではいない。このことは、わたしたちが生きていることから、じゅうぶん明らかである。死者は考え、語り、行動する。かれらは助言し、意欲し、同意し、非難することができる。すべてこれは真実なのだ。しかし、それには耳をかたむけることが必要である。すべてこれはわたしたちの心のうちにある。わたしたちの心のうちにじゅうぶん生きているのだ」と語っている。死者の声への聴従という謙虚な姿勢も、われわれの倫理的な生き方を強めるのに必要であろう（そういった意味で、チェスタトンのいう「死者の民主主義」は示唆に富んでいる）。また、「葬送倫理」を育むためには、死者との語らいを媒介する「もの」が必要であり、より永続的にあり続ける「もの」として納骨礼拝堂、あるいは一般的な墓の有用性も再確認されねばならない。本節を締め括るに際して、アランの次の言葉を引用したい。

　「死者は生きようと欲している。あなたがたの心のうちに生きようと欲している。死者の欲したものをあなたがたの生命が豊かに発展させることを、死者は欲している。かくして、墓はわたしたちを生命へ送り返すのだ」。

5　葬るという人間の責務

　これまでの考察をまとめておこう。「葬送倫理」にともなう過去と未来に対する責任感情は、現在を真摯に生きるという主体性の確立に決定的な位置を占め、人間を人間たらしめるものである。葬りの習慣が崩壊すれば、真っ当な人間性もまた喪失されるであろう。葬りの場において、生きゆく者と死にゆく者が交差する。それは生の現場にちがいないが、もっとも死の様相に、生命の空無に肉薄するときとなろう。葬りは、生死の接点である。この接点があればこそ、われわれは連綿と重なりあう生死の際限ないつながりを認識でき

のではないか。メトカーフとハンティントンは，次のように述べている。「死はひとつの過渡である。しかし，それは長期に点在する過渡の連鎖の一番最後のものにすぎない。死の瞬間は来世と結びついているだけでなく，生きること，歳をとること，子孫を産むこと，といった諸々の過程とも結びついている。死は生と関係している。すなわち，死者の晩年の生や，彼なり彼女なりが生み出して後に残した生と関係している。生身の人間を死者から分かつ境界線のどちら側にも永遠の連鎖がある。生は次の世代へと継続し，多くの社会で死をめぐる儀礼の際に中心におかれて強調されるのも，この連続性である(44)」。そうした世代間の継続性を再認識することが葬りであり，それは生きる者の倫理的義務であると強調しておきたい。

　ハンス・ヨナスは死について興味深いことを語っている。少し長くなるが引用してみたい。

　　「極端なことを言えば，もし死がなくなれば，生殖もなくならなければならない。というのは，生殖は生命の死に対する答えだからである。そうなれば，世界は老人だけのものになり，若者はいないことになろう。すでに顔見知りの人たちばかりの世界で，以前はいなかった者に驚かされることもない。だが，いつかわれわれが死ぬという無情の摂理の中には，おそらく次のことが知恵として含まれている。すなわち，われわれが死すべきことは，若者の初々しさ，直接さ，そして熱意の中にある永遠に新たなる約束を，われわれにしてくれる。それとともに，他者性それ自体がたえず流れ込んでくる。この他者性の流入の代わりになるものは，経験が伸びてその蓄積が増大してゆくことの中には見つからない。経験が蓄積しても，世界を初めて新しい目で見るという類例のない特権を取り返してはくれない。プラトンが哲学の始まりであるとした「驚き」を，子どもの持つ好奇心を再び体験させてはくれない。子どもの好奇心は，大人の知的衝動に移行するまで生き延びることはごくまれだし，大人になってから麻痺するより前に消えてしまう。こうした「たえずまた始まる」ということは，「たえず

また終わる」ことを代償としてのみ得られる。「たえずまた始まる」ことは，人類にとっての希望であり，退屈な日常茶飯事に沈み込むことから人類を保護する好機，人類が生命の自発性を守る好機であろう」[(45)]。

　われわれは，たえずまた始める責任を担っており，そのために，たえずまた終わらせる義務がある。葬りは不在というあり方で存在する死者を憶えて，その特有の〈存在の声〉を聴くことである。これは生かされた者の務めであるのみならず，われわれの生きる勇気をも鼓舞することにつながる。世界は対立と葛藤に苛まれているが，葬るということにおいては連帯できるであろう。葬りは数少ない人類の共通性とはいえないだろうか。葬るということが責務として負えなくなるとき，人間らしい社会は消失されているであろう。

　しかし，これからの日本社会においては，その責務の担い手が減少していくと想定されるのであり，世俗化のきわまりにおいては，死者の生命に真理を見出す感性の減退もまた予想されるのであり，結果として，歴史から乖離し伝統から断絶させられたディストピアの到来が予見されるのである。孤独死した死体を行政的な処分の対象にしたり，病院で亡くなった家族を火葬場へ直送したり，できるだけ手間暇をかけないで葬りを簡略化し，墓も位牌も遺影も何も残さないでいることが，ごく普通になるような時代が来るのかもしれない（われわれの社会は着実にそのような方向へと進んでいる）。

　この点について，トーマス・ロングは次のように警鐘を鳴らしている。

　「わたしたちは今，危険な賭をしているのだ。わたしは確信しているが，歴史の中でわたしたちの時代である今，わたしたちは死者に対する心遣いをする（あるいはしない）そのやり方が激変している時を過ごしているのである。そしてそのことは必然的に，わたしたちが生きている者に対する心遣いをする（あるいはしない）そのやり方が激変していることのしるしなのである。率直に言えば，死んだ者の体を，ふさわしい敬意をもって扱うことを忘れてしまった社会は，まだ生きている者たちの体をないがしろにし

たり，痛めつけさえしたりする傾向のある社会なのだ。死者がどこへ行くのかについて，何も確かな希望を持っていない社会は，子供たちの手を取って，希望に満ちた将来へと導いていけるという確信のない社会なのである」。[46]

だからこそ「葬送倫理」の探求が，死をみつめて生の尊厳に目覚める機縁を結ぶよう願ってやまない。古代の死者典礼に「生命は奪われるのではなく，変容させられるのである」(Vita mutatur, non tollitur) という祈りの言葉がある。死者は物質的な生命を失うが，葬りにおいて精神的な生命を得る。その変容を担うのは，生きているわれわれの責任ある態度なのである。われわれがなす葬送と追悼は，死者の生命を変容させることができる。そのつど，死者は蘇ってきて，生者に活力を与える。死者の想いがわれわれを生かし活かすのである。滅び去った死者たちのいくえにもわたる犠牲のおかげで，われわれの現在があり，さらなる未来が切り開かれていく。この聖なる感覚が枯渇していくことを，筆者は恐れる。「葬送倫理」は生者に対して次のように命じる。死者を讃えて，祈りを捧げよ，と。

■ ■ ■

●注
(1) 最近，死後生の存在が脳神経外科医によって論じられ，注目されている。エベン・アレグザンダー／白川貴子訳 (2013)『プルーフ・オブ・ヘブン──脳神経外科医が見た死後の世界』早川書房を参照のこと。
(2) 亀井勝一郎 (1998)『愛の無常について』ハルキ文庫，39ページ。
(3) この表現は，NHK スペシャル取材班 (2012)『無縁社会』文春文庫に由来する。これに関連して，結城康博 (2014)『孤独死のリアル』講談社現代新書も参照のこと。
(4) この点については，山田昌弘 (2014)『「家族」難民──生涯未婚率25％社会の衝撃』朝日新聞出版を参照されたい。
(5) この点については，星野哲 (2014)『終活難民──あなたは誰に送ってもらえま

すか』平凡社新書を参照されたい。
(6)　このような傾向は現代の日本に顕著なのではなく、ヨーロッパ思想史の視座に立てば、近代の個人主義にまで遡り得るという指摘がある。「紀元前から人々は、この世で生を共にした人に葬式を出し、「最後の敬意」を表してきた。しかし今では誰からも悼まれず、悲しまれず、参列者もなくそそくさと墓地に埋葬されてしまう死者が増えてきている。尊厳のない死、尊厳のない埋葬がたびたび批判の的となっているが、これらは中世後期以来の個人尊重の風潮がもたらした、招かれざる結果といえるかもしれない。個々人を共同体に結びつける絆はゆるんでしまったのである」（ノルベルト・オーラー／一條麻美子訳（2005）『中世の死──生と死の境界から死後の世界まで』（叢書ウニベルシタス821）法政大学出版局、21～22ページ）。この指摘は興味深いが、ここでは深追いできないので今後の考察に期する。
(7)　本章は、神戸国際大学経済文化研究所プロジェクトⅩⅨ「現代における死生観と葬送儀礼の多様性に関する研究」における筆者の研究成果として公開された拙著（2012）「葬送倫理　試論──葬りの意味内実を求めて」『神戸国際大学紀要』（神戸国際大学学術研究会）第82号、9～18ページと重複するところがあるが、本章へ組み込むにあたり、その後の研究成果を取り入れ、内容を大幅に加筆修正している旨、明記しておく。
(8)　オーラー、前掲書、57～58ページ。
(9)　補足的な説明のため、ウィルキンズから引用しておこう。「死後も人々の記憶にとどまりたいという欲求、逆にいえば、死後忘れられてしまうことに対する恐怖は、人間をとりわけ不安にさせる要素の一つだ。いまから一世紀もたてば人々から忘れられてしまうと想像して不安にならない人間がいるだろうか？　自分はもとから存在していなかったかのようになってしまうのだ。我々のほとんどは、そうした考えに強い不安を抱く。だが、これまでの人間の歴史で、すでに何十億もの人々がこの世から去り、彼らは悲しまれず、記憶にも残らず、人々から忘れ去られてしまっている。そしてまた、この先数え切れないほどの人間がそうなっていくはずだ」（R・ウィルキンズ／斉藤隆央訳（1997）『死の物語──恐怖と妄想の歴史』原書房、214ページ）。
(10)　三木清（1954）『人生論ノート』新潮文庫、13ページ。
(11)　前掲書、11ページ。
(12)　D・J・デイヴィス／森泉弘次訳（2007）『死の文化史』（コンパクト・ヒストリー）教文館、86ページ。
(13)　この点については、H・オオバヤシ編／安藤泰至訳（1995）『死と来世の系譜』時事通信社；梅原伸太郎（1995）『「他界」論──死生観の比較宗教学』春秋社を参照されたい。
(14)　池上良正（2003）『死者の救済史──供養と憑依の宗教学』角川書店、15ページ。
(15)　R・エルツ／吉田禎吾・内藤莞爾共訳（2001）「死の宗教社会学」『右手の優越

──宗教的両極性の研究』ちくま学芸文庫を参照されたい。
⑯　くわしくは，A・V・ジェネップ／秋山さと子・弥永信美共訳（1999）『通過儀礼』新思索社を参照されたい。
⑰　「飼いならされた死」は中世初期のヨーロッパに顕著な死生観を表わすものだが，そのくわしい議論については，フィリップ・アリエス／伊藤晃，成瀬駒男共訳（1983）『死と歴史──西欧中世から現代へ』みすず書房；同／成瀬駒男訳（1990a）『死を前にした人間』みすず書房を参照されたい。
⑱　久野昭（1969）『葬送の倫理』紀伊國屋新書，117ページ。
⑲　ティリッヒによれば，形而上学の根本課題とは，意識の無制約的なものへの志向性が意味現実を構成する必然的な機能であると示すことに他ならない。そのことから「意味の形而上学」と呼ばれる理論的枠組みが考案された。なお「意味の形而上学」を理解するために，その読解が必須となる前期ティリッヒの1923年に書かれた『対象と方法に従った諸学の体系』が，最近になって邦訳された。パウル・ティリッヒ／清水正・濱崎雅孝共訳（2012）『諸学の体系──学問論復興のために』（叢書ウニベルシタス970）法政大学出版局を参照されたい。
⑳　葬制の起源を歴史民族学的に説明した研究として，大林太良（1997）『葬制の起源』中公文庫を挙げておく。
㉑　松濤弘道監修（2009）『世界の葬送』イカロス出版，10〜31ページを参照。
㉒　この点については，前掲書，32〜46ページ；森茂（2009）『世界の葬送・墓地──法とその背景』法律文化社，16〜43ページを参照されたい。
㉓　トラジャとイバンの実地調査をふまえた詳細な研究が存在する。内堀基光・山下晋司（2009）『死の人類学』講談社学術文庫を参照されたい。
㉔　波平恵美子（1993）「弔い──死者儀礼に表現される死の観念」『死の科学と宗教』（岩波講座　宗教と科学7）岩波書店，124〜125ページ。
㉕　久野昭，前掲書，127ページ。
㉖　波平恵美子，前掲書，102ページ。
㉗　ジャンケレヴィッチ／仲澤紀雄訳（1978）『死』みすず書房，25ページ。
㉘　前掲書，26ページ。
㉙　ソポクレース／中務哲郎訳（2014）『アンティゴネー』岩波文庫を参照のこと。
㉚　以下の記述は，伊達聖伸（2008）「死者をいかに生かし続けるか──オーギュスト・コントにおける死者崇拝の構造」『死生学研究』10号，119〜142ページ所収の論稿に拠るところが大きい。
㉛　たとえば，「もの」について，森一郎の見解を引照しておきたい。「自然の猛威に逆らって人間が営々と築き，共同の住まいとしている世界は，個人のいのちを超えて存続する。そうした世界の永続性を支えるのは，まずもって個々の人工物である。共同世界は，物的世界に制約されている。さらに，その世界にひょっこり生まれてきては，各自の生を営み，死んで去っていく人間は，めぐり合った者同士で同世代

をなすとともに，先行世代および後継世代との連携をなす。人間世界の存続は，同時的かつ継起的な世代間共同事業の賜物なのである。物たちのもとで人びととともに生きることが，そのまま，「死を超えるもの」にふれる営為でもあるのだ」（森一郎（2013）『死を超えるもの——3.11以後の哲学の可能性』東京大学出版会，1〜2ページ）。

(32) 三木清，前掲書，13〜14ページ。
(33) アリエス（1990a），前掲書，485ページ。
(34) 伊達聖伸，前掲書，122ページ。
(35) 広義の宗教とは，通常，われわれが宗教という言葉で理解しているもの以上の意味をもっている。ティリッヒの用語で「深みの次元」にたとえられる宗教は，われわれにとって無制約的にかかわるものであり，人間の精神活動全般に作用し，社会の至るところ（政治，経済，文化，芸術，道徳）に潜在する。
(36) 筆者が2013（平成25）年2月に訪問したところ，以前とは異なり，地下礼拝堂は教会内に併設されたカプチン博物館（The Capuchin Museum）の一部として整備されていた。ようするに，博物館の展示の順路にしたがって案内されるという手順であった。まさしく，死者そのものが観光資源化された一例であるといえよう（ちなみに入場料は€6だった）。書物において，この骸骨寺に初めて言及したのは，マルキ・ド・サドであったらしい。くわしくは，マルキ・ド・サド／谷口勇訳（1995）『イタリア紀行Ⅰ』ユーシープランニング，243〜245ページを参照されたい。また，骸骨寺の成立事情については，弓削達（1992）『ローマ』（世界の都市の物語5）文藝春秋，18〜22ページ，あるいはRinaldo Cordovani (2012), The Cemetery Crypt, in: *The Capuchin Museum*, Gangemi Editore: Roma, pp. 147-159 に解説がある。ただし，骸骨寺の死者崇拝とカプチン派の教義にどのような関係性があるのか明らかにされているとは思われないので，今後の調査対象としたい。
(37) アリエス（1990a），前掲書，333ページ。
(38) 前掲書，333ページ。
(39) アリエスの描写が適当であるので，引用しておきたい。「……壁面と天井を覆う形で，ロカイユ式装飾に様変わりした骨の山があり，そこでは骨が小石や貝殻の代わりをつとめている。バルベリーニ家の三人の子供のそれのように，いくつかの骸骨がみごとに再構成されている。そのほかは，それぞれの骨がその形に従って用いられている。骨盤の骨はばら模様の形に並べられ，頭蓋骨は柱を形造り，恥骨や四肢は壁龕の円天井を支え，椎骨は花飾り模様を描くか，吊り燭台を形造るかした。作品は一八世紀の一修道士のものとされる。当時保存所はもはや骨置場であるだけでなく，スペクタクルの舞台装置であった。そこでは人骨が，バロックまたはロココの芸術の，よじれた形をさまざまに作り出した」（前掲書，335ページ）。
(40) ポール・クドゥナリス／千葉喜久枝訳（2013）『死の帝国——写真図説・奇想の納骨堂』創元社，15ページ。クドゥナリスの解説を続けて引用しておこう。「納骨

堂は聖別された土地に建てられ，骨自体神聖なものと見なされていた。キリスト再臨（Parousia）のあかつきには骸骨はよみがえり，神の栄光に覆われると信じられていたからだ。したがって，我々にはいささか恐ろしげで不気味な死の象徴も，かつてはそうではなかった。例えば髑髏と2本の交差した骨の表象は，死すべき運命だけでなく復活の約束も表していた。それゆえ，納骨所で交わされた対話の内容も肉体の死と魂の生についてであった。例えばサンタ・マリア・デッラ・コンチェツィオーネの壁には，小さな骨で細密にかたどられた時計と砂時計のモティーフが見られる。こうしたシンボルは見る者に，いずれ最期の時が訪れるのは避けられないにせよ，それは同時に新たな始まりであると思わせてくれる。この地下納骨堂の壁に刻まれた，同時代の有名な格言にあるように，「死は時の門を閉じ，永遠の門を開く」のだ。いわゆるメメント・モリは同時にメメント・ヴィタエ（生を想え）の表現形式でもあるのだ」（前掲書，16ページ）。

⑷１　アラン／白井健三郎訳（1993）『幸福論』集英社文庫，192ページ。
⑷２　前掲書，193ページ。
⑷３　前掲書，194ページ。
⑷４　P・メトカーフ，R・ハンティントン／池上良正・池上冨美子共訳（1996）『死の儀礼――葬送習俗の人類学的研究』研究社，152ページ。
⑷５　ハンス・ヨナス／加藤尚武監訳（2000）『責任という原理――科学技術文明のための倫理学の試み』東信堂，34ページ。
⑷６　トーマス・ロング／吉村和雄訳（2013）『歌いつつ聖徒らと共に――キリスト者の死と教会の葬儀』日本キリスト教団出版局，31〜32ページ。

●**参考文献**（出版年代順に列挙）

久野昭（1969）『葬送の倫理』紀伊國屋新書。
ジャンケレヴィッチ／仲澤紀雄訳（1978）『死』みすず書房。
フィリップ・アリエス／伊藤晃・成瀬駒男共訳（1983）『死と歴史――西欧中世から現代へ』みすず書房。
フィリップ・アリエス／成瀬駒男訳（1990a）『死を前にした人間』みすず書房。
フィリップ・アリエス／福井憲彦訳（1990b）『図説 死の文化史――ひとは死をどのように生きたか』日本エディタースクール出版部。
波平恵美子（1993）「弔い――死者儀礼に表現される死の観念」『死の科学と宗教』（岩波講座　宗教と科学7）岩波書店，97〜127ページ所収。
H・オオバヤシ編／安藤泰至訳（1995）『死と来世の系譜』時事通信社。
梅原伸太郎（1995）「『他界』論――死生観の比較宗教学』春秋社。
ミシェル・ヴォヴェル／池上俊一監修（1996）『死の歴史――死はどのように受けいれられてきたのか』「知の再発見」双書，創元社。
P・メトカーフ，R・ハンティントン／池上良正・池上冨美子共訳（1996）『死の儀礼

──葬送習俗の人類学的研究』研究社。
大林太良（1997）『葬制の起源』中公文庫。
脇本平也（1997）『死の比較宗教学』（叢書　現代の宗教3）岩波書店。
R・ウィルキンズ／斉藤隆央訳（1997）『死の物語──恐怖と妄想の歴史』原書房。
ジョン・ボウカー／石川都訳（1998）『死の比較宗教学』玉川大学出版部。
A・V・ジェネップ／秋山さと子・弥永信美共訳（1999）『通過儀礼』新思索社。
ハンス・ヨナス／加藤尚武監訳（2000）『責任という原理──科学技術文明のための倫理学の試み』東信堂。
池上良正（2003）『死者の救済史──供養と憑依の宗教学』角川書店。
新谷尚紀・関沢まゆみ（2005）『民俗小事典　死と葬送』吉川弘文堂。
ノルベルト・オーラー／一條麻美子訳（2005）『中世の死──生と死の境界から死後の世界まで』（叢書ウニベルシタス821）法政大学出版局。
吉原浩人（2006）『東洋における死の思想』春秋社。
D・J・デイヴィス／森泉弘次訳（2007）『死の文化史』（コンパクト・ヒストリー）教文館。
伊達聖伸（2008）「死者をいかに生かし続けるか──オーギュスト・コントにおける死者崇拝の構造」『死生学研究』10号、119〜142ページ所収。
フィリップ・シャルリエ／吉田春美訳（2008）『死体が語る歴史──古病理学が明かす世界』河出書房新社。
内堀基光・山下晋司（2009）『死の人類学』講談社学術文庫。
新谷尚紀（2009）『お葬式──死と慰霊の日本史』吉川弘文館。
松濤弘道監修（2009）『世界の葬送』イカロス出版。
森茂（2009）『世界の葬送・墓地──法とその背景』法律文化社。
ジャン＝クロード・シュミット／小林宜子訳（2010）『中世の幽霊──西欧社会における生者と死者』みすず書房。
松濤弘道（2010）『改訂増補　世界葬祭事典』雄山閣。
Rinaldo Cordovani (2012), The Cemetery Crypt, in: *The Capuchin Museum*, Gangemi Editore: Roma, pp. 147-159.
井上亮（2013）『天皇と葬儀──日本人の死生観』新潮選書。
森一郎（2013）『死を超えるもの──3.11以後の哲学の可能性』東京大学出版会。
ポール・クドゥナリス／千葉喜久枝訳（2013）『死の帝国──写真図説・奇想の納骨堂』創元社。
トーマス・ロング／吉村和雄訳（2013）『歌いつつ聖徒らと共に──キリスト者の死と教会の葬儀』日本キリスト教団出版局。
デボラ・ノイス／千葉茂樹訳、荒俣宏監修（2014）『「死」の百科事典』あすなろ書房。

第7章
死者儀礼の重要性
——葬儀後の儀礼を中心に——

中野 敬一

1 死者儀礼とは

(1) 葬送儀礼とそれ以降の諸儀礼

　日本の現代社会において「死」が遠い存在になったといわれて久しい。戦争や紛争によって命を奪われる人はなく、生活環境も栄養水準も高まり医療も行き届くようになった。過去の時代と比べて子どもの死亡率は下がり超高齢化が進んでいる。病院で人生の最期を迎える人の数も自宅でのそれを上回り、人の死に行くさまを見守った経験がある人の数も減少している。一般の人びとの日常から死は確実に遠ざかっているのである。

　このような現状のなか、葬制や墓制に関することも大きな変化がみられるようになった。葬送儀礼や墓に対する不要論・簡素化論を支持する人が増えている。宗教や葬儀業界への不信や経済負担の問題、個人の価値観の変化など、理由は多岐にわたるのでただちに是非を問うことは困難である。しかし死と向きあう機会が失われようとしていることに危惧をもつ人は少なくない。

　なかでも葬送儀礼は、われわれを死のリアリティへと導き、自らの人生を問い直す契機を与えるものである。さらに儀礼を通じて故人の生涯や言動を思い起こすこともある。現在を生きるわれわれが未来を築いていくうえで不可欠の機会ではなかろうか。

　ところで、「葬送儀礼」であるが、用語としての適用範囲は、一般的には「葬儀」と同様である。山田慎也によると、葬儀は「臨終から埋葬や火葬を中

核とした一連の儀式[(1)]」を指す。「その理由として一般の人々が葬儀をこの範囲で捉えているから」であり，「それ以降の法要や法事といわれる儀礼については葬儀とは異なるもの」と説明している。

「葬送儀礼」という用語を広義でとらえ，葬儀後の儀礼を含んだものとする場合もあるが，筆者はその適用範囲を山田の理解でとらえて葬儀以降の諸儀礼に注目したい。具体的には仏教の法要や法事などの供養に関する儀礼や，キリスト教の記念式などを指す。そして，葬送儀礼とそれ以降の諸儀礼をまとめて「死者儀礼」という名称を用いる。この死者儀礼，特に葬儀後の諸儀礼の重要性を多面的に示すことが本章の目的である。

（2） 用語の定義

「葬送儀礼」とは一般的には死者を葬る儀礼であり，具体的には死体を処理する儀礼である。葬送儀礼の略語が「葬儀」である[(2)]。「葬儀」と「葬式」の違いについては，両者を同義として使用する場合と，葬式を葬儀の一部として使用する場合がある。葬式は一般的には通夜の翌日，自宅や葬儀会館，寺院，教会等に遺族や知人・関係者が一堂に会して行うことが多く，出棺に至るまでの儀式である。「儀」も「式」も整った行為やしかたを指す言葉であり，字義的には大きな差異はない。専門書においても葬儀と葬式の違いが明らかでない場合も少なくない。

他方，葬儀と葬式を異なるものと理解していることがある。前者は葬送に関する諸儀礼を指し，後者はその一部としている。本章においても混乱を防ぐために葬儀と葬式を別の用語としておきたい。葬式は葬儀における一連の儀式のうちの一つである。先に述べたように通夜の翌日に行われる出棺までの儀礼であり，葬儀は葬式を含む臨終から火葬に至るまでの諸儀礼を指す。そして，「葬送儀礼」と「葬儀」を同義で扱う。

なお葬儀は，臨終から火葬ではなく，臨終から埋葬までを指すという考えもある。しかし土葬のように葬式直後に埋葬される場合とは異なり，火葬して遺骨を自宅に持ち帰り，四十九日（満中陰）の法要時に納骨する場合や百か日以

降での納骨となる場合は，葬儀以降の儀礼と考えるべきである。ちなみに，葬儀における内容の順番は問わない。地域によっては，葬儀が，通夜から葬式，そして火葬という順で行われる場合もあれば，火葬してから通夜，葬式というプロセスが一般的であるところもある。東北や関東，中部，南紀などではそのような例が広くみられる[3]。

次に「死者儀礼」という用語である。すでに述べたように，「葬送儀礼」と「葬儀以降の諸儀礼」をあわせて「死者儀礼」と呼ぶ。

葬儀と葬儀以降の諸儀礼を分けないという考え方は過去にもみられたものである。たとえば，井之口章次は葬式を「死体の処理にともなう儀礼」と呼びつつも，「日本のような霊魂信仰が発達した国柄では，霊魂を無視した葬式を論じることはできない」とし，葬式を「死体の処理にともなう儀礼」だけではなく，「死者の霊肉処理にともなう儀礼」とするほうが現実的であると提言した[4]。この考え方は仏教の教理によるものである。死者は四十九日の間はこの世にとどまり，その後他界に行く。そしてさらにそこから長い年月をかけて祖霊になる。遺族は四十九日の法要から弔い上げとなる三十三回忌の法要まで，多くの法要を行い続ける。井之口はここまでの期間を含めて「葬式」であると主張した。

葬式を臨終から弔い上げまでの諸儀礼と考えるのはかなり大胆な発想と思われるが，井之口の主張はわれわれに重要な示唆を与えている。それは葬儀以降の儀礼の重要度の高さである。仏教においてそれらが重要な儀礼であるのはいうまでもないが，教義とは異なる側面においても重要性を見出せるのである。

（3） 葬儀をめぐる状況

死者儀礼の重要性について述べる前に，現代の日本社会における葬儀に対するきびしい状況を再確認しておきたい。葬儀以降の儀礼を論じる以前に，葬儀そのものへの関心が薄れてきているのが現実であり，初めに述べたように，葬式や墓の不要（無用）論や簡略化が叫ばれる時代である。

ただしこのような状況が発生したのは今日が初めてというわけではない。明

治期や戦後においてもさまざまな葬式不要（無用）論が登場している。葬儀が華美でぜいたくであることや宗教的儀式の形骸化に対する批判があるのが共通点である。

しかし今日は様相が異なり，新たな理由も挙げられている。たとえば，前例のない超高齢化時代に関するものである。故人が退職して長い年数が過ぎたことで職場関係者が少ない場合や，友人・知人に先立たれていることに加えて，地域や近所との交流がない場合など，いずれも参列する者がいないので，葬式が簡略化される傾向にある。また老後に医療費や介護費用がかかり貯蓄がなく，経済的に負担が大きくて葬儀費用が捻出できない人も少なくない。それゆえに一般的な葬式が行われることがなく，家族葬や直葬が増えているのである。これらはいずれも切実な問題である。

宗教に対する批判もある。日本の場合，ほとんどの葬儀が仏式で行われるため，仏教に非難が集中している。特に「戒名」の価格についての批判は知られている。[5] こういったことが問題になるのは価格だけの問題ではないだろう。宗教者や宗教団体と当事者の間に良い関係性が築かれておらず，何らかの不満や不信感からきていると推測できる。

不満や批判だけではなく，宗教自体への無関心もある。特に伝統的な創唱宗教への人びとの関心度は下がり，若い世代の宗教離れは顕著である。破壊的カルト等の出現により宗教への警戒心を強めている。科学技術の進歩により，かつては神の領域と呼ばれた分野においてもさまざまな究明がなされており，それが宗教離れに拍車をかけている。唯物論的な考えに立ち，死生観や他界観を論じることにも否定的な場合もある。「死んだらすべて終わり」，「あの世などない」という考えをもつ人は少なくない。これは葬儀や死者儀礼等への関心の低さに直結する。葬儀も死体処理さえできれば最低限のものでよいことになる。「直葬」で十分という発想に至るのもその表われである。

死生観や他界観の変化には，仏壇や墓などの問題も大きくかかわっている。核家族化が進んで以降，家に仏壇があるという家庭は減少している。特に一戸建てではなくマンション等の場合，スペースがないので仏壇がもてないという。

特に都市部はそうである。仏壇があることで日常においても死者を意識することができた時代とは違う状況となっている。

　墓についても同様である。墓の維持や承継といった意識が変化しており，墓が不要であるという意見もある。先祖代々の墓を大切に守るという考えも今後は失われていくのかもしれない。墓をめぐる状況については，後でくわしく述べたい。

　以上のように，今日の葬儀をめぐる諸問題について述べていくと枚挙にいとまがない。このような時代であるからこそ，葬送儀礼やそれを含む死者儀礼の意義を明らかにしていくことが急務となるのである。

② 死者儀礼の役割

（1）死者の変換装置

　死者儀礼の重要性を確認するためには，死者儀礼がどのような役割を担っているかを考察しておかねばならない。まず「死者の変換」という役割である。死者が生前と同じ形態で存在することは不可能であり，以前とは異なる形態へと変換される。山田慎也は葬儀を「死の総合的な変換装置」という観点でとらえており，「死を物理的，文化的，社会的に変換する儀礼」と主張する[6]。第一の「死の物理的変換」とは，死体の処理を指す。刻々と変化する死者の体に対して何らかの形で処理をすることは必要である。その処理方法は多様であり，土葬や火葬，さらに風葬等もある。しかし日本の場合は火葬率が世界一であり，ほとんどが火葬によって死者の肉体の「処理」は完了する。ただし，その際は「単に廃棄物を処分する」のではない。火葬では遺骨が残るように調整する。単なる骨としてではなく，肉体は「祭祀対象としての遺骨」に変換されたことになる。

　第二の「死の文化的変換」は，死者の存在形態を変換，移行させるものである。山田はこの変換について「もう肉体を通して顕在化できない死者を，儀礼の対象とし時には主体として扱うことで，表彰としての死者を創出している」

という。たとえば霊魂はまさに死者の表象として挙げられるものの一つであり，「死者の非肉体的な人格」ととらえている[7]。さらに，「死者の肉体を超えて表彰される死者の人格，死後も表彰される人格」という視点が霊魂の存在の有無にかかわらず有効であろう[8]」とも指摘している。また，日本のようにヒトが死ぬとホトケになるという文化においては，葬儀やその他の儀礼を経てホトケに位置づけられるとし，「ホトケという概念は当該文化が規定するものであり，「死の文化的変換」ということができる[9]」と述べている。

　第三の「死の社会的変換」についてであるが，山田は「死者は葬儀において死のカテゴリーの中に包摂され，多くの場合肉体とは別の形態で表象として構成されていく」と指摘し，「生前の社会的な人格も肉体の消滅とともに変換し，社会的役割の再分配が行われなければならない」という。その例として，葬儀における喪主の例を挙げている。喪主はその家の後継者が担うことになっており，喪主が位牌をもつことは後継者の披露の意味をもつ。これが社会的な役割の再分配ということである。それだけでなく，葬儀をとおして社会的イデオロギーが表彰され，階層差が顕示されたりもする。たとえば戒名や葬儀規模自体も形式や僧侶の人数によって変化し序列ができている。そして葬儀の規模と社会的階層とは関係があり，葬儀でその社会的権威を示すとともに，葬儀の参列者はそれを認識し再構成するという[10]。

　山田によると，このように葬儀をとおして死者は変換されていくのだが，筆者が注目したいのは第二の「死の文化的変換」である。なぜならこの変換は他の２つとは異なり，葬儀における変換のみでは不十分だからである。死者を「肉体を超えて表彰される死者の人格」，あるいは「魂（霊魂）」といった表象に変換するためには，長期的に働く複数の変換装置が欠かせない。たとえば仏教の死者儀礼を行う場合には，２つの装置が必要となる。四十九日つまり満中陰までに行われるものと，それ以降の弔い上げまでの期間に行われるものである。

（2） 2つの変換期

　まず，前の変換期である四十九日の期間では何がなされるのだろうか。仏教では葬式の1週間後に初七日の法要があり，その後の四十九日の法要まで続く。仏教の発祥地インドではあらゆる生き物は死んでも再び生まれ変わり，何度も生を繰り返すと信じられている。仏教はこの考えを取り入れて，すべての生き物は死ぬと6つ世界のいずれかに生まれ変わるとした。これが輪廻転生や六道輪廻と呼ばれている。しかし，人間は死後直ちに次の生涯に生まれるのではなく，暫定的に中間の状態にとどまる期間がある。これが中有，あるいは中陰と呼ばれるものである。

　この期間，死者は7日ごとに7人の裁判官の所に着き，7回の裁判を受けるという。このとき遺族は裁判の日ごとに法要をして，裁判で死者が有利になるようにこの世から応援する。その期間には特別の儀式を営まなければならないということで，7日ごとの法要が始まったのである。中有の期間では特に初七日と四十九日が重要とされている。四十九日は，中有（中陰）が満ちる日で満中陰と呼ばれ，法要に親戚や知人など多くの人が集まる。納骨はこの日にされる場合が多い。

　後の変換期，つまり四十九日の法要以降については，百か日，一周忌，三，七，十三，十七，二十三，二十七，三十三回忌の法要を行って死者を送る。場合によっては，五十回忌，あるいは百回忌もある。これらの法要は仏教発祥のインドからではなく，仏教が伝わった中国で加えられたものと，日本伝来以降で新しく加わったものがある。ちなみに三十三回忌が弔い上げとされているが，今日では五十回忌や百回忌まで続く場合がある。故人を知る遺族らの寿命が延びて以前より長期の儀礼を行うことが要望されてのことであろう。仏教の考えでは弔い上げにおいて最終的に祖先の群れに加わることになる。それ以降は祖先として供養されるようになるのである。

（3） あいだの期間

　「死の文化的変換装置」としての2つの変換期における死者儀礼について述

べてきたが、仏教の考えによると四十九日の期間中、死者は、まだあの世には行っていない。つまり死者はこの世とあの世に移動する中間期間にいることになるのである。

このような中間期間が想定されるのは、仏教だけとは限らない。その好例を示しているのが、社会学者エルツである。インドネシアの諸民族、特にボルネオのダヤク族の儀礼から、この世とあの世の中間期間が想定されていることを紹介している。(11)彼らは第一と第二の葬儀を行う。後のほうが「本葬」である。両者は別の場所で行われており、「あいだの期間」がある。この長さは部族によって異なり、7～8か月という場合があれば2年、あるいは10年という場合もある。このような期間は「死者のために、また生者の平和と安寧のためにも」必要であるという。葬儀のために必要な物資調達のために長い期間が必要であるという理由もあるが、実際は死体の分解がすっかりすんで骨だけになるのを待たねばならないのだ。

「あいだの期間」には、遺体と同様、魂も決定的な境遇には入れない。魂は地上にとどまっていて、まだ死体の近くに存在している。そして森や生前住んでいた場所を徘徊するという。魂が特別の儀式を受けて、死者の国に入れるようになるのは、この期間が終わってから、つまり2番目の葬儀が済んでからなのである。

エルツの「あいだの期間」に関する考察はきわめて興味深い。要するにこの期間は「不安定」だということを指し示しているのではなかろうか。まずは遺体である。肉が完全に落ちて骨が乾燥する状態までには時間がかかる。刻一刻と腐敗が進んでいる状態は変化をともない不安定である。続いて、エルツはこの期間は遺体と同様に、魂も不安定な状態にあることを述べる。

「魂にとっては、生前の状態を延長させることになる。ただこれは危険で不吉な状態である。このように生者のあいだにとどまっているのは、なにか不法で不当なもののように考えられている。つまり魂は、ふたつの世界の、いわば境目で暮らしている。あえて他界に入ろうとすれば、侵入者の

ように看なされる。現世では厄介なお客さまなので、近所では恐れられる。憩える場所がないので、魂は絶えずうろつき歩く。お祭がおわって、この不安な状態にけりをつけてもらうのを、心配そうに待っている……」[12]

　不安定な状態にある魂は生者に対して悪行をはたらく危険性がある。魂がやがて死者の国に入るまではその状態が続く。そうなると、生者も何らかの対応をしなければならないことになる。つまり、遺体と魂にとってだけではなく、「あいだの期間」では生者も不安定になるのである。生者は魂に対して、複雑な態度をしなければならない。なぜなら魂の不憫な状態に同情もするが、同時に危険も感じて畏怖の念をもつようになるからだ。防衛のために接触を避けたり、気の毒な状態を何とか和らげたりしようとするが、魂が死の国へ入るまでは不安は取りのぞかれないのである。
　エルツによる「あいだの期間」では「遺体」、「魂」、「残った生者」という3つが同時並行してその期間を過ごしているという考え方が示されており、仏教の思想と重なることがある。遺体に関しては、火葬の場合は安定した状態になると考えられるだろうが、土葬の場合には不安定な状態が続くことになる。魂にとっても死後から四十九日までの期間は不安定である。7回の裁判を受けながら期間を過ごすという大変な状態におかれているからだ。ゆえに生者は、喪に服しながら魂のために儀礼によって応援するのである。
　さて、四十九日を超えた後には、新たに次の「あいだの期間」がやってくる。あの世へ行った魂が、今度は祖先の群れに加えられるまでの期間を過ごすことになるのである。弔い上げまでの期間は、四十九日と比較すると圧倒的に長い。ただし安定感は以前よりある。火葬された遺骨も納骨され、魂も現世をうろついていることはない。その状態にあわせる形で死者に対する儀礼を行えばよいことになる。

（4）「あいだの期間」の意義

　「あいだの期間」はきわめて重要な期間である。4つの意義にまとめておこ

う。

　第一に、生者が死を受け入れるためにはこの期間が必要だということである。不慮の死といった突然の場合はいうまでもなく、重い病気などにより先が予測されていた場合であっても、死というもっとも壮絶な出来事を受け入れることは困難である。先ほどまで生きていた者が、即座に死の世界に移されたということを信じることができようか。せめて別れまでに猶予がほしいとの願いが「あいだの期間」という発想を支えてきたと考えられる。死者が死んでもすぐに死の世界に行けないのは、逆に死者にすぐに行ってほしくないという思いがあるのではないだろうか。愛する者が亡くなり悲しみが癒えぬ状態にあるとき、早く忘れて前に進むように勧められることも少なくない。しかし、「あいだの期間」の存在が、逆に死者を急いで忘れる必要はないというメッセージとなるのである。

　第二は、生者と死者（魂）が運命をともにできるということである。「あいだの期間」は不安定である。特に死者がこの不安定な状態にあることで、遺された生者はそれを知って穏やかな心境ではいられない。悲しみのただなかにありながら、死者のおかれている状況を推測して寄り添っていこうとする。そして死を超えた協力により事態の打開を図っていくのである。この死者との共同感や協働感といった感情が重要だろう。もはや死んだ者のために何もしてやれることがないという現実のなかで、まだ何かができるというのは、生者にとって慰めとなるのではなかろうか。

　第三は「あいだの期間」に行われる死者儀礼が、死者と生者を長期間にわたり結びつけているということである。生者が死者のために儀礼を行い続けることは、死者とのつながりが過去だけのものではなく、現在進行形であることを表わす。つまり、「死んでいる」死者を「生きている」死者としてとらえることを可能とさせるのである。そこには死を超えて新たに何かが生み出されるかもしれない。

　第四は、「あいだの期間」により、死者を忘れることがないということである。これにより記憶を鮮明にしたまま保つことができるのである。どんなに覚

えているようでも機会がなければやがて記憶は失われていく。この期間における儀礼は死者をいつまでも記憶できるように助け，生者は死者を意識しながら過ごすことができるのである。

　以上のように「あいだの期間」には重要な意義を見出すことができる。そしてこれらの意義を支えて保証しているのが死者儀礼の役割でもある。死者儀礼があるからこそ「あいだの期間」は確固として存在できている。それは同時に，この「あいだの期間」が死者儀礼に存在意義を与えることになる。両者がそれぞれの存在のために欠かせないのである。

（5）　日本人の死生観

　上述してきたこととの関連で，日本人がどのような死生観をもってきたのかを概観する。日本人の死生観やそれに関する葬儀を発展させてきたのは仏教である。ただし仏教が日本に伝来した6世紀以前には日本古来の葬送儀礼があった。詳細については不明なことも多いが，担い手は自然宗教をもとにした民俗宗教や原始神道である。仏教伝来以前には，古代日本人の死生観をもとにした儀礼が行われていた。その死生観とは，まず人が死ぬと肉体をこの世において，霊魂（死霊）があの世へ行くというものであった。そして霊魂はあの世からこの世へと行き来することが可能であった。

　『古事記』や『日本書紀』をみると，あの世は「黄泉国（よもつくに）」と呼ばれていたことがわかる。そこは太陽の光もとどかない暗黒界であり穢れた地下の国のような所で，すべての人の霊は例外なくそこに行く運命であった。しかし，黄泉国は現世と遠く離れている場所ではなく，ある程度の往来が可能である近い場所に存在すると考えられていた。たとえば，生者が死者を追って黄泉国まで出かけていくという神話はそれを教えている。つまり，あの世とこの世が遠く離れていないという考えがあり，死んだ人の霊魂がときどきあの世から現世に戻ってこられると信じられていたのである。

　このように来世と現世が近いという考えから，死者の霊に対しては「恐怖」と「追慕」という2つの感情が生じた[13]。恐怖という感情は，霊魂があの世から

帰ってきて，生きている者に対して危害を加えるのではないかというものである。追慕については，恐怖であった死者もある期間を過ぎると祖霊になるということが信じられていた。祖霊は神になって家や郷土を守ってくれる存在となるのである。そして祖霊は遠い世界に行くのではなく，近い場所から子孫たちの生活を見守ってくれるという。このようなやさしい存在であるからこそ追慕の気持ちが起こり，人びとは自分たちの祖霊のために儀礼を行い，もてなしの食事を用意したのである。

　ここで注目したいのは，エルツにおいても同様のことが言及されていることである。「あいだの期間」では，死者への同情と畏怖という感情があり，それに応じて儀礼が行われていることが指摘されている。時代や場所を超えて共通するものが認められるのである。

　ちなみに死者が地下の国へ行くといった思想はユダヤ教，キリスト教の聖典である旧約聖書にもみられる。すべての死者は陰府（ヘブライ語で「シェオール」）と呼ばれる下界に行く。そこは暗く醜い場所である。ただし，死者はここで力なく眠っている状態におかれている。古代の日本神話の場合は死者が現世を行き来することができるので，両者には大きな違いがある。

（6）　生きていて近くにいる死者

　6世紀に日本に仏教が伝来した。そもそも仏教は「死」に関することがらに関心を払った宗教ではなかった。しかし中国に伝わり，そこで行われていた死者儀礼と結びついたのである。それゆえ，日本に来たときはすでに発展した死者儀礼をもっていたが，日本人の考えや実践を否定することなく，そこに仏教の考え方をあわせていった。

　たとえば，「お盆」の例がわかりやすい。お盆は仏教の「盂蘭盆会」に由来し，一般的には仏教行事と理解されていることが多い。しかし，古代日本人の死者に対する追慕の感情により，あの世から祖霊が子孫の家を訪ねてくるという考え方は仏教伝来以前からあった。古来日本の各地では祖霊を迎える祭りがあり，人びとは霊を迎える火を焚き，果物や野菜などの食べ物を供えて祖霊を

待ったのである。祖霊は3日にわたって子孫の家にいた後，あの世に帰っていくという。そのときには子孫たちは送り火を焚いて，その祖霊を見送るのである。このような習慣に，仏教の盂蘭盆会が結びついて，日本独特の風習となっていったのである。[14]

古代の日本人は，「死者が近い」という感覚と，「生きている死者」という感覚をもっていた。これらは仏教の教えを信じる人びとにも受け継がれてきた感覚である。たとえば「極楽浄土」について考えてみるとよい。そこはこの世から想像もつかないほど遠く離れたところにある。しかし実際にそのような遠い世界に死者がいるというよりは，むしろ生きている者の身近にいて守ってくれるといった感覚をもっている人が多いのではないだろうか。

仏壇について先に少しふれたが，仏壇を前にして人は話しかけて悩みごとの相談をしたり，日々あったことの報告を行ったりもする。そういうことは多くの日本人にとって特別なことではなかっただろう。死者はまるでカウンセラーの如く存在する。仏壇は故人を懐かしむためのものではなく，「死者と直接交信して死者への想いを表出する場であり，グリーフワークの場」と碑文谷がいうとおりである。[15]

仏壇には死者の好んだ食べ物や花を供える。線香も焚く。これは死者がそれを食べ，香によって慰められることを願って行われる。死者が「生きて」おり，近くにいるという感覚をもっているからである。

死者が生者の近いところであたかも生きているという感覚は，死者が過去のものではなく，あるいはまったく別の存在になったのではなく，その人格が失われず，生者から姿はみえないが，異なった形態で存在していることを示している。まさに「死の文化的変換」が行われており，多くの日本人はこのような感覚を共有してきたのである。それが死者儀礼を維持させてきた原動力であるといえよう。

3 死者儀礼とグリーフ・ワーク

（1）アメリカの葬儀

　死者儀礼の副次的な役割について考えてみよう。「副次的」というのは、死者儀礼の主たる目的を「死者のための」儀礼ととらえた場合である。葬儀が死者のためにあるのか、遺族のためにあるのかという議論はキリスト教の世界においてもよくなされる。そもそも遺体を埋葬するために必要な儀式として始まった葬儀であったがその意義は時代に応じて変化し、近代プロテスタントの葬儀理解としては「遺された者のために」という目的が重視されるようになってきた。

　しかしそれが主要目的になるのかという疑問は残る。やはり葬儀は「死者のため」であり、それを丁寧に行うことで結果的に遺族の慰めになるのではないだろうか。それゆえ「遺族のため」のグリーフ・ワークを副次的な役割ととらえておきたいのである。

　さて、日本における葬儀は、死後長い期間を空けずに執り行われるのが一般的である。「墓地、埋葬等に関する法律」の定めにより埋葬や火葬は死亡または死産後24時間を経過した後でなければ行うことはできないが、その後は随時可能となるので火葬はなるべく早い時間が設定される。火葬開始時間が決定すると逆算して葬儀の日程を立てることができる。つまり、火葬場への到着時間にあわせて出棺の時間が決まり、そこから葬式の開始時間が設定される。その前夜に通夜が行われることになる。最短の場合、たとえば亡くなった当日の夜には通夜が行われ、翌日には葬式、そして火葬ということになる。

　このように死後なるべく早い時期に葬儀を行うのは日本における葬儀の特徴の一つである。たとえば、アメリカでは多少事情が異なる。もちろんアメリカは多人種国家であり宗教や習俗も混交しているので一括りに論じることはできないが、メトカーフとハンティントンによる「全般的な葬儀形態はアメリカ全土で驚くほど均一である」との指摘にしたがっておく。一般的特徴としては

「葬儀堂への迅速な移動，エンバーミング，画一化された「ご対面」，埋葬による死体処理，など」が挙げられている。筆者も90年代にカリフォルニアで5年間にわたり日系人キリスト教会の牧師をした経験があるが，葬儀ではほぼ同様の特徴がみられた。今日の日本と同様，アメリカでも年々葬儀の簡略化が進んできたと聞くが，火葬を選択する比率が高くなっているという事情の他には大きな変化はないように思われる。

　人が亡くなると葬儀場（葬儀堂）か自宅に遺体が安置され，そこに弔問者が訪れる（visitationと呼ばれる）。訪れる人びとが少ない場合や遺族や遠方の親戚縁者等が早く集合できる場合は，比較的早い時期の葬儀日程が定められる。けれども遺族らの都合がつかない場合等は死後1週間以上経て葬儀が行われることがいくどもあった。[18] 当然遺体の腐敗が問題となるが，エンバーミングが，それを可能としている。死体防腐処理を指すエンバーミングはほぼアメリカで全国的に行われている。その歴史は19世紀初頭，人びとの居住地が広がるにつれて，死体を近親者の手で埋葬するために長い距離を輸送することが必要になったのが始まりである。南北戦争のさなか，戦死者の遺体を故郷に帰すために専門的なエンバーマーが出現したという。[19] 初期においてはそのような目的があったのだが，エンバーミングは結果的に死と埋葬の期間を自由にすることを可能にした。つまり遺族は葬儀全体の流れにおいて時間的な余裕が与えられることになったのである。

　葬式自体においても同様のことが指摘できる。そもそもアメリカ人の多くが日本人なみの定刻主義を徹底する国民性とはいいがたいが，日本の葬式のように時間を気にしながらの進行という雰囲気とはかなり異なる。これは火葬事情も大きく関係しているだろう。州や地方によっては火葬の割合が高くなっているが，全米においてはなお土葬が主流である。火葬場が混んでいて予約時間に遅刻ができないという日本の状況とは異なる。何より遺族らが火葬に立ち会うという習慣がない。遺体は出棺時に葬儀社の職員に委ねるか，葬儀場に行って引き渡し，後日遺骨（遺灰）が届けられるというシステムである。葬儀社で火葬開始時間は自由に調整できるのである。

アメリカでは遺族が死者と過ごす別れの時間を日本よりかなり長く取ることができる。肉体がある死者と過ごし、別れにおける悲嘆（グリーフ）をゆっくりと表出できる。あわせて弔問に訪れた人びとから慰められる機会でもある。これが愛する家族の死という現実を遺族が受容していくプロセスとなる。

（2） 日本の葬儀の場合

アメリカと比較すると葬儀の所要時間が日本の場合は少ない。それなら日本もエンバーミングの積極的導入を、ということになるかもしれないが、おそらく普及させるにはときを要するであろう。費用が高額であることにあわせ、日本人の身体観とも関連する。もちろん遺体は大切であるが、遺体そのものを保存する執着はほとんどみられない。短時間後に茶毘に付すことを当然としており、遺体を火葬することを拒否しない。ここには意外ともいえるほどに抵抗がない。これは興味深いところである。死穢を避けるというのがその理由だとも思えない。遺体が腐敗して損壊することを恐れているからか、ドライアイスによる保存以上のことを望まずさっそく火葬することを了承するのである。ただし、その反面、遺骨に対する執着は強い。遺骨（遺灰）にこだわりの少ないアメリカ人と比較すると明らかである。

死後まもなく葬儀が行われるのが一般的である日本の葬儀には、長所と短所がみられる。長所は、まさに「待ったなし」の状況に追い込まれることによって遺族は悲しみを紛らわせることができることである。葬儀は一大イベントである。葬儀社との打ちあわせや弔問者への応対、親戚縁者への連絡、食事の手配、会葬者への御礼等、行うべきことが多々ある。しかも欧米にはない「通夜」式の存在がさらに遺族を多忙にさせる。遺影の準備や棺に納める副葬品の準備もふくめ、それらを行うことに神経が集中し、時間に追われて悲嘆にくれている場合ではない。体裁を気にして気丈に振る舞うことで心に冷静さを保つこともできるという面もある。

しかしこのような長所は、同時に短所となる。遺族が落ち着いて悲しみを表出できる機会が失われることになるからである。葬儀を短時間で終えてしまう

ことにより遺族は逝去した者の死にゆっくり向きあう機会を失ったままとなる。参集者から慰められる機会も逸することにもなる。遺族の立場によって異なるが，職場や学校に行く者，家事を行う者それぞれが早く「日常」に戻るのも一般的である。

　本来の仏事がなされている場合には1週間後に初七日があり，それに続く7日ごとの法要があり四十九日の法要までの期間でじょじょに死を受け入れていくことができた。しかし今日では初七日は火葬後にすぐ行われている。それに続く7日ごとの法事も一般的には行われず，それどころか最近は四十九日の法事さえも初七日にあわせて行う場合もあると聞く。臨終から火葬までの葬儀は短期間であっても，葬儀後にも儀礼がある場合，トータルで考えると決して短期間ではなかった。それがなくなっていることは宗教的儀式の形骸化を指すだけではなく，遺族の悲しみを癒す（グリーフ・ケア）という葬儀の側面を喪失したことも意味している。葬儀後に続く儀礼があれば，葬式や火葬等における諸事を終えた遺族は一息をつき，家族の死の現実を直視できる。他の一切を忘れて悲嘆に集中することもできることだろう。

　ちなみに日本と同様になるべく早い時期に葬儀を行うのはユダヤ教徒である。彼らは人が亡くなると彼らの信仰にもとづき48時間以内に葬式と埋葬（土葬）を行うので日本の葬儀よりも死から葬儀終了が早い。

　しかし葬儀後にはヘブライ語で「シヴァ」(*Shivah*) と呼ばれる喪の期間がある。シヴァは埋葬後の7日間である（葬式を1日目として数える）。遺族は墓地から急いで帰宅し，シヴァのろうそくを灯す。近所の人や友人らが食事を用意し，遺族は彼らからお悔やみの言葉を受け取る。遺族は外出せず喪に服す。友人や親戚たちが食事を届けるのでそれに集中できる。ユダヤ教の葬儀の場合，それがすぐに終わる代わりに，シヴァは重要な期間となる。この期間があることで遺族はゆっくり慰められるのである。シヴァの後にも（正確にはシヴァの期間を含めて）「シェローシーム」(*Sheloshim*) という埋葬後30日間続く服喪の期間が続く。この期間は社会的なイベントに参加しないことや髪やひげを剃らないことになっている。このように民族を超えて葬儀後の儀礼を含めた死者儀礼

が必要と考えられているのである。

4 死者儀礼と墓

（1） 変化と新しいシステム

　墓の主たる目的は遺骸・遺骨を納めることである。しかし納めて終わりというわけにはいかない。その後どうするかが問題となる。現代の墓地には墓地承継の問題があり，墓地の「無縁化」が進んでいる。これについては，槇村久子が3つの理由を挙げている。①家族が小さくなり個人化すること，②家族の意識が先祖や過去より子孫や自分の死後などの未来に向いていること，③サラリーマン化したことで，「家」を守るという意識が薄れてきていることである[20]。最初の家族の個人化というのは，核家族化，少子化，単身者の増加を指す。この傾向が急変することは考えられないので，無縁化はさらに進んでいくと予想できる。

　注目すべきはその一方で個人化した家族に対応する墓が増えているという報告である[21]。先祖代々の墓を将来使用しない人が増えているのだ。「家」意識が弱まり墓を守るという義務感が薄れ，故郷から遠く離れた故郷の墓を定期的に世話することもできないので，墓地承継を放棄するというのである。この傾向が続いていくと，さらに新規の墓地は増え，同時に無縁墓も増え続けることになる。

　森謙二はこのような墓の承継問題に対して，2つの対応策を提示している。

　「一つには家族によって承継されるようなお墓とは異なったシステムをつくることであり[22]，もう一つは家族（アトツギ）がいなければ「無縁墓地」として〈棄てられる〉ような現在のシステムを変えることである。

　　新しい墓や葬送のシステムは，三つのキーワードで示すことができる。「有期限化」「共同化」「脱墓石化」である[23]」。

いずれも重要な示唆である。異なったシステムがつくられなければ現状は変わらない。森が指摘するように「承継者がいない人々のために，墓地の管理者（寺院）や一定の集団が中心となって祭祀を継続するような新しい墳墓形態」[24]が期待される。ただし今度はこれらの集団がたしかに継続していけるかどうかを見きわめるのも課題となる。

　森は3つのキーワードを挙げているが，「有期限化」については，現実の墓地使用権が「永代」を称えながら，現実には何も保証していないので墓地使用期間の最低保障期間を示すことを提案している。「共同化」は家族を単位とした墓からの解放である。家族のみによって承継される場合より無縁化する可能性は少なくなる。そして「脱墓石化」は樹木葬や散骨なども含めてこれからさらに発展が予想される葬法である。

　墓地の承継問題を解決する手段として，森が3つ目に挙げている「脱墓石化」について考えておきたい。「樹木葬」や「散骨」等にすれば，承継という問題はなくなるだろう。事実，その承継のわずらわしさを避けて散骨を選ぶ人もいる。散骨という発想についての是非については論じない。「個人の自由」でもあるし，墓地に対する経済的な負担の軽減につながるのは間違いない。そもそも墓地の価格に対して不満をもつ人は多い。特に大都会において墓地を得るのは大変なことである。少ない場所に需要が殺到すれば価格は高騰し購入できない人びともいる。既存の墓地形態ではなく，別の方法を検討するようになるのは当然の流れでもあろう。ただし，死者儀礼の観点からはいささかの懸念を抱いている。死者儀礼を墓で行う意義を述べた後で，そのことにふれる。

（2）　墓で行うメリット

　墓で死者儀礼（主に葬儀後の儀礼）を行うのはどのような場合があるだろうか。仏教では四十九日の法要後に納骨というのがもっともよく知られているケースである。さらに，ここでキリスト教の例を挙げよう。

　日本のキリスト教会では「教会墓地」（納骨堂を含む）を所有する教会が少なくない。その教会墓地において葬儀後に儀礼が行われることがある。まずは仏

第7章　死者儀礼の重要性

教のように納骨式が行われる。四十九日と似た期間の五十日や一周年という場合が多い。

　納骨式以外に，教派によって異なる場合もあるが，多くは「墓前礼拝」という名称で行われる特別な礼拝がある。これは個人的なものとしてではなく，遺族や関係者，教会員が集って礼拝を行う。このように年に1～2回，墓を訪ねて合同礼拝を行うのは特徴的である。

　墓地で死者儀礼することについての明確な神学的理由は見出せないかもしれない。しかし墓地で行う意義は十分ある。

　まず墓は死者を思い起こさせるにはふさわしい場所である。当然のように思われるかもしれないが，この現実感は重要である。教会堂のなかでも死者を追悼する「記念式」が行われるが，会堂内で行われる場合と墓前で行われる場合では，参列者は明らかに異なる感情をもつはずである。

　墓標に刻まれた名前をみて，そこに死者が葬られている事実を再確認するとき，その人を失った現実感が迫ってくる。偲ぶ気持ちも高まり，死者の意思が想起され，遺された者たちに新たな決意が生み出される。この死者の「記念」については，次節で述べる。

　さらに墓は自分自身の死について思いめぐらすことが促される場所でもある。その現実感を得るにはやはり最適の場所だろう。将来いつの日か自分の骨が納められるという想像は，その生を続けるなかで重要なことである。

　そして墓でこのような死者儀礼を行うことが，共同性や人と人との絆を強める機会となる。元来儀礼とはそのような性格をもつ。死者と生者の交流，生者と生者の交流がなされるのである。

　以上，墓における死者儀礼の意義を挙げてきたが，散骨についてはその後のいずれかの時期に儀礼を行うことを前提にするなら，問題点があるように思う。散骨された場所が特定できて，遺族や関係者が墓参しやすい場所であるならばそこで死者儀礼を行うことは可能である。散骨は一般的な墓のイメージとは大きく異なるが，散骨された場所をも広義で「墓」ととらえることもできる。

　しかし場所が特定できない場合はどうであろうか。空中から散骨した場合の

話である。あるいは船で沖合に出て散骨した場合も同様である。正確な場所がわからないだけではなく，その地点や付近に遺族や関係者らが再訪できないのは問題ではなかろうか。

逆に場所が特定できないことにより，どこででも死者と会えるという意見もあるかもしれない。しかしながら，やはり場所が特定されており，さらに何らかの記念碑のようなものがあるほうが死者を想起しやすい。墓という場所が与える現実感の大きさは先に述べたとおりである。諸事情でやむを得ずという場合ならしかたがないが，わざわざ不明確にする意図があるのだろうか。

「樹木葬」の場合は，散骨とは異なり，埋葬場所がわかるという利点がある。先述の懸念も払拭できる。どんな墓にするのかは個人の自由であり，法律に則り，家族や関係者との同意の下で希望が叶えられるのはよいことである。しかし，さまざまな視点をもって判断することも重要なことである。

5　死者儀礼と食事

（1）死者を記念する

最後に死者儀礼と食事について論じる。なぜ食事なのか。食事は葬送儀礼や死者儀礼が行われる際，不可欠ではないが必要とされることが多いからである。

葬儀や死者儀礼が行われるときには食事の手配がなされる。悲しみのなかにあっても食事の摂取は必要であり，そのことに気をつかうのは当然のことでもある。しかしこの食事の役割は単に食欲を満たすものではない。

通夜や葬式後，あるいは法要のときなどの食事（「お斎」と呼ばれる）は集う人びとが語りあうための潤滑剤ともなり得る。食事は人を和ませ，食べることで話がしやすくなる。その効果は葬儀に限らずさまざまな場面においても証明されているが，死者儀礼においても大きな効果を発揮する。人びとのなかに死者を記念（現在化）させるのである。

そのことを示す好例として，キリスト教の「聖餐式」という儀式を紹介する。聖餐式はキリスト教の重要な礼典の一つである。その起源はイエス・キリスト

第7章　死者儀礼の重要性

が十字架で処刑される前日に彼の弟子たちとの食事（いわゆる「最後の晩餐」）の出来事に遡る。イエスは食事の席で彼の弟子たちにパンとぶどう酒をそれぞれ配った。そして弟子たちに将来，同じことを行うように命じたのである。それゆえキリスト教会はその教えを守り今日に至るまでその儀式を執り行ってきた。その際に読まれる新約聖書の箇所は以下のとおりである。

「わたしがあなたがたに伝えたことは，わたし自身，主から受けたものです。すなわち，主イエスは，引き渡される夜，パンを取り，感謝の祈りをささげてそれを裂き，「これは，あなたがたのためのわたしの体である。わたしの記念としてこのように行いなさい」と言われました。また，食事の後で，杯も同じようにして，「この杯は，わたしの血によって立てられる新しい契約である。飲む度に，わたしの記念としてこのように行いなさい」と言われました。だから，あなたがたは，このパンを食べこの杯を飲むごとに，主が来られるときまで，主の死を告げ知らせるのです」。

ここでイエスは「わたしの記念として」という言葉を繰り返している。「記念」と訳されている原語はギリシャ語「アナムネーシス」で，「記憶」，「記念」，「思い出」という意味をもつが，「過去の出来事，しかも単なる過去に留まらず現在にまで作用を及ぼし続ける過去の出来事の想起」という内容である。つまり，この儀式が行われ，パンを食べぶどう酒を飲むところに，イエスが「現在化」されるという意味である。過去のイエスと現在において「会う」ことができるのである。この儀式では単に懐古という感情に浸るだけでなく，「今，ここに」おいて救いにあずかり，その出会いにおいて新たな視点が与えられ，将来へのビジョンが示される。あるいは現在のありさまに反省を促される機会にもなるのである。

（2）**食事のもつ力**

聖餐式は今日キリスト教会の礼拝のなかで執り行われるのが基本である。す

なわち，礼拝という儀式のなかで行われる特別な儀式である。たとえばプロテスタント教会の場合，小さなパンの小片と小さな杯に入ったぶどう酒が配布される。すなわち「食事」というイメージではない。しかし約2,000年前の初代教会においては，最後の晩餐時のように食事中に聖餐式を行っていたと考えられている。つまり，礼拝における儀式としてではなく，信者がともに食事をして，その食事のなかで聖餐式を執り行い，イエスを想起していたのである。

その席に集っていた弟子たちや信者は次々とイエスと過ごした日々の出来事について語ったことであろう。そのときの自分たちの態度や行動，あるいはまわりの人びとの様子についても生き生きと語られたに違いない。もちろん楽しい過去だけでなく，悲しく辛い過去についても語られたことだろう。

記憶は個人的なものであり，部分的であったりする。しかし，まわりの人とそれをつきあわせていくことで，おのおのが忘れかけていた記憶に鮮明さを取り戻し，さらに自分が知らなかった情報により，故人を再評価していくことにもなる。それは時を超えて過去の人と現在の人が構築する新たな関係性の広がりにもつながる。

食事は故人を記念するという行為において重要な要素となる。死者儀礼を行う前後のいずれかにおいて，家やホテルやレストランなどさまざまであるが食事をともにする機会があることにより，死者儀礼の意義をさらに高めることになる。

そのときには故人の写真を囲みながら，参列者は食事をともにしながら故人の思い出を語りあうほうがよい。そして故人の写真の前に食事を供えるのもよい。食事は「生」を支える象徴であり，死者に食事を供えることは，死者がそこに生きている（現在化されている）ことを表わす象徴である。特に故人の好物などが出される場合は，参列者の記憶を呼び覚ます効果が期待できるだろう。死者のありし日を思い出すために一役かってくれるはずである。食事そのものは死者儀礼ではない。しかし食事はやはり死者儀礼には欠かせないと思うのである。

●注
(1) 山田慎也（2007）『現代日本の死と葬儀——葬祭業の展開と死生観の変容』東京大学出版会，13ページ。
(2) 前掲書，3ページ。
(3) 勝田至編（2012）『日本葬制史』吉川弘文館，295ページ。
(4) 井之口章次編（1979）『葬送墓制研究集成　第二巻　葬送儀礼』名著出版，38〜39ページ。ちなみに井之口はここで「葬式」という用語を使用しているが，これは「葬送儀礼」と同義で用いていると理解してよいだろう。
(5) たとえば，島田裕巳（2010）『戒名は，自分で決める』幻冬舎をみよ。
(6) 山田，前掲書，3〜14ページ参照。
(7) 前掲書，8ページ。
(8) 前掲書，5ページ。
(9) 前掲書，6ページ。
(10) 前掲書，10〜12ページ参照。
(11) R・エルツ（1907）／吉田禎吾・内藤莞爾ほか訳（1980）「死の集合表象研究への寄与」『右手の優越』垣内出版，37〜74ページ参照。
(12) 前掲書，48ページ。
(13) 渡辺照宏（2002）『日本の仏教』岩波書店，103〜104ページ参照。
(14) 前掲書，110ページ。
(15) 碑文谷創（1997）「浮遊する死，そして葬儀」『アレテイア』No. 17, 日本基督教団出版局，14ページ。
(16) J・F・ホワイト／越川弘英訳（2000）『キリスト教の礼拝』日本基督教団出版局，435〜437ページ参照。
(17) P・メトカーフ，R・ハンティントン（1979）／池上良正・川村邦光訳（1996）『死の儀礼——葬送習俗の人類学的研究』未來社，270ページ。
(18) アメリカではまず火葬だけを行い，後日故人の遺体がない状態で「記念礼拝」（memorial service）を行う場合も多い。
(19) メトカーフ，ハンティントン，前掲書，274ページ。
(20) 槙村久子（2013）『お墓の社会学——社会が変わるとお墓も変わる』晃洋書房，51ページ。
(21) 前掲書，48〜52ページ。
(22) 「継承」は日常語なので，法律用語の「承継」が使われる。
(23) 森謙二（2000）『墓と葬送の現在——祖先祭祀から葬送の自由へ』東京堂出版，

⑷　前掲書，265ページ。
⑸　「聖餐式」はプロテスタント教会などの用語である。カトリック教会では「聖体拝領」と呼ばれ，その他「聖体礼儀」等，教派によってさまざまな呼び名がある。聖餐はギリシャ語「ユーカリスト」の日本語訳である。
⑹　『聖書　新共同訳』から，「コリントの信徒への手紙一」11章23～26節。
⑺　荒井献／H・J・マルクス監修（1993）『ギリシア語新約聖書釈義事典』（1）教文館，119ページ。

●参考・引用文献
井之口章次編（1979）『葬送墓制研究集成　第二巻　葬送儀礼』名著出版。
R・エルツ（1907）／吉田禎吾・内藤莞爾ほか訳（1980）「死の集合表象研究への寄与」『右手の優越』垣内出版，31～128ページ。
勝田至編（2012）『日本葬制史』吉川弘文館。
荒井献／H・J・マルクス監修（1993）『ギリシア語新約聖書釈義事典』（1）教文館。
新谷尚紀（1992）『日本人の葬儀』紀伊國屋書店。
日本基督教団信仰職制委員会編（1974）『死と葬儀』日本基督教団出版局。
芳賀登（1991）『葬儀の歴史（増訂版）』雄山閣出版。
碑文谷創（1997）「浮遊する死，そして葬儀」『アレテイア』No.17, 日本基督教団出版局。
J・F・ホワイト／越川弘英訳（2000）『キリスト教の礼拝』日本基督教団出版局。
槇村久子（2013）『お墓の社会学――社会が変わるとお墓も変わる』晃洋書房。
P・メトカーフ，R・ハンティントン（1979）／池上良正・川村邦光訳（1996）『死の儀礼――葬送習俗の人類学的研究』未來社。
森謙二（2000）『墓と葬送の現在――祖先祭祀から葬送の自由へ』東京堂出版。
山田慎也（2007）『現代日本の死と葬儀――葬祭業の展開と死生観の変容』東京大学出版会。
渡辺照宏（2002）『日本の仏教』岩波書店。

第8章
死生文化としての臨終儀礼

松田　史

　今日，わが国では人間の生死に関する問題が多くの人びとの関心を引いている。特にその中心には「死」にまつわるものが多く，こうした現象は，現代日本人の心の奥にある不安を，そのまま映し出しているといっても過言ではないであろう。

　しかしながら，こうした関心の強さとは逆に葬儀の現場では，もはや猶予なき時代に突入したといってもよいありさまである。現代の都市部では僧が枕経や入棺作法をすることなく，請われるままに葬儀に出仕するなどが茶飯事となっている。葬儀の修法時間もますます短くなってきている。さらには，繰り上げの式中初七日をはじめ，通夜出仕のない一日葬（ワンデイセレモニー），病院や自宅から僧侶を入れない直葬など往時には想像すらしなかった現実に直面している。

　そこで本章では死生の分岐点ともいうべき臨終に注目し，佛教の臨終儀礼を紹介しつつ，現代人が忘れてしまっている死生文化としての葬儀のあり方について考えてみたい。

1　民衆救済と佛教

（1）　慈悲にもとづく諸活動

　佛教といえば，今日，ほとんどの人がすぐに葬儀を思い出し，暗いイメージをもつ。その原因のひとつには近年の僧侶側の不勉強があることを否定することはできない[1]。

佛教本来の使命は、慈悲の精神にもとづいて、人びとがこの世に生きていくうえでの精神的物質的なあらゆる苦悩をのぞくことにある。そのため、本来の佛教の姿は人びとの生活がより豊かに、より安らかになることを実現しようとする慈悲と救済の宗教であるといえる。それゆえ、そのような慈悲の精神の発露によって、人びとの社会生活の諸方面において、人びとの貧窮、病苦、孤独、厄苦などを救う実際的な救済活動と、人びとの社会生活の便益、向上をはかるための土木、交通、住居などの社会公益事業などが歴史的に展開されてきた。

日本の佛教は、聖徳太子から始まるといっても間違いではないと思われる。太子の政治活動は古代インドのアショーカ王と同じく、佛教精神にもとづくものであった。これは「篤く三宝を敬え」を説く十七条憲法のなかにもうかがわれる。また、古代日本社会において、佛教が農業や産業の開発、あるいは学芸の進展などに力を注いだことも、広い意味での福祉活動といえる。たとえば、慈善救済事業としては四天王寺に設けた四箇院、すなわち、敬田院（求道伝道の施設）、悲田院（貧窮孤独者の救済施設）、施薬院（薬草を殖産し施与する施設）、療病院（無縁の病人を収容治療する施設）が有名である。

施薬院や療病院の設置については、わが国で最初に導入された佛教経典である『金光明最勝王経』の影響もあったと思われる。この経典には、次のように記されている。

　「見是無量百千衆生受諸病苦。起大悲心作如如是念。無量衆生為諸極苦之　　所逼迫。我父長者。雖善医方妙通八術」　　（『金光明最勝王経』巻九　除病品）

すなわち、病に苦しむ衆生に対し、大悲の心を起こして医方と医術を尽くして衆生を救うことが説かれている。ここでは、すぐれた医方によって、衆生の病苦を取りのぞこうとする佛教の姿勢がみえてくる。

慈善救済事業の姿勢は、他にも聖徳太子が著したとされる『三経義疏』のなかに含まれている『勝鬘経』の一部にも、「勝鬘、受記を聞きおわり、恭しく十大受を受けぬ」とあり、続けて次のように述べられている。

「世尊，われ今日より菩提に至るまで，もし，孤独，幽繋，疫病，種々の厄難，困苦の衆生をみれば，しばらくも捨ておかず，必ず安穏ならしめんと欲し，義をもって助け，衆生苦を脱せしめて後に捨てん」　　（『勝鬘経』）

　これは，仏門にある者の十大誓願の八番目にある内容についてふれたものである。これによれば，病に苦しんでいる人を捨ておかずに，これを助けて苦しみをのぞくことを仏の道の重要な仕事として挙げているのである。
　この内容からうかがい知ることができるのは，当時の救済施設では，病の末期にある患者に対する佛教者による看病に始まり，その死の看取り，さらに葬儀までもが行われていたということである。そのため，僧侶などが，臨終に立ち会っていたことが理解できる。

（2）　佛教と医療の関係
　四天王寺の四箇院についていえば，施設の内容から，佛教と医療との関係が深いことがみてとれる。なかでも，古代・中世の僧侶は佛教の教義を学ぶため，五つの学問を勉強していた。この五つの学問の重要性について，弘法大師（空海）が著した『性霊集』の一節に次のような文章が残されている。

「夫れ若みれば，九流六藝は代を濟ふ船梁。十藏五明は人を利する惟れ寶なり」　　（『性霊集』綜藝種智院式并序）

　ここでは，「五明」は人を利するための宝であって，修すべきであると説かれている。また，これら五つの明（学）は，どれも欠けることなくひとりの僧がすべてを修めなければならないとされていた。
　では，僧侶がかならず修めるべき「五明」とはいかなるものであったのであろうか。この点については，内明，因明，声明，工巧明，医方明が挙げられる。

　①内明（ないみょう）……………………佛教学

②因明（いんみょう）……………論理学
③声明（しょうみょう）……………佛教音楽
④工巧明（くぎょうみょう）…………建築，造仏，絵画，土木工学
⑤医方明（いほうみょう）……………医学，薬学，看護学

　五明の内容をみると，わが国の古代・中世において，佛教僧が果たすべき役割がきわめて大きかったことがうかがわれる。

　たしかに，歴史的に古代・中世を通して，医方明の分野である医学，薬学，看護学といった，公的な医療の恩恵を被る対象となるのはきわめて限られた人びとであった。しかし，そのようななかで，平安時代以降，医療を広く一般民衆に提供する僧医，看病僧が現われるようになる。この背景には，平安時代末期から末法思想による浄土思想が広く民衆に普及したことが関係しているように思われる。すなわち，救済の思想としての浄土思想が普及するにつれて，一般民衆のなかでも，極楽浄土への往生を願うという動きが出てきたのであった。それにともない，臨終のための儀礼が，僧医や看病僧によって展開されることとなったのである。こうした動きは，古代・中世にとどまることはなく，時代をとおして綿々と受け継がれた。信仰の篤い地方寺院では次のように報告されている。

　「戦前は危篤になったときに寺に報せがあり，息をひきとるまで枕辺でお経をあげていた。危篤状態が永びき一晩中お経をあげ通して朝を迎えたという話を師父から聞いた(3)」

　このように，戦前まで，寺院は人の介抱も受けもっていた伝統が各地には残っていたようである。

2　現代の死と葬儀再考

（1）みえない死

　フランスの歴史家フィリップ・アリエスは，著書『死と歴史』（1975〔昭和50〕年）のなかで西欧人が中世以降，死に対してとってきた態度の変遷を2000年近くのタイムスパンで考察し，「飼いならされた死」，「己の死」，「汝の死」，「タブー視される死」の4つの面からとらえている。その2年後の1977（昭和52）年に刊行された『死を前にした人間』では，①自己意識，②未開の自然に対する社会の防衛，③死後の生への信仰，④悪の存在への確信という4つの変化の表現を用いて，さらに分析を行い，「死」を「飼いならされた死」，「己の死」，「遠くて近い死」，「汝の死」，「倒立した死」という5つの類型に整理している。

　この5つの類型の区分によって，アリエスは死の主導権が共同体から個人に移り，さらに自己から家族に，そして現代においては医師や看護スタッフへと委譲された過程を，西欧社会をモデルにして類型化した。時代区分や死のタブー視における見方の違いなどについては，文化的脈略の違いなどを検討せねばならないが，その類型化の大枠は，ほぼ日本にもあてはまると思われる。

　特に，現代における病院死のことを指している「倒立した死」の類型では，枕元での最後の別れはできなくなり，臨終はかつての美しさを失ってしまい，病院での死は，その決定権が医師と看護スタッフに移っている。ここでは看護の停止を余儀なくされる技術上の現象が死であり，死は一種の小刻みな段階に解体，細分化される。ゆえに，死は医師による決定がどの段階でなされるのかという問題となり，最終的にどれが真の死であるのかわからなくなってきていることを指摘している。

　こうしたアリエスが指摘する現代の病院死は，現代日本においても同様である。すなわち，神秘的な生の誕生と厳粛であるべき死の看取りの場が，宗教や家庭から遠ざかり，その聖域が病院へ移りつつあるのが現状である。具体的に

述べるのであれば，ほぼ100％に及ぶ乳児が病院で生まれ，70％以上の人びとが病院で死を迎えているという現状がある。

厚生労働省の人口動態調査によると，1990年代のデータでは，70歳以上の老人で自宅で死を迎えた人，いわゆる在宅死の割合は全国平均で21.7％になっている。1950年代では82.5％であり，在宅死が圧倒的であったのと比較すると，病院と在宅の数値が逆転していることがわかる。また，在宅死の割合は地方で高く，東京・大阪・福岡など大都市を抱える都道府県では逆に10％台と在宅死が低い傾向をみせている[6]。

このような傾向について，厚生労働省は在宅死の低率化は住宅難や核家族化の影響が大きいと分析している。ますます，高齢化社会に向かうなかで，在宅死に代わる病院死などの増大は，神秘的な生の誕生と厳粛であるべき死の看取りの機会が失われたことを意味する。これはきわめて重要である。

病院死では，アリエスが述べているように，死の決定権が医師や看護スタッフにある。病院における死は，看護の停止によって生ずる技術上の現象でしかなく，いわば近代医学は死を「肺，心臓，脳のうち，いずれか1つの永久的（不可逆的）機能停止が個体の死」ととらえているのである[7]。

現代においては，人は健康でしあわせであるか，もしくはそうであるように振る舞わなければならない。現代人はこの世でいかに充実した人生を送ることができるかを考えながら，日々の生活を営んでいる。

それゆえ病院は人生の最後を過ごす場所ではなく，1秒でも延命するように治療するところであることになる。病院では治療を受けて治ることが大前提にされているため，病院内での死はあたかも存在しなかったように，すみやかに処理され，まさに，みえない死とされるのである。

（2）　**分離される生と死**

病院などの施設で迎えるみえない死の時代のなかで，「僧侶は葬式のプロではあっても，看死のプロではない」といわれて久しい。

しかし，江戸時代までは終末医療は，まだ僧医や看病僧が行っていたのであ

った。当時は「検僧詣り」ともいい，僧侶が死亡診断を行い，死体に何らかの異状を認めたときには，葬式を差し止めることもできた。1874（明治7）年10月の医制により，これまでの臨終の場は，僧医や看病僧ではなく，医師が立ち会うようになり，僧侶の出番は完全になくなっていった。

　先述したように，近代医学は技術的に不可逆的に死に向かって進行する始点をもって死ととらえるものであった。明治期における医師法の制定以降，死の判定は医師の専権事項とされることになり，医師は「死の三徴候」といわれる，心臓の鼓動の停止，呼吸の停止，瞳孔の散大を聴診器と懐中電灯を用い，患者の脈をとって死の判定を行ってきた。また，この結果を受けて命終を告げるのが一般化し，「何時何分に逝去」と示されることとなっている。いわゆる社会的，法律上の死がこれである。こうした医師の判定を経て，「死」は今日，確定される。

　患者の死にともない，医療機関でのケア（仕事）は終了となる。看護の停止後，具体的には，「患者さん」は「故人」と呼ばれ，「家族」は「遺族」と呼ばれるようになる。次いで葬儀社，寺院とのやりとりが始まる。今まで「患者さん」と呼ばれていた人が死によって病院内での「呼称」が「故人」となる。また家族も死別を境にして「遺族」となり，医師から僧侶へと「担当者」も変わる。死別後，「故人」との関係性が深いほど，関係者の抱える悲嘆も深いなかで，このような切り替えが行われていく。これが現代日本での「死」の過程であると思われる。

（3）　死の過程としての葬儀

　患者を取り巻く親族等（関係者）の病院内での呼称変化は当然のごとくなされ，その死は，「墓地，埋葬等に関する法律」（昭和23年法律第48号）において定められた扱いを余儀なくさせられる。死後24時間を経ないと埋葬も火葬も禁止されている。もっともこれは蘇生の可能性を残しているのである。この点に注目すると，一般的にいう「死」とは違った視点もみえてくるといえる。なぜならば，現実に死を医師から宣言されてからも，細胞学的にはその身体の細胞は

生き続ける。髭の濃い人などは6時間も髭が生え続ける。体温はほぼ3時間で1.5度程下がり、それ以降は急速に低下し冷たくなっていく。体温の低下は死斑の出現、死後硬直をともなっていく。死斑は死後20〜30分後に斑点の形で始まり、およそ3時間後にはそれらが融合して死斑を形成し、6〜12時間後には全身に広がっていく。死後硬直は筋肉の収縮によって起こるものであるが、死後2〜3時間で硬直は頭・頸部に始まり、6〜8時間で全身を覆う。この硬直は季節や地域によって異なるが、2〜3日持続し、その後、腐敗が始まるというプロセスを辿っていく(8)。

このようにしてとらえてみると、「墓地、埋葬等に関する法律」は、死後24時間の遺体安置時間を定めることで、明らかに死がプロセスであることを前提としているように思われる。また、そのような24時間をふまえつつ葬儀や葬送習俗も構築されてきたといっても過言ではないであろう。

ここで注目したいのは、葬儀や葬送習俗のなかでは死者を死んだ者とはせずに生者として扱うことにしている点である。つまり、医学的な死は宣言されていても、後の儀式において、宗教的、習俗的には、まだ観念のうえでは生きているとして、亡くなったとされる人に語りかけているのである。仏式による葬送の儀礼の流れをみると、受戒で亡者に戒名を与えて出家させ、仏弟子とし、経文を聞かせて当該宗派の教義を伝え、次いで導師の引導作法によって仏弟子をこの世からあの世である浄土に送るという内容が込められている。ゆえに、引導作法が終わるまでは、生きているかのように儀礼が行われているのである。この流れは、人の命終直後から始まる体の変化に対応しながら行われており、まさに、儀礼自体が24時間の変化のプロセスに沿ったものであるものといえる。よって、まず、葬送の行為が人の臨終（死に臨むこと）から始まっていることが明らかとなってくるのである。

（4） 臨終行儀について

臨終に始まる、仏式の葬儀の流れの組織的制度の原点は、平安時代の恵心僧都源信（942〜1017）に遡る「二十五三昧会」や「臨終行儀」に求めることがで

きるように思われる。

　すなわち，986（寛和2）年5月，源信によって首楞厳院二十五三昧会が企てられる。この三昧会は横川首楞厳院で毎月15日に行われ，未の刻（午後2時）に参集して，申の刻（午後4時）から『法華経』の講義を始め，酉の刻（午後6時）終わりから翌朝にかけて夜を徹して不断念仏を誦するものであった。彼らは往生を期して固い団結に支えられ，重病におちいれば互いに看病しあい，臨終のときには別室に移して最後の念仏を助け，遺体を共同墓地に葬って追善につとめた。

　これにより，日本における佛教の看取りは，『往生要集』を撰した源信による「二十五三昧会」に始まるとされてきた。『往生要集』の巻中末には「臨終行儀」という項目があり，治病・療病と看取り，葬送に関することが述べられている。これらの内容にみられる特徴は，病人と看護人（善知識・家族）との間柄における状況がきわめて具体的に述べられているということである。

　したがって，「臨終行儀」とは，死を迎える心がまえをいかにすべきか，という死への用意であるといえる。それは，死を迎えるものと，それを看取る側，おのおのの立場からの死に対する心理的ないし，動作的な具体的な対応を意味し，人間にとって避けることのできない最期の瞬間を佛教的立場から受容しようとしたものである。これは自己と周辺の臨死の経験をもとに作成され，臨死者個人およびその周囲（看取る側）の理想化された死への対応・体現法であり，日本においては中世以降盛んに施行され，少なくとも現代では高度成長期前まで各地に残っていたのである。

　こうした内容を眺めてみると，「臨終行儀」とは，命終前後の儀礼を時間の流れのなかに体系化したものであり，「プロセスとしての死」に即したものであるといえる。

③ 臨終における先人の智慧

（1） 臨終行儀の実践

　臨終における儀礼としての「臨終行儀」が，具体的にはどのような形で受容され，行われていたのであろうか。
　人の終焉をめぐるさまざまな問題については，今日，多数の古典的書物のなかに記録や説話として残されており，先人たちの臨終を知るうえでも大変興味深いものがある。

> 「この御堂は三時の念仏常の事なり。この頃はさるべき僧綱・凡僧ども，かはりてやがて不断の御念仏なり（中略）すべて臨終念仏おぼし続けさせ給。仏の相好にあらずより外の色を見むとおぼしめさず，仏法の声にあらずより外の余の声を聞かんとおぼしめさず。後生の事より外の事をおぼしめさず。御目には弥陀如来の相好を見奉らせ給，御耳にはかう尊き念仏をきこめし，御心には，極楽をおぼしめしやりて，御手には弥陀如来の御手の糸をひかへさせ給て，北枕に西向に臥させ給へり。よろづにこの僧ども見奉るに，猶権者におはしましけりと見えさせ給」[9]

　これは，『栄華物語』巻三十に残されている，藤原道長の臨終の姿を述べたものである。このなかでは，『往生要集』が詳説する「臨終行儀」が一般に受容され，実践されていることがみてとれる。すなわち，まず，「臨終行儀」では，祇園精舎の西北の角，日光の没するところに無常院という御堂をつくり，そこに病人を安置するところから始まる。また，これには理由があり，自分の家で病人が生活を送っていると，さまざまな煩悩が起こるからである。そのため，無常院という別所に移せるのである。ここで病人は専心に無常についての思いを深めるのであった。堂内には，金箔の一体の立像を西に向けて安置し，病人を像の後に寝かせ，像の左手には五色の糸をつなぎ，糸のもう一方を病人

第 8 章　死生文化としての臨終儀礼

無常院臨終式
出典：慈空（寛政 8 年）『臨終節要』所載。

の左手に握らせるのである。これにより，仏にしたがって浄土に往く思いを起こさせ，病人に念仏を唱えさせたのであった。

　中世以降，延暦寺や高野山などをはじめ，大寺院にはかならず，無常院，涅槃院，往生院，看病堂などの堂院が建てられ，臨終の観念や行儀がなされていたのである。まず仏式の葬儀のそもそもの始点として，枕辺で枕経すなわち，読経が行われたのである。

（2）　看病僧の活動

　次に僧侶は，病の末期にある者とどのように接していたのであろうか。病の

末期にある者と僧侶などの佛教者たちとの関係については，鎌倉時代の僧で浄土宗の第三祖であった然阿良忠（1199〜1287）が著した『看病用心鈔』に，そのくわしい内容をみることができる。

『看病用心鈔』は，「はしがき」，「十九の項目」，「あとがき」からなり，最後に，この書の書写の由来が記されている。冒頭では「（病人が）病床に臥したときから，死に至るまでの間，看病人として心得ておくべき事柄を記」，とされており，看病人（善知識）のあるべき姿，看病の方法が述べられている。また，本文第5番では次のように記されている。

「療治灸治ハ是定まれる命を延べることにあらず，惟病人苦を除くばかりなり。されハ苦痛を止めて念仏せんためには自ら用ゆべしといへども是も強ちに尋求むべきにあらず。生死のきづなには身を愛して命を惜むを基とし，往生の障ハ生を貪り死をおそるるを源とす。医療ハ苦痛を除く為といふには似たれども，心命を惜む心根より求むべきこと……」

これは病の末期にある者に対して，いたずらに治らない治療を行うよりも極楽往生を願って念仏を唱えさせる心境にするのが最善の看病であるとの立場が述べられたものである。さらに，この看病の考え方の根拠が次の一文から読みとれる。

「善導大師の日ハく，凡世の一大事ハ生死に過たるハなし。一息来らざれハ，すなハち後世に属し，一念もしあやまれハ輪廻に墜すと。人びと早く用心すべし。病人は看護人を仏の如く思ひ，又看病人は病人を一子の如く慈悲の念をなすべし」

つまり，良忠による『看病用心鈔』の基礎には，中国浄土教における善導（612〜681）の『臨終正念訣』の思想が背景にあることがわかる。本文には，「息をひきとるときの病人の念仏三昧の一念が，仏の導きに通じ極楽浄土に救

われる。そうでなければ六道地獄に堕ちて，涅槃の救いは得られない。この人間の魂の救済という大目標が定まるかどうかの境界が臨終である」と記されている。そのうえで，僧侶および佛教者たちは「病人は看護人を仏の如く思ひ，又看病人は病人を一子の如く慈悲の念をなすべし」との態度で，接すべきであることが示されている。

『看病用心鈔』では，十九の項目のうち，第1～10番では看病の方法を，また第11～19番では病人が一心に念仏を唱えるように仕向ける方法について書かれている。

このようななかで病人側から看病人に対して行わなければならない事柄もある。第12番では，病人がみた夢についてかならず看病人に報告をしなければならないとされていたのである。そのため，看病人は，この報告を受けて，もし病人が罪深い夢をみたのであれば，看病人は病人とともに懺悔し，念仏をして罪を消滅させるようにした。さらに，よい夢であったならば病人を励まし，念仏を勧めたとされている。

一見，これらの行為・対応には宗教的な意味あいが多く含まれているように思われる。しかし，実はこれには理由があり，看病人がつねに病人の目の色，呼吸の状態，意識の状態，病人からの言葉をよく観察し，病人の寿命が尽きて息を引き取る最期の瞬間を見すごさないためでもあった。ゆえに，第18番には，次のように記されている。

「おほかた　人のまことの最後断息のきさみを　見おはる事ハ　きハめて大事にて候　用心ゆるくしてハふつとかなふましく候　その故ハ　やまひのならひとして　よくなるやうにて　死ぬる事候　又おはりニハ　苦痛もなくなりて　しぬる事も候　又いきつきのはやくなりて　おはるも候　又次第にゆるく成て　おはるも候　かくのことくやうやうしなしなに候へハ　詮ハ目をはたぬにハ　しくへからす候」

このように「おおかた人の本当に息絶える瞬間を見とどけるのは大変大事な

こと」としたうえで,病人の臨終の仕方は,さまざまであるからしっかりと病人の病状を観察し続け,目を離さないようにとの注意をしているのである。

看病人（善知識）の病人観察による命終の瞬間については,聖光（鎮西上人,生年不詳〜1238）が記した『浄土宗要集』に興味深い部分が見受けられる。

「善知識者極楽浄土法門能知阿弥陀仏本願功能能知病者病軽重浅深能知者也依之善知識案云是人命一日之内死ナジ又一日内辰時値人申酉時死ヘシ夜入死ヘシ半時一時死ヘシト思浄土法門説聞カセ念仏功能説聞カスヘシ……」
(『浄土宗全書』10)

これによれば,「善知識が心配して言うには,この病人の命は今日一日のうちには尽きない,あるいは一日のうちの辰の刻に面会した人ならば,申酉の刻にも死ぬであろう,あるいは夜に入ったならば死ぬであろう,あるいはまた1時間か2時間後には死ぬであろう」と,述べている。その病人の死期を具体的な時刻を含めて的確にとらえようとしている。

では,善知識である僧医や看病人は,どのようにして『浄土宗要集』にみられるような病人の死期の時刻までわかったのであろうか。この疑問に答えるものが,慈空（生年不詳〜1717）が記した『臨終節要』に残されている。次に示すものがそれである。

　　知死期
　　上旬　上ミ十日
　　一、二、九、十　　子　夜半　　　午　日中　　　卯　明六ッ　　酉　暮六ッ
　　三、四、五　　　　丑　夜八ッ　　未　昼八ッ　　辰　昼五ッ　　戌　夜五ッ
　　六、七、八　　　　寅　夜七ッ　　申　昼七ッ　　巳　昼四ッ　　亥　夜四ッ

　　中旬　中カ十日
　　一、二、九、十　　丑　夜八ッ　　未　昼八ッ　　辰　昼五ッ　　戌　夜五ッ

| 三、 | 四、 | 五 | 寅 | 夜七ッ | 申 | 昼七ッ | 巳 | 昼四ッ | 亥 | 夜四ッ |
| 六、 | 七、 | 八 | 子 | 夜半 | 午 | 日中 | 卯 | 明六ッ | 酉 | 暮六ッ |

下旬　下モ十日

一、二、九、十	寅	夜七ッ	申	昼七ッ	巳	昼四ッ	亥	夜四ッ
三、四、五	子	夜半	午	日中	卯	明六ッ	酉	暮六ッ
六、七、八	丑	夜八ッ	未	昼八ッ	辰	昼五ッ	戌	夜五ッ

　これは知死期といい，文字どおり人間の「死期（息を引き取る時刻）を知る」ものである。この表自体は陰陽道がもととなっており，月の出入りと潮の満ち引きから割り出された法則であるとされている。昔からちまたでは，人が生まれるのは満潮のときで，死ぬのは引き潮のときだといわれてきた。そのため，知死期の法則は，今日，俗信ともいわれている。しかしながら，実際に医学の発達した現代においても，臨終の患者を抱える医師はこの時刻を気にするとも仄聞しており，興味深いものがある。

　だが，ここで注意しておいてもらいたいのは，知死期はあくまで病にある患者にのみ対応しているということである。つまり，知死期の突然変異ともいわれる「畏」，「厭」，「溺」には適応されない。「畏」が自殺，「厭」が圧死，「溺」が水死であり，おのおのの死に方から，いわゆる，変死とされてきたのである。変死という突然の出来事は，知死期表にあるような潮の満ち引きに関係した法則には，当然，あてはまらない。なぜならば，潮に関係なく，これら3つの死に方は訪れるからである。よって，これらは古来より例外とされている。

　知死期表によって，通常，日付と時刻の組みあわせで病人が息を引き取る時刻を知ったとされている。今，具体的にその使用例を示せば，知死期は，一か月を上旬・中旬・下旬のおのおのの十日に分けている。そのため，仮に19日に亡くなるとすると，表では中旬，九の日となり，息を引き取るのは，丑（午前2時～3時），辰（午前8時～9時），未（午後2時～3時），戌（午後8時～9時）の4つの時刻のどれかということになるのであった。

第Ⅱ部　葬送儀礼の研究

これにより、『看病用心鈔』や『浄土宗要集』にみえる僧医や看病僧は日々の病人観察と知死期を併用することで、患者の死期を予想し、行動していたと思われる。

（3）　看取りと弔い

佛教の臨終儀礼や知死期を基に僧医、看病僧によって施される、看取りのうちに息を引き取った病人は、その後どのようになったのであろうか。この部分について、『看病用心鈔』の第19番では「病人の死亡直後は、どのような状態になっていても、身体を動かしてはいけない。そして十二時（一日）経過するまで、死人の耳元で念仏を声高らかに唱えて一心に死人が極楽往生することを願わなくてはいけない」と説いている。この記述をみると、現代での枕経にあたる行為が行われていたことに加えて、「十二時（一日）経過するまで」死人の身体を動かしてはならないとの時間的な流れによる遺体の変化にも配慮が見受けられる。

この他にも、可円（1693～1780）が著した『臨終用心』の第13番にも「送葬急ぐべからざる事」との項目が設けられており、大変興味深い。

　　　第十三　送葬急ぐべからざる事
　　　　本式ハ、二十四時(トキ)を過て葬ル也。
　　　　いまだ暖なる内に入棺する事、至而(しに)悪しと。
　　　　暖なる内ハ命根有。せめて十二時ハ待(ジ)べし。
　　　　縦(タトヒ)十二時過ても。若ハ二十四時過ても、
　　　　身のうちに暖なる処あらバ、葬ムルべからず。
　　　　暖成所ありし故葬ずして、三日五日過て活(イキ)るもの
　　　　古来少からず。諸の伝記に見へたり。
　　　　只打寄、死せる人の側にて、念仏して冷へかたまるを待て
　　　　然るべし。

第 8 章　死生文化としての臨終儀礼

　このように『臨終用心』には，「死者を葬ることは，正式には二十四時（二日）経過した後，行われるもので，まだ身体が暖かいうちに入棺してはならない」とされている。この理由として，身体が暖かい間は，命根が尽きていないからであると説明されている。また，せめて十二時（一日）は最低でも待つべきとも述べられており，この時間的部分については，良忠の『看病用心鈔』と共通するところが認められる。

　良忠の『看病用心鈔』，可円の『臨終用心』に共通して述べられていることは，「身体に暖かいところがあるうち」は，決して葬ってはならないとしているところである。さらに，この理由については，『臨終用心』のなかで，暖かいところがある人は 3 日ないし 5 日経ってから蘇生する可能性があり，種々の古からの伝記にも，その記述がみられるとしている。ゆえに，関係者は，寄り集まって死者の側で念仏を唱え，その遺骸が冷たく固まるのを待って葬送に移すべきだと教えているのである。

　現代においては，「墓地，埋葬等に関する法律」（昭和23年法律第48号）によって死者は24時間（1 日）を経過しないと火葬も埋葬もできないことは先に述べた。『看病用心鈔』，『臨終用心』にある死人の入棺，送葬にかかわる時間的な指示は，一見，現代人からすれば，この法律と同じように「蘇生の可能性」の有無に配慮していると解されよう。

　だが，入棺の時間については，それまで，古来より善悪のときを嫌わずといわれてきたが，僧侶の間では，入棺秘密のときともいわれて口伝されてきたものも存在した。この口伝によれば，「子午卯酉の刻に死したる者は，翌日の丑未辰戌の刻に入棺するのが吉」とされた。また，「丑未辰戌，寅申巳亥に死したる者は，同じく丑未辰戌，寅申巳亥の刻に入棺するのが吉」とされていたのである。ここでは24時間が経過していることがみてとれる。このような入棺の時刻に関する口伝は，他にもひとつ伝わっており，これを示せば次のようになる。

　　子の刻の死人は申酉の刻に入棺せよ。

丑の刻の死人は卯辰の刻に入棺せよ。
寅の刻の死人は子丑の刻に入棺せよ。
卯の刻の死人は巳午の刻に入棺せよ。
辰の刻の死人は午未の刻に入棺せよ。
巳の刻の死人は卯辰の刻に入棺せよ。
午の刻の死人は卯辰の刻に入棺せよ。
未の刻の死人は申酉の刻に入棺せよ。
申の刻の死人は巳午の刻に入棺せよ。
酉の刻の死人は亥子の刻に入棺せよ。
戌の刻の死人は午未の刻に入棺せよ。[11]

　ここでは15時間の経過が認められる。これらからうかがい知ることは，口伝されてきた二つの時刻には，現代と同じ24時間を経過しなければよくないというものと，命終時刻から15時間を経過しないといけないものの二通りがあることが浮かび上がってくる。
　現代にあっては，たいがい，その家の都合や葬儀社の都合，あるいは親近者の集まり具合などで多くの場合，入棺にかかわる時間は無視され，無関心になっている感は否定できない。
　ではなぜ，僧侶に口伝されてきた入棺時刻が24時間，15時間経過してからなのであろうか。この疑問から次に死人の入棺の周辺事情について眺めてみたい。
　入棺の儀礼は，土葬と火葬の違い，坐棺か寝棺かの違いによって若干の異なりがある。また，民俗儀礼としての側面と佛教儀礼としての側面をあわせもっていると思われる。
　現在，土葬はごく一部の地域をのぞいては行われなくなった。土葬の儀礼に関しては，その需要もなくなり，儀礼自体も忘れられた存在となっている。だが，『看病用心鈔』や『臨終用心』，あるいは僧侶の口伝による入棺時刻が配慮されていた時代には，土葬が主流であったことは否定できない。このことから土葬の場合の入棺では，どのようなことが行われていたのかを知っておく必要

第8章 死生文化としての臨終儀礼

があるといえる。

　土葬の棺には坐棺，寝棺，いずれも用いられた。近世以降の一般庶民の葬儀の場合は，高さが幅よりも長い長方形の立体棺である坐棺と，死人が出たときに急速につくられる粗末な棺桶で円筒形の早桶の2種類が使用される場合があったとされる。また，土葬に坐棺が多く用いられた理由には，寝棺に比べて坐棺の方が埋葬場所を広く使わないため，墓地利用の面で効率的であったからとされている。さらに，寝棺については，かつては事故死，水難死などで屈位に納められない者や富裕な家の者の場合に使用されたという。

　次に示すのは，1970年代まで新潟県岩船郡山北町山熊田で実際に行われていた坐棺への入棺を記したものである。

「山熊田では今でも病人が息を引きとっても医師の死亡診断書をもらうまでは「病人」だと云うことにしている。（中略）「病人」は今迄着ていた布団の上にさらにタタミ一枚大のスガムシロをかぶせられる。（中略）この段階までが「病人」と云うことである。しばらくたってから，いよいよ「病人」を「仏」にする仕事が始まる。まず敷布団の上にスガムシロ一枚を二つ折りにしき，その上に「病人」をおこし，両手を前に組み合わせてその手首を荒ナワで縛る。次に足首の所と太モモの所を同じくグルグルと縛る。そうすると，丁度ダミバコ（立棺）に入れ易いような恰好になる。それから着物を着せる。（中略）スソの所が乱れて開くので荒ナワで縛り，そこに刀かカマを差しておく」

この記述をみる限り，入棺は，かなりの重労働であったことが想像できる。
　今日，一般的にわれわれが目にする入棺といえば，横に細長い長方形の寝棺の儀礼が中心となっている。ここでは入棺に際して，死者に死装束を着せ，脚絆，ワラジ，杖そして六文銭や五穀を入れた頭陀袋を身につけさせ，あの世で旅をするためのしたくを整える。その後，火葬されるのである。
　坐棺と寝棺を比較してみると，これらの入棺で注目すべきは，遺体の姿勢で

193

ある。死亡時には遺体は寝かされているのが普通である。だが，坐棺，早桶は，死者を座った姿勢で納める棺である。そのため，坐棺にあっては，先述しているように遺体を一度，棺に入る姿勢に直さなければならなかった。

このようにして眺めてみると，僧侶による入棺時刻の口伝には，遺体の状態が関係していると思われる。そこでふたたび24時間，15時間という時間の流れに目を向けると，『臨終用心』のなかで「冷へかたまるを待て」とあったことが思い出される。この「かたまる」とは，死後硬直のことを指していると思われる。

循環が停止した死体には特有の変化が生じる。これを医学的に，死体現象と呼び，腐敗が始まるまでのものを早期死体現象，それ以降のものを晩期死体現象に分けている。早期死体現象とは，死斑・死体硬直・体温冷却・死体の乾燥・眼の変化（角膜混濁，眼圧低下）などがふくまれる。なかでも死体（死後）硬直は，筋肉が硬くなり，関節の可動性が失われる現象を指す。一般に死後2〜3時間で顎や頸(くび)に出現し，続いて上肢から下肢に波及して6〜8時間で全身に現れる。12〜15時間で最強となり，1日〜1日半後からは出現順に緩み始める。夏では2〜3日，冬は4〜5日すると硬直は消えるとされている。[14]

こうした死体現象と僧侶に口伝されてきた入棺時刻を重ねてみると，24時間，15時間経過と遺体の硬直，緩み具合が一致していることが浮かび上がってきた。そのため，『看病用心鈔』や『臨終用心』が書かれた時代，坐棺の場合は，死後硬直が緩む24時間経過を目安に姿勢を直し，また寝棺は15時間経過を目安に硬直が最強になったのを確認して，僧侶は親族ら関係者に入棺の指示・指導を行っていたと思われる。また，これが2つの異なる入棺時刻の口伝の意味するところであったように思われる。

４ 死生文化としての葬儀

（1）「死ぬこと」を自覚した人びと

だれにでも訪れる臨終のときであるが，その迎え方については，古来より人

によってさまざまであり，多彩な姿をみせてきた。自らの死と向きあうとき，人間はいったいそこに何をみるのであろうか。次に，看取られる側からの視点を病人が書き遺した物から眺めてみたい。まず，源信の『往生要集』では次のように述べられている。

> 「人のまさに死なんとする時，もろもろの虫，怖畏し，互に相はみ食ふに，もろもろの苦痛を受け，男女眷属，大悲悩を生ず。もろもろの虫，相食ひ，ただ二の虫のみありて，七日間闘ひ諍ひ，七日を過ぎ已りて，一の虫は命尽くれども，一の虫はなほ存す」[15]

この内容からうかがわれるように，先人たちは臨終のときになると体中にいる虫が恐れおののき，互いに生き延びようと食いあうために苦痛が増すと信じていたようである。病人は，肉体的・精神的苦痛は苦痛として存在しても，その苦痛自身に諸々の意味を見出していたように思われる。

宗教学者の岸本英夫は著書のなかで次のように語っている。

> 「もしガンがなかったら，私はこの8年間，こんなに真剣な，深い生活をすることはなかったであろう。ガンのおかげで，私という人間には何か一本の筋が通ったような気がする。ガンに苦しみながら，そのガンに感謝するような気持ちで生きているというのが，現在の私のいつわらざる感想である」[16]

この記述からは，死を前にした人間の視点の一角が浮かび上がってきているように見受けられる。死に向かいあうことは，自己の有限性を自覚することであり，自らの生活を括弧で区切っているように思われる。すなわち，「私という人間に……一本の筋」をとおすことであり，それは真実の自己に通じていくともいえる。

その他にも医療の現場からは「瀕死の患者さんに耳を傾けていると，人間が

身体・感情・知性・霊性という四つの次元で構成されているのがわかります」[17]といった事例も報告されている。死を自覚した人間は，われわれが一般に時間が過去・現在・未来へと流れていると考えているのに対し，一連の流れをひとつのものとして考え，あらゆる方向から自らの人生を見直そうとする。

　人生の盛りの間は，なかなか死を自分の問題としてとらえることはできない。しかし，自身が老病を自覚する経験をすると，死は自分自身の重要な課題となってくる。死を迎えつつある者がそのようななかで求めるのは，身体と心の癒しであると思われる。時代を超えて，病の末期にある患者に共通してきたものとは，臨終に際しての肉体的・精神的苦痛であった。先人たちは，これら臨終にともなう苦痛を古来よりいかにとりのぞくかといったことを考え，また努力してきたことも否定できない。病による肉体的・精神的苦痛の先にあるものとは，安らかに死にたいと願うような，末期患者たちの共通した心であるように思われる。そこには，医療や介護だけでなく宗教の出番がある。

　次に示すのは『聖徳法王帝説』に書かれた言葉である。

　　「我大王の告りたまわく，世間は虚仮，唯仏のみ是れ真なりと。其の法を
　　玩味う謂うに我大王は天寿国の中に生まれたまえるなべし。而るに彼の国
　　の形，眼に看がたし。ねがわくは図像に因りて大王の往生せる状を観まく
　　欲すと」[18]

　わが国の先人たちは，佛教伝来以降，現世の「世間」は虚仮(まぼろし)であるという観念から，来世，すなわち，死後の救いである「浄土」に関心をもち，現世よりも来世を重視してきたように思われる。また，こうした視点は「臨終では，その人の全存在が，前世からの継続的存在を含めて総決算されて現れる。ゆえに臨終の時には，決して邪見を起こしてはならない。邪見を起こすと，その人の存在が悪い方向に向いてしまう」[19]という中国浄土教の道綽（526～646）の教えと結びつくこととなった。これを受けて，平安時代中期の寛和元（985）年に恵心僧都源信によって『往生要集』が著され，「臨終行儀」がわが国で創始さ

第8章　死生文化としての臨終儀礼

れたのである。

　つまり，病の末期にある患者は，死が単なる終わりではなく，新たな出発点だと考えており，死はひとつの通過点にすぎないものだと思っていたようである。ゆえに，われわれの先祖は，病による苦痛は穢れた身を脱ぎ去り，浄い身に生まれかわるための浄化にともなうものとしてとらえ，苦痛に耐えてきたのであった。病による自らの苦痛に諸々の意味を見出すことによって，末期の患者たちは「臨終行儀」を受け入れていたように思われる。

　「臨終行儀」は中世，近世を通じて病の末期にある者に対して広く営まれることになった。この流れのなかで『看病用心鈔』や『臨終用心』などの書も宗旨に関係なく多数著わされ，生まれてきたのであった。

　「臨終行儀」としての『看病用心鈔』や『臨終用心』のあり方について，今日の医療側からは，「生きようという執着を病人から捨てさせ，ひたすら諦めへと努力を傾注することを説いている[20]」書であるとの解釈がなされている。これによって「このような極楽往生のために生命さえ否定しようとする書を「看護書」と位置付けることは無理[21]」といった批判も出てきている。

　だが，よくよく考えてもらいたい。先述した「病人」とは，記録を読む限り，慢性の病気で病状が悪化し始めた頃，または，急変して重病になった時期の人間のことを示している。ここでは，病人は，自らの死期を医師や僧侶によって知らされているのではない。あくまで自己の感覚によって，いわば動物的勘によって悟っている人びとのように思われる。ゆえに，「臨終行儀」をはじめとする臨終の儀礼は，決して生を否定している訳ではなかったのである。むしろ，ここで否定されているものとは，人間の煩悩，つまり，「欲」なのである。

　昨今の医療機器や医師の判断，告知によって自己の死期を知るのとは違い，『看病用心鈔』や「臨終行儀」を行おうとする人びとの多くは死期を己ら悟り，その備えをしてきているのであった。よって，そこには死までの期間をもっとも充実した生にするために，どうあるべきかといった患者自身の自律的なあり方も説かれているのである。

　このような「病人」の背景には，今日とは違い，ある程度の年齢に達すると，

第Ⅱ部　葬送儀礼の研究

身体が健康であっても，いつ死がやってきてもよいように日頃から「死の準備」や「覚悟」をしていた人間の姿が浮かび上がってくる。

（2）「看取りの文化」とターミナルケア

　佛教の臨終儀礼を行う「病人」側は，どのようなところから日常的に「死の準備」や「覚悟」を生み出してきたのであろうか。次に佛教民俗学者の五来重の研究報告を参照しつつ，古の生者の視点と現代人について眺めてみたい。五来重は次のように記している。

　「かつての日本人は「死の用意」もあったせいか，安楽死をねがった。(中略) それで瀕死の病人も周囲もあきらめが早かったようで，早く楽になるように「千巻心経」をあげた。そのような家から心経の声がきこえはじめると，もうあの人も駄目だなと近所の人も思ったという。私も高野山内でその声を聞いたことがある。大てい近所の人が集まって心経を繰るのであるが，千巻に満たないうちに息を引き取るものだと信じられていた。(中略) これに類する行事として「千度参り」がある (中略) 千度参りは長野県北安曇郡の「郷土誌稿」(四) に，危篤の病人があると，村中から各戸一人ずつ出て氏神に参り，所によっては神前で鬨（とき）の声をあげるとあって，千度踏みのことはない。しかしこれは「千度祓い」の実修であって，病人の妄執の苦しみは生前の罪のためであるから，これを一度踏むごとに祓ってやれば，やがて千度に満たないうちに楽に死ねるという意味である」[22]

　ここからみえてくることとは，一昔前までおのおのの家や地域社会において，ごくあたりまえのこととして，死の準備教育につながる「千度祓い」のような慣習が年上の者から年下の者へと伝えられていたのである。こうしたものが長くわが国の歴史のなかで営まれてきていたことに注目すれば，これは「看取りの文化」であったともいえる。

第8章 死生文化としての臨終儀礼

　かつては身近なところで年寄りが死に，兄弟姉妹が死に，戦争や結核などによって若くして死ぬ者もあとをたたなかった。「死」は日常生活の一部として人びとの意識のなかに一本の「線」として存在していたように思われる。現代日本における急激な社会構造や生活様式の変化は，こうした日常生活の一部であった「死」を一本の「線」としてではなく，「点」として断続したものとしてのみみせるようになってしまったのであった。現代では，看取りの場は，もっぱら医師や看護師らといった医療の専門家がリードするところとなり，家族や僧侶は後方へと退かされることとなっているように見受けられる。

　昨今の医療の現場では，患者への治療も身体の癒しのみに目が向いているように思われる。現代人の多くは健康や若さに価値を求め，「病気は，病気になったときに考えればよい」，「死は，死の直前になってから考えればよい」と思っている人が増えてきているように思われる。ここでは，先人たちが行っていたような儀礼を通した物心両面からの安らかな死を迎えることや，死後の救いである，地獄・極楽といった他界の観念すら，ことごとく視野の外に追い出されてしまっている。医療の現場では，その医療技術やテクノロジーなどによって，1分でも1秒でも生命を長らえさせることが人間的であり，人を生かすことであると考えられているように思われる。結果，「死」の意味を普段から考えてこなかった現代人のなかには，その末期になって「なぜ私だけが不幸に見舞われるのか」，「何も悪いことはしていないのに」といった言葉が，まずでることとなる。「看取りの文化」，佛教の臨終儀礼のなかで古の人びとが目指したような，残された生命や時間への積極的，主体的な過ごし方を自らしていこうとする現代人は少なくなっていると思われる。同時に，医療者側も末期の患者の扱い方がわからずにとまどっている感があるように思われる。

　医療の現場でのこのような内容について，聖路加看護大学の南裕子は，「日本のナースが育ててきた価値観は，アメリカのナースとその書物の影響を非常に受けている」とし，「看護学校教育や実践におけるこの価値観は，西欧の文化から輸入してきた」ものであると指摘する。それゆえ，日本のナースも少なからず認識レベルにおいては西欧化しているとしている。

199

しかし，そのようななかにあって，今日の医療現場におけるターミナルケアと先人たちが行っていた「看取りの文化」や「臨終行儀」との類似性が指摘されてきている。だが，先述した佛教思想や民俗思想などを背景とする「看取りの文化」，「臨終行儀」と，今日の一般的なターミナルケアとの間には，やはり明確な相違する部分があるように思われる。

　すなわち，第1に，今日の看病人は末期の患者に対して，単に死をめぐる不安や恐怖の緩和につとめ，また，いかに平穏に死を迎えさせるかといったことを考えるのみである。「臨終行儀」の場合，そこに，いかに臨終のときに患者に正念を得させて，浄土に往生を遂げさせるかといったことが考えられている。ゆえに，前者がここでは世俗的なレベルでの対応であるのに対して，後者は，明らかに宗教的，出世的な意図にしたがった対応であると思われる。

　第2には，今日の場合では，末期患者に対応するのは，基本的に医師，看護師，カウンセラーなどの専門家がチームであるのに対して，「看取りの文化」では，日頃同じ教法に帰依し，共通の目標としての浄土往生を願う者（患者の古くからの友人，知人や同行と称される地域社会の同志）が対応するものであった。よって，宗教的な盟約にもとづく「看取り」であることがひとつの特徴として挙げられる。

　そして，第3には，今日の場合，その患者が死に至るまでの対応であるのに対して，先人たちの行ってきた「看取りの文化」や「臨終行儀」では，患者の死後における葬送全般から，その後の墓所および年々の仏事等まで配慮するものであった。また，こうした流れから，「看取り」とは人間存在のなかにおけるきわめて深層的な部分から形成されてきているものと理解できる。

　以上の3つの点を比較してみると，そこには明らかに現代のターミナルケアと，先人たちの「看取りの文化」との実践面における違いが浮かび上がってくる。また，これらを吟味してみると，古には佛教の縁起観や，中国の陰陽五行説がその思想のなかに，かねてから取り入れられてきていたことが理解できる。さらに，こうした思想のなかで教えられてきた「物心両面における全体性」，「地域社会や宗教的盟約にもとづく相互関係性」，「命終後も続く生命性」とい

う三つの柱が，古の生者の生活の根底に，意識的にせよ，無意識的にせよ，存在していたことがうかがわれるのであった。

（3） 葬儀が説く「いのちのあり方」

　死生の分岐点ともいうべき臨終に注目し，近代以前におけるわが国における臨終重視の風潮と臨終にまつわる儀礼を眺めてきた。死を目前にした病者の看病・看死，さらには葬送までをも含むこれらの営みを眺めることによって，人の終焉をめぐる，さまざまな事柄が浮かび上がってきた。

　生のなかにはつねに死が存在する。「死」とは何か，というのは，なかなかの難問である。現代にあっても人びとは「死」に関する問題を模索し続けている。これらの回答のうえに葬儀のかたちは形成されてきたといっても過言ではないと思われる。通夜や葬儀の営み方は，今も現場で変化を続けている。

　他者の死によって人びとが集うのが葬儀の特徴でもある。これは人類が古より感じてきた「死」の自覚であるように思われる。人は自身では「自己の死」と「死後」を直接経験することはできない。つまり，死は，内側から当事者として経験することができない。われわれが経験し得るのは，あくまで他者の死である。人の死をみ，送りながら自己の「死」と「死後」を想い描くこととなる。この重ねあわせによって自己の「生」と「死」，「死後」が連続するように思われる。すなわち，「生きている期間」と「死」，そして「死後の世界」が途切れることなく直結する。

　昨今，ちまたでは「終活」などを謳う書籍が溢れている。しかし，それらのなかで死にゆく者の心得や作法，途切れることのない「生」と「死」，「死後」について，具体的に書かれた書籍は皆無のように思われる。

　古の臨終儀礼では，死にゆく病者と病者を救済する仏との結びつきが強調されていた。そこでは，宗教的精神を基礎として，死を主体的に受け止めようとする古の人びとの姿勢が浮かび上がってきていた。つまり，「死ぬまではこう生きたい」という古人(いにしえびと)の意思のうえに臨終儀礼は存在していたように思われる。

第Ⅱ部　葬送儀礼の研究

　「死」を「生」と切り離して対照的にみる現代にあっては，どうしても死を遠いものととらえがちである。しかし，人にはだれでも限られた寿命がある。「生きること」と「死ぬこと」とは決して別のことではない。つねに「死」をみつめつつ「生」を充実することを確認し，死生の心境を培っていくのが葬儀本来の意味であるように思われる。臨終に始まる葬儀のプロセスは，人びとに宗教の説く「いのちのあり方」を示していると思われる。「いのち」のあり方を受け継いでいくなかで，人は死までの間，どのように生きるかを自己に問わねばならない。

　近年，大都市を中心に，葬儀をしないで直接火葬場へ遺体を運び込む「直葬」が一気に増えたといわれている。病院で亡くなった遺体を自宅に送るという習慣も崩れてきている。これまで人が亡くなると「葬儀」をするという絶対的な常識が，少しずつではあるが消えつつあるように思われる。このような流れは，言い換えると「葬儀をする，しない」という選択が成り立つものになり始めているからだといえよう。

　もし，現代人が，かつてのような葬送儀礼を必要としないとすれば，これは先述してきているように現代人が「いのち」のあり方を受け継いでいかないばかりか，平生から主体的に人生を生きていないということだと思われる。現代の日本では，価値観の多様化や方向性の喪失ということがいわれて久しい。また，人の死がみえなくなっているともいわれている。現代において，もっとも人びとに欠けているものとは，「いのちのあり方」に対する視点ではないだろうか。

　生と死が分離したなかで，点としての「自分らしさ」「自分らしく」を謳う生や死の産業は興隆しても，古人がかつて受け継いでいた，人間本来がもつべき，線としての全体性，相互関係性，生命性という三本柱を背景とする伝統的な死生文化が喪失されては，本末転倒であるように思われる。また，葬儀で見失ってはいけない根本的な部分こそ，ここにあるように思われる。

　一人の人間が自分の眼前において死んでいくのを看取るということは，あるいは，葬儀をするということは，人生というスケールの大きな問題を，自他同

第8章　死生文化としての臨終儀礼

一の視点に立って抱える力量と覚悟がいるものである。これを十分に納得し，理解しておかなければならない。

　死生の文化を失った人間は，その存在意味や最期に帰するところを失う。「死」や「葬儀」のプロセスに価値を見出す社会は，人間存在の意味を見失わない社会ともいえるのではないだろうか。

●注
(1)　わが国では9割を超える人が佛教で葬式をし，人びとの佛教への関心は，特に葬祭に向けられている。これにともない，日常生活における佛教に対するイメージは寺院─僧侶─読経─葬式などと連想されていくと思われる。そこでは，僧侶の多くは仏の教えとしての佛教を説くことよりも，寺院経営の経済基盤としての葬祭関連行事や檀家制度のうえにあぐらをかき，葬式佛教と揶揄されることとなっている。また，近年では，これに加えて観光佛教，イベント佛教とも揶揄されている。
(2)　アショーカ王（B.C.271～B.C.235在位）：インド，マガダ国の王でマウリヤ朝，第3代の王。B.C.3世紀頃，初めてインドを統一した。佛教に帰依し法（ダルマ）を統治の理想として佛教を守護した王として知られる。
(3)　大法輪閣編集部編（2002）『葬儀・法事がわかる本』大法輪閣，77ページ。
(4)　Philippe Ariès (1975) *Essais sur l'histoire de la mort en Occident: du Moyen Âge à nos jours*, Seuil, Paris.（伊藤晃，成瀬駒男共訳〔1983〕『死と歴史──西欧中世から現代へ』みすず書房）
(5)　Philippe Ariès (1977) *L'Homme devant la mort*, Seuil, Paris.（成瀬駒男訳〔1990〕『死を前にした人間』みすず書房）
(6)　厚生労働省大臣官房統計情報部（2008）『人口動態統計』厚生統計協会。
(7)　髙取健彦編（2008）『エッセンシャル法医学　第3版』医歯薬出版株式会社，7～8ページ。
(8)　前掲書，33～52ページ。
(9)　松村博司・山中裕校注（1964）『日本古典文学大系　栄華物語』岩波書店，76～326ページ。
(10)　現在の時間に直すと，子（午前0時～午前1時），丑（午前2時～午前3時），寅（午前4時～午前5時），卯（午前6時～午前7時），辰（午前8時～午前9時），巳（午前10時～午前11時），午（午後12時～午後1時），未（午後2時～午後3時），申（午後4時～午後5時），酉（午後6時～午後7時），戌（午後8時～午後9時），亥

(午後10時〜午後11時）となる。また，もし知死期表を今日試みる場合，現在カレンダーで一般的に用いられている太陽暦から旧暦へ日付を直して使用する必要がある。

⑾　真言宗法儀研究会編（1981）『真言宗実践双書　第1巻』大蔵社，147〜205ページ。
⑿　古泉弘，（2004）「近世墓研究の課題と展望」江戸遺跡研究会編『墓と埋葬の江戸時代』吉川弘文館，7〜14ページ。
⒀　高岡功「病人をムシロで囲い『仏』にする話」土井卓治・佐藤米司編（1979）『葬送墓制研究集成　第1巻　葬法』名著出版，307ページ。
⒁　救命救急士教育研究会監修（2005）『救命救急士標準テキスト　改訂第6版』へるす出版，120〜121ページ。
⒂　源信／大橋俊雄校注（1990）『往生要集』岩波書店。
⒃　岸本英夫・脇本平也・柳川啓一編（1976）『岸本英夫大系6　生と死』渓声社，173ページ。
⒄　エリザベス・キューブラー・ロス「死――成長の最終ステージ」河合隼雄・吉福伸逸共編（1986）『宇宙意識への接近』春秋社，147ページ。
⒅　花山信勝・家永三郎校注（1941）『上宮聖徳法王帝説』岩波書店。
⒆　龍谷大学編（1953）『中国仏教史』百華苑，49〜51ページ。
⒇　看護史研究会編（1989）『看護学生のための日本看護史』医学書院，37ページ。
(21)　前掲書，37ページ。
(22)　五来重（1992）『葬と供養』東方出版，678〜679ページ。
(23)　星野一正編（1992）『人の死をめぐる社会倫理』蒼穹社，28ページ。

●参考文献──────────

石田瑞磨（1996）『往生の思想』平楽寺書店。
伊藤真徹・久下陞（1971）『往生要集の研究』佛教大学。
大野真義編（1995）『現代医療と医事法制』世界思想社。
柏木弘雄（2000）『仏教思想史　ノート』世界聖典刊行協会。
神居文彰・藤腹明子・長谷川匡俊・田宮仁（1995）『臨終行儀』北辰堂。
月輪賢隆（1940）『勝鬘経・宝月童子所問経』興教書院。
弘法大師／勝又俊教（1988）『弘法大師著作全集』山喜房佛書林。
浄土宗（1975）『浄土宗全書』山喜房佛書林。
白井成允（1970）『三経義疏の倫理学的研究』百華苑。
新谷尚紀・関沢まゆみ編（2005）『民俗小事典　死と葬送』吉川弘文館。
大正新脩大蔵経刊行会（1988）『大正新脩大蔵経』大蔵出版。
大東出版編（1977）『国訳一切経　和漢撰述部』大東出版社。
田原開起（2009）『死と生の民俗』近代文芸社。

杉田暉道・藤原壽則（2004）『今なぜ仏教医学か』思文閣出版．
花山信勝校訳（1977）『勝鬘経義疏』吉川弘文館．
藤本浄彦・藤堂俊英（2013）『仏教と看護』法蔵館．
福永肇（2014）『日本病院史』ピラールプレス．
牧田諦亮（2000）『浄土仏教の思想　善導』講談社．
三井晶史編纂（1928）『昭和新纂国訳大蔵経』東方書院．
新村拓（1989）『死と病と看護の社会史』法政大学出版局．

〔**古典籍**〕

良忠（貞治2年書写）『看病用心鈔』京都宇治常楽寺所蔵，和本．
可円（安永9年）『臨終用心』沢田吉左衛門・赤井長兵衛刊，和本．
慈空（寛政8年）『臨終節要』和泉屋新八刊，和本．
聖光（嘉禎3年）『浄土宗要集』第4巻第50「臨終行儀事」・第51「本尊本経可安置事」．

第9章
葬送のイメージ論
――いやしと宗教性――

堀　　剛

　2011（平成23）年3月11日に起こった東日本大震災の後，日本人の死生観は少なからず大きな変化のなかにあると思う。あの震災や福島原発事故を経て，宗教はこれから何をなすべきか，いや，もっと控えめに何であればできるのかと自問せざるを得なくなった。

　そして，亡くなった方々の霊と遺族に向けてどのようなメッセージを語ることができるのか。たとえば，キリスト教は絶望のうちにある人に向けて，どのようなメッセージを語り得るか。あるいは，何を語ることが許されるのか。さらに，宗教の使命とは本来何であるのか。すでに帰らない命のために何を祈ることができるのか。

　以上を念頭におきつつ，葬送について考察を進めたいと思う。

1　葬儀の意味と意義

（1）　表象としての儀式

　葬儀は死者を見送る儀式であるが，それは生者の側からみた死者への関係や距離のとらえ直し作業ともいえよう。人の死がいかに受け入れがたい事柄であったとしても，人はそれを通過していかねばならない。すでに起きた他者の死を拒絶することはできないのである。それゆえ，葬儀の役割は死者となった人との別れの儀式であると同時に，次なる関係の始まりの儀式とも理解できるのである。よって，葬儀は生者が死者を彼方へと送りとどける儀式であると同時に，生者の心に死者がとどまるための儀式ともなり得る。そのような死者との

距離は，互いに生者であったときとは本質的に異なるものとなるのはいうまでもない。それは新たな関係性の始まりでもある。

たとえば，ある幼い子どもは，祖父の葬儀を終えた夜，親から「おじいちゃんはあの星になった」と教えられた。その場合，その子は祖父が「星になった」と信じることによって，祖父との新たな距離，関係をつくり直したといえる。「星になった」ということの事実性を疑うことに意味がないのはいうまでもない。

ところで，世界中にはさまざまな葬儀の方法が存在し，それらは民族，宗教等によって大きく異なる。また，同一の宗教文化の下にあっても地域性によってさらに葬儀の方法は異なるであろう。しかしながら，葬儀の本質である死者との関係性の再構築という役割はつねに一貫して存在してきたと思う。それはどの時代においても変わらないであろう。言い換えると，葬儀の方法は時代状況に応じていかに変遷しようとも，死者との関係性の再構築という面が備わっていれば，葬儀の形態は大きく許容されてよいと思われる。

（2） 直葬は供養無視なのか

2000年代に入ってから「直葬」が行われるようになった。これは葬儀を省略して，そのまま火葬するという葬りの方法である。首都圏では相当な広がりである。最近はインターネットで「直葬」と入力して検索するだけで，直葬に対応する葬儀社の一覧というものが出てくるようになった。

それ以外にも次のようなキーワードがネット上に存在する。「家族葬・直葬・火葬のみ・一日葬（ワンデイセレモニー）・密葬・無宗教葬・対応葬儀社一覧」。さまざまな葬儀のあり方が世のなかに存在することがわかる。葬儀社はこれらの要望に応じているのである。ただ，密葬，家族葬，無宗教葬あるいは宇宙葬であろうとも，形式はいかにあれども，直葬のように儀式部分が省かれることは，これまであまり存在しなかったと思われる。その意味でも直葬が宗教界で問題視されるのは当然かもしれない。

直葬が残された者へのいやしの配慮を満たしているならば，本質的にそれら

は可とされるべきだろう。直葬についてはさまざまなことがいわれている。直葬は悪いことではなく，葬儀は不要だというものや，費用が高額すぎるから直葬を選ばざるを得ないなど，さまざまな意見がある。

直葬が増えている理由を整理すると，おおむね次のようなことがいえる。

①経済的問題（葬儀費用がない。葬式の費用は無駄である）
②死者の高齢化（亡くなった人が高齢であり，葬儀の必要がない）
③宗教への忌避（葬儀が面倒，儀礼に意味がない）
④共同体規範の衰退（家族等のつながりの希薄化と崩壊）

これらのなかでとりわけ深刻なのは経済的問題である。たとえ葬儀を行いたいと思っても，費用を捻出できなければだれも葬儀ができない。また，高齢化によって，②あるいは④も直葬を選ぶ理由となっていると思われる。さらに，③のように，死者への追悼意識の欠如や宗教意識の枯渇化なども論じられることが多い。

そして，最近は「送骨」という言葉を聞くようになった。「送」は宅急便のことである。遺骨をお寺に送れば，永代供養してもらえるのだ。費用は送骨のみが3万円，戒名つきは5万円程である。テレビで寺の住職がインタビューに応じていた。最初は抵抗を感じたが，このような方法を望む事情がある人も多く，その要望に応えているという。これらの葬りの方法について考えるとき，先に述べたような生者（残された者）の側からみた死者との関係の再構築，すなわち，葬儀の本質部分が成立するのかと問わねばならない。

また，墓はいらないという話もある。墓石という象徴性をもつ事物を何かにおきかえるのであれば，墓という物は必要ではないだろう。しかし，墓はいらないという立場が，モニュメントとしての故人を思い起こすための象徴的なものを否定しているというならば，賛同するのはむずかしい。たとえば，夜空の星でもよいし，海や山であってもよい。あるいは，それは決して物である必要もない。故人とつながるような象徴的な何かは，故人を思い起こすために必要

であろう。

　先に述べたような死者との関係の再構築は、葬儀の本質的役割であると考えたい。よってこれらが備わっていれば、葬儀の方法は外形的、表象的なものにすぎない。その方法は自由な形で行うことが可能であろう。実際、昨今の日本ではそのような自由な変化が起こってきているといえよう。だが、いかなる葬りの形態であろうが、またいかなる宗教の儀礼にそったものであろうとも、葬儀のもつ本質部分が備わってさえいれば、その形式は許容されてしかるべきである。先にも述べたように、人が葬儀を通じて死者との関係の再構築を行うことが重要であり、そのための心理変容といやしをそこに見出し得るかということこそ、葬儀のもっとも重要な点である。儀式の形態は表象部分でしかない。それらは葬儀におけるメタファー部分であると考えたい。

（3）　葬儀式文における死者の位置づけ

　プロテスタントでは仏教のような喪の期間は特に存在せず、カトリックのように煉獄という天国と地獄の中間の場所もない。人は亡くなればすぐにだれもが天へと昇り、眠りにつくとされている。そして、世の終わりの日にもう一度蘇り、最後の審判を受けると考えられている。

　たとえば、日本基督教団の葬儀の式文にこのことが顕著に示されている。式文には「納棺式」、「前夜式」、「出棺式」、「葬式」、「火葬前式」とあり、さらに、遺骨を墓に葬る際の「埋葬式」、仏教の法事に相当する「記念式」がある。これらの式の祈りの言葉をそれぞれ抜き出してみたい[1]。

　最初に行われる「納棺式」では、故人について次のように記されている。「今やその走るべき道のりを走り、この世の苦しみと悩みとからとき放たれて、全き平安と慰めとの中に移されたことを信じて感謝いたします。……尽きぬ涙の中にも主の恵み深いみ顔を仰ぎ、地上における最後の別れをうやうやしく行わせてください」。このように御霊は「平安と慰めとの中に移された」という前提のもとで、「最後の別れ」として式が進められる。

　通夜に相当する「前夜式」では「限りなき御慈愛によって主のみ救いを与え

られ，十字架の血によって潔められ，信仰の道をたどって，ついにみもとに召されました」と祈る。

「出棺式」は遺体を家庭などから葬儀会場（礼拝堂）へ移動する前に行うものである。ここでは多少趣が異なる祈りの言葉がある。「あまつみ国で再びつなぎ合わされることを信じ，心安らかに別れを告げることを得させてください」。「再びつなぎ合わされる」とは，いつの日か見送る側もまた天に召されるときには，ともに「つなぎ合わされる」という意味である。決して，今現在においてつながれているという意味ではない。

「葬式」では祈りの部分は3種類が用意されている。司式者はどれかを選択する。「一　成人のため」は「兄弟（姉妹）の霊は肉の束縛からとき放たれて，主のみもとに受けいれられ，平安と祝福のうちに移されたことを信じて，み名をあがめます」という言葉が入るものである。「二　成人のため」では「この兄弟（姉妹）の霊はついに帰るべき故郷に帰り，すでに父のふところにいだかれていることを信じ，わたしたちはその霊を恵みのみ手におゆだねいたします」である。「三　幼児のため」では「わたしたちの愛するこのおさなごは，測り知ることのできない摂理によって主のもとに召されました」と祈る。

「火葬前式」では，「みもとに召された（誰々）兄弟（姉妹）のなきがらを今み手にゆだねて，土を土に，灰を灰に，塵を塵にかえします」という言葉が添えられる。御霊はすでに天上に移されたのであり，遺体は「なきがら」であって霊的な存在ではない。

以上のように，日本基督教団では人が亡くなった後は，御霊は即座に天上へと召されたという考え方で一連の儀式が進められる。葬儀において故人の霊とともに過ごすという考え方もない。仏教のように喪の期間も存在しない。葬儀は「最後の別れ」の儀式でしかない。だが，これらの式文にあるように故人の御霊はすでに天上にあると祈ったところで，残された人にとってそれらが腑に落ちるかどうかということでしかない。死者の霊が本当に天上にあるのかどうかといえば，それはだれにもわからない。また，それが腑に落ちるかというのは，人それぞれに異なるであろう。その意味で，死者を思い起こし，語りかけ

第9章　葬送のイメージ論

るときとして，葬儀の時間がもたれてもよいと思われる。

②　死者が生者をいやすとき

（1）　死者によっていやされている人びと

　2013（平成25）年8月23日にNHKスペシャルで放映された番組「東日本大震災『亡き人との"再会"──被災地三度目の夏に』」では，震災で家族を亡くされた方々の体験が紹介された。この番組のことがNHKスペシャルのHPに記されている。[(2)]

　震災で，「突然大切な人を失った人たちは，亡き人への思いを募らせる。そうした被災地で今，「故人と再会した」，「声を聞いた」，「気配を感じた」といった"亡き人との再会"体験を語る人が後を絶たない」という。そのなかでも印象的だった話を視聴者として紹介させていただきたい。

　幼い子を失ったお母さんは，あたかもその子がまだ生きているかのように，いつも食事を用意していた。ある日，いつものように食事の準備ができて「食べなよ」といったそのとき，その子が生前に楽しく乗っていたアンパンマンの電動自動車に一瞬電気が入り，音をたてた。この出来事があってから，そのお母さんはたとえ姿がみえなくても，その子が側にいると思うようになった。そして，今もあの子は生きていると信じるようになった。それはそのお母さんの希望となった。

　あるいは，若い女性が体験したことである。行方不明になった父の遺体が発見される1週間ほど前のことである。出かけた先に靴箱があり，ブーツを入れて鍵をかけた。帰りがけに靴箱からブーツを取り出して履いてみると，なぜかフワッとした，それでいてとても冷たいものを感じた。なかをみると，白い美しい花が入っていた。いったいだれが入れたのだろうと思った。靴箱には鍵がかかっていたので，とても不思議なことであった。その後，1週間ほど経過して連絡があり，父の遺体とやっと対面できた。かなりひどく傷んでいたので，触れることもできなかった。さわって傷んだらもっと悲しいと思えたのである。

211

そして、ふとみると、遺体の側にはあのときの花と同じ花が添えられていたという。以後、父が側にいると思うようになったという。あの花の冷たいフワっとした感触は、父に触れることができなかったことへの慰めとなっているとのことである。あの花の不思議な出来事は父の存在と重ねて理解されているようである。そして、やがてその娘さんは少しずつ生きる力を回復していった。

　このような体験はにわかに信じがたい面もあるかもしれない。しかし、これらの体験に共通していることは、体験者自身がそれ以後、深い絶望の淵から立ち直る力を得ていることである。ある医師はこの番組のなかで、死者は遺族を元気づける存在であるとコメントしていた。

（2）再会といやし

　時間論的には、死は生を終えた後の未来に属している。それゆえ、人は自らの死を体験することができない。だが、死をイメージすることはできるであろう。それは現在という時間軸からみた未来のイメージでもある。そして、死についてのイメージはいかに生きるかということに直接影響を与えると思われる。

　次に挙げるふたつの事例は、いずれも筆者自身が聴き取ったものである。これらは夢のなかで死者と再会した人が、死者との関係性を再構築したものである。

【事例　Mさん】

　70代のMさんは夫が亡くなって10年近くになる。夫との死別の後、つらい日々を過ごしたが、それから約8か月後に起こったことはとても不思議なものであった。

　ある朝方に夢をみた。夢のなかで亡くなった夫がたたずんでいる。じっとMさんをみつめる目は、元気だった頃のやさしいまなざしであった。夫の方から「君の顔は輝いているね」といった。見上げると傍らの窓から夕映えの光がまぶしく差している。

　やがて、夫の方から手が差し出された。こちらからも手を伸ばすと、夫の手

に触れた。その手は温かな手であった。羽のように軽く，ふわっとした天国の感触のように思えた。春の日ざしのなかにいるような，温かい，安らかな，平安なその感触は今でも忘れることができない。それは初めて長男を出産して，抱いたときのよろこびの感触とも違う。それも忘れることができないよろこびの感触であったが，それとは異なる，夫の手はこの世のものでないような天国の感触だった。至福のときであり，言葉ではいいようのないものであった。幸福で，不思議な満たされたものを感じた。その手に触れて，「夫は本当に天国の人になったのだ」と思った。天国を感じさせてくれるようなやすらかな手の感触であった。そして，「私のうちに生きていてくれる」と思った。しばらくして，その姿は遠ざかっていった。その夢の後，「今，彼のいる天国は案外いいところらしい」と思えた。そして，安心できた。以後，しだいに悲嘆は和らいでいった。それは「慰めであり，けじめであった」という。

【事例　Ｉさん】

　Ｉさんの嫁ぎ先では，義母はやさしく気づかい，夫の兄弟も親切にしてくれた。しかし，夫の暴言とたくさんの重荷に耐えなければならなかった。そして，Ｉさんの実母が胸を患って亡くなってから６年が経過していた。

　長男を身ごもって，つわりと心労のつらさで，ある日の昼下がり，ぐったりして寝ているときであった。目のうえに冷たいタオルの気持ちよさを感じた。そして，懐かしい息づかいがする。枕のそばにやせた母の膝がある。母が看病してくれている。「あら，お母さん，どうやって２階へ上がってきたの。玄関の鍵もかけていたのに」。夢のなかに，現実のように生前の母がいる。母は胸を患って６年前に56歳で天に召されていたのに。

　Ｉさんの夢のなかにお母さんが現われたのは，１度だけではない。つらさと悲しみで耐えられないとき，何度も母は夢のなかに現われたという。何もしゃべってくれないけれど，母が助けにきてくれたのだと思うと，本当に慰められたという。

　Ｉさんの母は身体も細く，丈夫ではなかったが，小言もいわないやさしい人

だった。生前，身体の弱いIさんのアパートにたびたび手助けにきてくれたという。けれど，Iさんは，そのやさしい母を頼りなく思い，冷たい言葉を吐いてしまった時期もあった。だが，そんな母への思いが申しわけなく，「お母さん，ごめんなさいね」と心から謝ったこともあった。すると，「お母さんこそ，あなたに何もしてあげられなくて，ごめんなさい」といってくれたという。

お母さんは亡くなる前の年，クリスチャンであるIさんと教会へ行った。そして，洗礼には至らなかったが，イエス・キリストを救い主として信じて受け入れた。病床についてしまった後も，お母さんは絶えず「ありがたいねえ」といっていたという。

Iさんの母についての最後の夢もとても鮮明で不思議なものであった。枕元で，おにぎりをつくっている母がいる。つくり終えると，それを携えて向かいの山を元気に登って行った。それは母の最後の姿となった。

かつて，その山の景色をみながら，Iさんは母の病気が治りますようにと必死に祈ったという。あの山の向こうから，神様が助けにきてくださると信じて祈ったという。それにもかかわらず母は亡くなった。そして，「どうして神様はここへきてくださらなかったのだろう」と思ったという。その山肌を軽々ともんぺ姿で駆け登る母の後ろ姿，その姿をみてもう何十年にもなる。

このような不思議な母の夢を，Iさんはこれまで10回近くみたという。そんなIさんも今は80歳を過ぎた。母は今も見守ってくれていると感じている。

これらの体験を霊的体験と呼ぼうが，あるいはただ夢と理解しようが，それをどのように感受したかということについて第三者が口を挟むことはできない。これらの体験は内的体験であり，それは外的体験とは区別できる。内的体験の純粋な意味はその体験をした人自身のうちにのみ成り立つ。そして，死者との再会などの内的イメージの体験は，悲嘆のなかにある人を変化させる力を秘めている。これらの体験をした人に共通していることは，それ以後，落胆や深い絶望から立ち直る力を得ていることである。それゆえ，葬儀が同様の力を得るための契機となれば，それ以上のことはない。次に挙げるのは，実際に人為的

に死者イメージに到達できることを示す例である。

3 死者イメージとセラピー

(1) レイモンド・ムーディ (Raymond A. Moody, Jr.) の方法

　ここに紹介するセラピーの方法は，いささか唐突で迷信じみたものに思われるかもしれない。レイモンド・ムーディは古代の神託所 (oracle) の現代版を考え出したことを報告している。[3]そもそも神託所とは，神の言葉，預言，託宣などを伝える預言者がいた場所である。

　ムーディがサイコマンティウム (psychomanteum) と呼んでいる方法は，あわせ鏡を使った鏡視によるものである。そのなかに死者の幻像をみようとする。最初の実験にかかわった10名は熟年者であり，その人選には，心的なことがらに関心があり，情緒的に安定し，探究心があり，心の病をもっていないこと，また，オカルト的な発想をもっていないことなどが考慮されたという。職業は[4]カウンセラー，心理学者，医師，大学院生や各界の専門家などを含んでいる。

　実験は，ひとつのテーマについて1回に1日を費やす。午前中に思い出の品とアルバムを持参してもらい，静かに散歩をしながら故人について語りあい，軽食をとってリラックスして過ごす。午後は夕方まで故人と被験者のくわしい関係や思い出話を振り返ったりする。かならず故人に会えるとは限らないということを，打ち解けた雰囲気で説明することで，力みすぎないようにしてもらう。

　夕暮れに，いよいよ鏡をみる部屋へ案内する。ランプがひとつ灯され，他の照明は消されている。腕時計を外してもらい，鏡を眺めながらリラックスする。鏡はあわせ鏡でクライアント自身の顔は映らないようにおかれる。そして，故人について回想する。

　ムーディは10名中1名ほどしか成功しないと予測していたそうだが，この方法で実に5名が故人の姿をみたというおどろくべき結果を得た。[5]また，ありありとした死者の姿をみて対話を行った人もいたという。

この不可思議な結果について，ムーディは鏡に映るものは鏡を凝視している人の心であり，映るのは何らかのオカルト的な作用によるものではない。また，鏡視の鏡は魂を映す鏡であると説明している。ムーディは，そこにみえるのはあくまでも本人の心のなかが写された内的なイメージだと考えている。それゆえ，鏡視によってみえるのは深層の意識におけるクライアント自身の内的なイメージなのである。

（2） 死者との遭遇イメージ

ムーディの方法とは異なるが，催眠誘導によって死者と再会するというイメージ体験をすることが可能である。イメージとして死者と出会い，その出会いによって死者との距離が再構築され，大きな活路を見出した事例を紹介する。これは筆者が私設の心理療法室において行ったセラピーの事例である。クライアントが特に死者との再会を望んだことにより，愁訴内容を勘案してこのような技法を用いた。

Mさん（35歳）は夫が他界して2年半となる。若い頃，お互いに運命を感じて結婚したが，なぜこんなに早く別れがきたのかと考えると納得できない。子どもにも恵まれ，しあわせに暮らしていたが，夫は突然職場で脳梗塞となった。その後，意識が回復せず，話もできない状態となった。約1週間後に意識がもどらないまま亡くなった。なぜ，夫も自分もこのような運命をたどったのか。夫は自分に何か伝えたいと思っていたことがあったのではないかと考え始めた。これから息子，娘とともに生きていくためにも，何らかの指針を得たいと思う。また，夫が亡くなったのに，自分だけが前向きに生きて幸福になることにはためらいすら感じる。とにかく，自立して生きていきたいと思うが，頭ではそう思っても，夫の死後，気力が湧かないし，いつも空しい。

以上の事例について，次のようなセラピーを行った。催眠トランスへ誘導し，まずは夫との思い出をたどるイメージのなかへ誘導した。生前の夫のなつかしい姿がよみがえる。そして，高く天上へ登っていくイメージに導き，そこで亡くなった夫と再会した。クライアントがかつて贈ったジャケットを着ている。

第9章 葬送のイメージ論

クライアントは涙を流し夫の胸に飛び込んだ。

　なぜ，こんなことになったのか，たずねるように指示した。夫は，まさか自分でもこんなことになるとは思っていなかったと説明している。急に激しい頭痛を感じ，立っていることができなくなった。そして，あっという間に意識が途絶えたことを説明している。気がつけば，自分は何も語れない状態になっていたという。こんなことになったのを本当にすまないと謝っている。何か伝えたかったことはないのか，また，これから子どもたちとともにどう生きていくとよいかなど，しばらくの対話が続いた。夫は「いつも見守っているからね」と呟いている。経済的には少しは残してあるから，子どもたちとしあわせになってくれという。だれかいい人をみつけたら，その人といっしょになってほしいともいう。クライアントは夫が先に亡くなったのに，自分だけ幸福になれないと告げた。だが，夫は君が幸福になってくれることは，自分のよろこびだといった。今の人生ではあまり長く一緒にいることができなかったけれど，でも，前世においても出会っていたし，これから未来にお互いに生まれ変わって，また一緒に生きることができると夫はいった。

　夫が口をきけないまま寝たきりになったとき，少しでもクライアントは話をしたかったが，声さえ聞けずにいた。だから，やっと話ができたことを妻はよろこんでいる。詳細は省略するが，以上のような内容で夫との面談が約30分ほど続き，その後，夫は天上へ去って行った。

（3）　再会のイメージについての考察

　臨床心理においてクライアントの状態を判断する際に用いられるDSM-Ⅳ-TRにおいては，死別反応はⅤコード（DSM-Ⅳ-TRに定義された精神疾患ではないが，臨床関与の対象となることのある他の状態）にあり，死別後2か月を過ぎても重い抑うつが継続する場合には，「大うつ病」と診断してよいとされている。また，死別後にPTSD（心的外傷後ストレス障害）に類似した症状がみられる場合もある。[7]

　前節の事例では大うつ病でもなく，PTSDも見あたらない。夫の死があまり

第Ⅱ部　葬送儀礼の研究

に突然であったことや，夫が倒れてから，会話もできずに亡くなったことがいやされない傷となっていた。

　ところで，ロバート・ニーマヤー（R. A. Neimyer）が，悲嘆セラピーの目的の一つは，故人との情緒的な絆が単に存在するかどうかではなく，死別後の死者との関係をつくり出し，そこから自己の物語への課題を考えることだという。催眠による死者との対話イメージは，死者に対する関係の再構築を可能とする。先の（2）の事例では，話をできずに亡くなった夫と再会することで，夫が何を考えていたかをたしかめることができた。また，夫が再婚を許していることや，来世での再会を予告した点などが，新たな夫とのポジティブな関係を構築していった。もっとも，クライアントには，この時点では再婚相手が存在しなかったことはいうまでもないが，その後の面談では積極的な生き方が許されることに気づき始めたように思えた。

　ロバート・ニーマヤーは死別体験における「意味再構築」についての重要な点を述べている。〈原理一〉として，悲嘆は，喪失によって揺らいだ意味の世界を肯定あるいは構築へと向け直す可能性をもつことである。これについて思い起こすのは，フランクル（V. E. Frankl）の言葉である。彼は人は意味さえ見出せば生きることができる。人間が生きることには，どんな状況でもつねにそこに意味があるという。意味を見出すことは，意味の再構築を行うことにつながる。死者との再会イメージは死者との関係を再構築し，関係の新たな意味を見出すことにつながる。

　〈原理二〉として，故人との間にある絆を放棄するのではなく，定義し直すことが重要であるという。もう一度来世でお互いに出会い，ともに生きるときが来ると夫が述べたことは，絆の再定義，再構築につながる可能性があるといえよう。

　〈原理三〉として，人生について物語として語ることが自伝的な一貫性を語り直すことになり，回復へ向かうという点である。この点については，催眠を開始する前の面談のなかでクライアントから思い出話などを聞きとるなどして，現在の思いなども聞きながら出会いをたどるようにしたことで補われたと思わ

れる。そして，催眠の導入の最初のところで夫との出会いを回想した。これは死者イメージにリアリティを添えるためにも有効であると思う。

　死者（夫）との再会の面談を行った以後のカウンセリングでは，死者イメージの催眠は一切行わず，リラクゼーションを行い，リラックスしてもらい傾聴を中心とした。数回のセラピーを経て，クライアントは前向きな変化を得た。そして，悲嘆はしだいに解消されていった。このようなセラピーは特殊なものと思われるかもしれないが，メタファーとしての死者との語りによって自己が確認されていく。あきらかにそのメタファー，すなわち死者イメージはクライアントに対して現前している。それゆえ，イメージの源が霊的なものであろうとなかろうと（それについて論じる必要性はあまりないといえる），十分にセラピー的要素が成り立つといえる。

（4）　私的イメージと事実性

　イメージ療法における死者イメージは内的イメージである。イメージの展開は，人の心のなかで起こる。人は他者の内的イメージを実体験として共有することができない。それゆえ，内的イメージの事実性についての議論は留保されるべきである。

　河合（1991）はこのことについて次のように述べている。

> 「イメージこそは「私」自身にとっての経験であり，他の誰のものでもないのである。私が夢を見たとき，夢はイメージのなかでも極めて重要なものだが，それを私自身が報告しないかぎり誰にもわからないし，また，他の人も私の報告を信用するより仕方がないのである[13]」。

　イメージ療法において展開される内的イメージの世界は，私的なイメージである。それゆえ，先に述べたようなセラピーによる死者イメージは，クライアントの心的な内部における私的イメージなのである。心理療法における個人的なイメージを他者が共有しようとする場合には，そこに言語が介在することに

第Ⅱ部　葬送儀礼の研究

なる。しかし，言語化されることは概念化されることに等しく，そのリアリティの減衰は避けられない。これについて河合は次のようにいう。

> 「これまでの科学や学問の伝統のなかで「概念の明確化」を行おうとするためには，むしろ「私の体験」を抹消して作業を行うことになるので，用語のもつ魅力が消え去ってしまうのである。筆者はこのような用語を「イメージ言語」と呼ぶといいのではないかと思っている。「私の心理学」を語る言語はイメージ言語に満ちている」[14]。

「私の体験」を理性的な把握へと移行することは，個人的体験を普遍化することでしかない。臨床においては，もともと心という直接的伝達が不可能なものを扱うのであるから，そこでは他者への普遍性が先立つことはない。すなわち，事実性が検証されることが必須ではない。心理的世界では，個別的に顕われてくる私的イメージが先だっている。その意味で，河合 (1991) は「「私の心理学」を語る言語はイメージ言語に満ちている」というのである。

河合 (1991) は，ムーディの他の著作である『かいまみた死後の世界』[15]で述べられている臨死体験についても言及している。そして，エリザベス・キューブラー・ロス (Elisabeth Kübler-Ross) による研究や『チベットの死者の書』とも共通して，臨死体験者が体験する「光の体験」や「光の生命」と呼ばれる体験は，「「自然科学」と「宗教」のアプローチの中間に属するものである」と指摘する[16]。さらに次のように述べる。

> 「死んでゆく人は極めて深層の意識によってじぶんの状態を把握し，それのイメージを述べている。これはむしろ宗教体験と言っていいだろう。しかし，それを「記録する」ときのロスたちの態度は「客観的」であり，事実を集積しようとしている。このときの意識は表層の意識のはたらきである」[17]。

このように河合は，臨死体験を深層心理のなかでかいまみられる内的イメー

ジとして理解している。また，河合は臨死体験というのは，かならずしも死に瀕する状態のみによって体験されることではなく，多くの宗教的天才が修行を通じて体験してきたものも同様なものであると述べる[18]。河合においては，それらは宗教者が修行において獲得する内的イメージとして理解されている。

では次に，キリスト教の場合，新約聖書のなかで霊的体験はどのように記述されているのかをみてみたい。

4 霊的な対話とキリスト教

（1） 新約聖書における神秘主義（合一体験）

イエスが十字架につけられた後，キリスト教迫害を推し進めたユダヤ教徒パウロは，霊的体験をしている[19]。彼は復活したイエスと出会い，目がみえなくなり，何も食べることもできなくなった。そして，3日後に目が開いたとき，彼はユダヤ教徒からキリスト教徒への改宗の道を選んだ[20]。他にもパウロは新約聖書のなかで，次のようなことを第三者的に語っている。

> 「わたしは，キリストに結ばれていた一人の人を知っていますが，その人は十四年前，第三の天にまで引き上げられたのです。体のままか，体を離れてかは知りません。神がご存じです。わたしはそのような人を知っています。体のままか，体を離れてかは知りません。神がご存じです。彼は楽園にまで引き上げられ，人が口にするのを許されない，言い表しえない言葉を耳にしたのです」（1コリント12章2～4節）

これはパウロ自身の体験を述べたものであり，意識の深層におけるイメージ体験について述べたものであろう。また，パウロは他に次のようにいう。

> 「しかし，主に結び付く者は主と一つの霊となるのです」
> 　　　　　　　　　　　　　　　　　　（1コリント6章17節）

パウロのこの言葉は明らかに神秘主義的である。神秘主義という語の定義について，W・ジェイムズ（William James）は『宗教的経験の諸相』のなかで次のように述べている。「神秘主義において私たちは絶対者と一つになり，同時にまた私たちが一体であることを意識する[21]」。さらに，彼は神秘主義のさまざまな体験的な報告の結びである「第20項結論」において，「このより高い宇宙との合一あるいは調和的関係が，私たちの真の目的である」とまでいいきっている[22]。

次の言葉からもパウロが神秘主義的な信仰理解に傾いていたことがわかる。

> 「わたしたちは，世の霊ではなく，神からの霊を受けました。それでわたしたちは，神から恵みとして与えられたものを知るようになったのです。そして，わたしたちがこれについて語るのも，人の知恵に教えられた言葉によるのではなく，"霊"に教えられた言葉によっています。つまり，霊的なものによって霊的なことを説明するのです」（1コリント2章11～13節）

パウロにおいて，霊的な事柄の理解は「人の知恵」によるものではない。それは現実的な次元とは区別される[23]。また，エレーヌ・ペイゲルス（Elaine Pagels）も指摘しているが，次のようなパウロの言葉はキリストが肉体においても蘇ったとする立場とは齟齬を生じていると思わざるを得ない[24]。

> 「兄弟たち，わたしはこう言いたいのです。肉と血は神の国を受け継ぐことはできず，朽ちるものが朽ちないものを受け継ぐことはできません」
> 　　　　　　　　　　　　　　　　　　　　　　　　（1コリント15章50節）

神の国を受け継ぐのが肉と血ではないとすれば，残るのは魂，あるいは霊的なものしかあり得ない。すると，神の国へ人は魂や霊においてのみ受け入れられると理解せざるを得ない。こうなると，パウロのいう神の国は理性的，論理的な次元のものではなく，瞑想や想念の世界のなかで理解されるべきだという

ことになる。また、類推するに、キリストの復活も肉体的な事柄ではなく、霊的な出来事だと解されるべきだと思われる。

次のパウロの言葉は、天上での存在は地上での存在とは異なることを主張している。

「また、天上の体と地上の体があります。しかし、天上の体の輝きと地上の体の輝きとは異なっています」（1コリント15章40節）

パウロが「天上の体」と語るとき、彼は内的なイメージとして「天上の体」を描いていたといえよう。それゆえ、「天上の体」はわれわれのもつ身体、いわゆる「地上の体」とは異なっているのである。

さらに、パウロは「わたしたちも数は多いが、キリストに結ばれて一つの体を形づくっており、各自は互いに部分なのです」（ローマ書12章5節）という。この言葉について、R・ブルトマンは、パウロがキリストの体というグノーシス的な思想によって、信仰者の内的な一致を表わす教会概念の形成を考えたと理解する。また「パウロは《キリスト教的存在理解》を表わすのにグノーシスの概念を用いている」と指摘する。

グノーシスもまた神秘主義の範疇に属することはいうまでもないであろう。そして、また、パウロに神秘主義の傾向があることはみたとおりである。

（2） グノーシス派にみる復活したイエスとの対話

グノーシス主義は紀元2世紀を中心に、紀元1世紀から3世紀にわたる約300年間、キリスト教で起こった異端とされる運動である。新約聖書には全体の紙数のうち、ごく一部しか復活したイエスとの対話が存在しない。だが、グノーシス文献にはそれが比較的多く存在する。『マリヤ福音書』はその一つである。そこには復活したイエスと弟子との対話の場面がでてくる。今ここで、このようなものについて述べるのは他でもない。復活のイエスとの対話が心的変容のなかで行われたことが示されているからである。

マリヤはイエスから直接教えを受けたといい，その内容をペトロに伝えている。マリヤは「私は一つの幻の内に主を見ました。そして私は彼に言いました。「主よ，あなたを私は今日，一つの幻の内に見ました。」」という（傍点筆者）。これは心理変容のなかで見たという意味である。さらに，「主よ，幻を見る人がそれを見ているのは，心魂〈か〉霊〈か，どちらかを〉〈通して〉なのですか」と問う。すると，救い主であるイエスは次のように答える。「彼が見るのは，心魂を通してでもなければ，霊を通してでもなく，それら二つの真ん中に〔ある〕叡知，幻を見る〔もの〕はそ（の叡知）であり，そ（の叡知）こそが……」[26]

このやりとりからも，肉眼の可視性によって神的なものをみるのではないことがわかる。復活したイエスとの対話は「一つの幻の内に」行われたとされ，それらは心的変容のなかで起こっている事柄である。すなわち，復活は変容を抜きには認識できない。また，ここで認識という語を使用することも適当ではない。認識は認識主体と客体との関係のなかで成り立つが，変容においては主体と客体は一体化，すなわち合一化されている。そのなかに神や霊的なものを感受するのである。それはさほどむずかしいことではない。目を閉じてみればわかる。認識主体である自分はたしかに存在するが，認識の客体は自分の意識が関係している意識なのである。しかも，自分の意識のなかに本来客体であったはずの神，霊などが存在としてたしかに意識される。そのとき，意識主体と意識されている側のものは一体である。そのように合一のなかで霊的なものが感受される。

このような次元の認識客体，あるいは事実は科学性を超えているし，科学がこれを論じても意味がない。なぜなら，科学はつねに主客の客観性を原則とした思考を本則とするからである。

（3） 霊的なものはどのように封印されているか

霊的なものを感受しようとする姿勢は神秘主義的なものとなる。なぜなら，その体験は内的であり，かつ心的イメージによるものとなり，他者に論証でき

第9章　葬送のイメージ論

る客観性（外部性）をもちあわせないからである。認識されるべき客体は客観性をもたないがゆえに，感受という仕方を余儀なくされる。また，主客の対立ではなく，合一によってのみ感受される。エレーヌ・ペイゲルスは『禁じられた福音書』において，『ヨハネ福音書』とグノーシスとされた『トマス福音書』を対比する[27]。そして，『ヨハネ福音書』は光である神の子キリストをとおして救済が実現したと述べたが，『トマス福音書』は神の光が内なるものとして人に内在すると述べたことを指摘する。

　グノーシスもまた神秘主義の範疇にある[28]。そして，その認識の方法は主客一体の独自な認識論であり，そこに心的変容がともなうのが特徴だといえよう。グノーシス派は，神との合一的な認識が（たとえば『トマス福音書』に述べられるような）「光」を宿している者であるならば可能であると考えている。

　「50　イエスが言った，「もし彼らがあなたがたに，「あなたがたはどこから来たのか」と言うならば，彼らに言いなさい，「私たちは光から来た。そこで光が自ら生じたのである。それは〔自立〕して，彼らの像において現れ出た」。もし彼らがあなたがたに，「それがあなたがたなのか」と言うならば，言いなさい，「私たちはその（光の）子らであり，生ける父の選ばれた者である」」（以下略）[29]

　『トマス福音書』のような考え方においては，神と人間がともに光という共通項をもつことになる。そして，その考え方は正統主義キリスト教から排除される結果となった。『トマス福音書』の思想は，神を知ろうとする人間はおのおのが神を知り得る力，すなわち光をもち，かつ神も光であり質的に神と人との合一が可能であるという考え方に立っている。

　しかし，このような思想は後のカトリック教会の権威とも決定的に対立することとなった。教会とは何か，聖書には次のように説明される。「わたし（イエス）はあなた（使徒ペトロ）に天の国の鍵を授ける。あなたが地上でつなぐことは，天上でもつながれる。あなたが地上で解くことは，天上でも解かれる」

225

(マタイ福音書16章19節)。一方,合一が可能であるとする立場,すなわち神秘主義は教会の権威を必要とせず,個別に神とつながることが可能だと考える。なぜなら,神と人に共通な「光」が個々人に内在するからである。そして,神体験は教会を介さずとも個人的体験として起こり得るのであり,そこに教会という統治機関はかならずしも必要とされない可能性が生じる。それゆえ,神秘主義が既存の宗教教団内部で運動として芽生えると,それらは必然的に異端として排除されることになる。そのような意味で,カトリックはグノーシス派ばかりでなく,霊的な神秘体験については異端審問の目を光らせてきたといえる。また,一方プロテスタントの多くはさらに近代合理主義の思想的系譜を内包することによって,非科学的と思われるような霊的なものを排除する傾向を強めたと思われる。

そこで,キリスト教発祥の頃のグノーシス派にまで遡ってみることは決して無駄ではないだろう。これによって何が現代のプロテスタントに欠けているのかを考えることができるとともに,本章の主題である葬儀において欠落しているものを問うことにもつながると考えるからである。

(4) グノーシス派と霊的な認識

グノーシスと正統主義のキリスト教との関係を論じるならば,どうしてもローマ帝国によるキリスト教公認の頃から論じることにならざるを得ない。紀元313年に,ローマ皇帝コンスタンティヌス1世がミラノ寛容令を発しキリスト教を公認した。325年には第1回ニカイア公会議が開かれ,父と子について定義され,さらに聖霊を信じることが確認された。392年にはテオドシウス帝によりキリスト教はローマ帝国の国教となった。そして,異端として排斥されたグノーシスの書物は所持することが犯罪的行為とされ,それらは焼却され,破棄されていった。ナグ・ハマディ文書と呼ばれるグノーシス派の多くの文書は,おそらく上エジプトの聖パコミオス修道院出の僧侶の一人がそれらを壺のなかに入れて隠したものである。そして,ほぼ1600年も経過して発見されたのである。[30]

第9章　葬送のイメージ論

　グノーシス派という総称がつけられた人びとの信仰はどのようなものであったのか。ペイゲルスによる次の指摘が参考になる。

　「グノーシス主義キリスト教徒は，復活をさまざまに解釈している。ある人々によれば，復活の体験者は肉体をもって生き返ったイエスに会ったのはなくて，霊的次元でキリストに出会ったのであるという。このようなことは，夢，脱自状態，幻のなかで，あるいは霊的なひらめきの瞬間に起こり得ることであろう。しかし，正統派はこのような解釈のすべてを非難した」(31)。

　霊的次元でキリストに出会ったというのは，先の『マリヤ福音書』の主張とも重なる。グノーシス派は復活は肉体的なものではなく，霊的な出来事だと割り切っていたと思われる。すると，グノーシス文献はいわゆるファンタジー的表現，あるいは神話的表現を用いて書かれたと理解することができる。それらは人が夢の内容を報告するときのように，無意識の深層において感受される事柄なのである。ペイゲルスがいうように，「夢，脱自状態，幻のなかで，あるいは霊的なひらめきの瞬間に起こり得ること」として，グノーシス派の文献は理解されるべきである。

　「正統的キリスト教徒は信仰告白の際に，ナザレのイエスは「十字架につけられ，死にて，葬られ」，「三日目に」蘇ったと告白し続けてきた。今日，多くの人々がこの信条を唱えているが，その際，自分が何を言っているか考えてはいないし，ましてや実際にそれを信じてはいない」(32)。

　ここまで明言されるとそのとおりだとしかいいようがない。実際，だれも直接体験として復活のイエスをみることはできないのであるから，復活は解釈によって理解される以外に方法がない。そうなると，グノーシス派の文献には神話的なものも多いことがうなずける。これらはそのまま信じることを強いてい

るわけではなく，そのような神話的ともいえる表現をとおして人の深層の意識に働きかけようとしているのである。

大貫隆は『グノーシスの神話』において，グノーシス派の思想が，「本来の自己と非本来的な自己の間の分裂にまで沈んだ後，やがてその本来の自己について「我即神也」が成り立つことを「認識」して，その本来の自己に回帰するという一つの大きな円運動を示している」という。大貫は次のようにいう。「グノーシス主義の限界はどこに認められるべきだろうか。結論から言えば，それはグノーシス主義が究極的には絶対的人間中心主義である点に認められる」。なぜなら，「人間の本来の自己は神話の言う至高神からの流出としてそのまま神である。この意味で，人間の本来の自己を超越するものは何もない」。よって，「グノーシス主義は世界も超越もない独我論の体系」であるという。

だが，主客の統一的な認識を退けて，あたかも客体としてのみ神を認識するということが果たして可能であろうか。その場合には，客体なる神は人間によって理解し得るものとして現前することになる。すると，そこでの神は人間の把握する能力のうちに納められる存在にすぎないものになる。また，果たして人間にとって超越的な存在は，人とは隔絶されているものだとすれば，そのようなものを人はどこまでも知ることはできないはずである。だが，実際，人は神的なものを感じ，論じることができる。

主客の合一がなければ，有限な存在である人間は神を理解することはできない。また，先の節で述べているように，合一思想はパウロ思想のなかにも見出されるし，『ヨハネ福音書』の次のような言葉も，合一思想といえるものである。「かの日には，わたしが父の内におり，あなたがたがわたしの内におり，わたしもあなたがたの内にいることが，あなたがたに分かる」（ヨハネ福音書14章20節）。よって，合一思想を論じる場合，すべてをグノーシス的なものと考えることはできないであろう。聖書のパウロ書簡や『ヨハネ福音書』にも合一思想が散見される。

ところで，合一といっても，それは全的な合一であるのか，部分的合一であるのかについて，人は判断することができない。それは神の一部かもしれない

し，もっと多くなのかもしれない。合一は神の側から起こされるものであり，合一した限りについて人は知る。このような点もふまえて，認識論的合一と実体的合一を区別するべきだと思われる。認識論的合一とは主客を超えた認識の方法である。神についての認識は主客関係のなかでは成り立たない。認識できるということはそこに主客の合一が生じているのである。また実体的合一とは宇宙と個の唯物的な実体も含めた合一である。そして，さらにどちらの合一も独我論や汎神論に近いものにみえるかもしれない。しかし，合一といったところで一即全とは考えない。一即他でしかない。自他一如であっても，自全一如ではないのだ。そのこともふまえたうえで，認識論的合一とはあくまでも認識作業としての合一であり，実体的合一とはあたかも一即他や一即全のようなものも含めたものとして区別したい。合一思想は，この両方の要素を合わせもったものとして一般に意識されるかもしれないが，認識論的合一を唱えたところで，認識主体が即宇宙全体と等しいということにはならない。また，キリスト教的には，神との合一が起こるのは神の側から合一された部分にすぎない。いずれにせよ，合一については認識論的合一と実体的合一のふたつの側面から考えていかねばならないであろう。

　それゆえ，合一とは思想ではなく，認識において起こる作用であり，体感であり，感受である。このようなことはある種の宗教的な瞑想やトランス状態，あるいは夢のなかで起こる事柄に近い。グノーシスの特殊な認識方法は合一的であり，それは心理変容的であるといえる。

　機械文明のなかに生きる現代人にとって，宗教が理性的な現実の延長にあるものとして客観性や事実性にこだわって理解されるよりも，理性を超えたものとしていったん宗教を神話的なものとして理解してみる方がわかりよいのではないだろうか。グノーシスの霊的なものを強調する神秘主義的立場は人間の意識の深層の事柄を述べたものであり，それは主客の区別をもたない合一的体験のなかで成立するものである。もともと事実性へのこだわりは意図されていない。本来，宗教性とはこのようなものを指すといえよう。

　ところで，心理学者C・G・ユングは，グノーシス派のなかに，自我と無意

識の対立を超えて，人において意識されている自我がさらに大きな無意識のうちにある自己（セルフ）を含めた全体性へと向かっていく個性化のプロセスや深層心理学的な心の変容を認めたと考えられる。ユングの関心は，歴史にグノーシス派を生み出した体験的な思考，いわゆるグノーシス的思考が人間の本性においてどのような意義をもっているかということに向けられたといえる。彼はグノーシス派の文献のなかに，魂や意識の深淵につながる無意識の世界を読み取ったのである。

　無意識の世界につながることは，宗教的には神につながることとほとんど同義であると思う。また，葬儀，葬送などの宗教儀式との関連でいえば，イメージとして死者につながることは宗教の役割そのものでもある。死者とのつながりをイメージにおいてどのように可能とするかは，葬儀において求められるべき本質的な事柄である。それがたとえ，先にみた日本基督教団の式文のように，死の直後から死者の霊は天国にあるという定義をしたにせよ，葬儀参列者の意識がそれによって擬制されるとは思えない。葬儀における参列者の心理変容は自然に人のなかで生起するからである。また，そのような心理変容がより可能となるように儀式は組み立てられる必要がある。具体的にいうならば，認識における主客の分離による客観性ではなく，ひたすら，認識主体である人が意識を内的なものへと向けることが必要である。それは葬儀において行われる祈りや黙想，賛美などのツールによって実現されるべきだと考える。

　繰り返すが，グノーシス派が多くの神話的文献などを残していることは，彼らが宗教的な体験を論理的に述べるよりも，体験の心的イメージは神話的方法によって伝達できると考えたからであろう。主客合一のなかでとらえられるものは論理的に語ることができない。また，そこから，彼らが宗教的イメージと事実性との関係をどのように位置づけていたかという点も興味深く浮かび上がる。神話でしか表現できない神的な事柄は，事実性とは無縁であり，それらは認識の対象となる客体ではない。よって，祈りのなかで感受されるしか方法がない。

5 プロテスタントの葬儀に必要なもの

　死者のために祈ることは葬儀において当然なことである。たとえ，先に述べたように，死者は死を迎えるときには天上へ受け入れられると定義したところで，死者のために祈ることは人間における自然な営みである。これによって，人は死者と対話し，死者との距離，関係を再構築する。そして，自己の位置をとらえ直すことができる。それゆえ，実際には遭遇することは少ないのだが，死者のための祈りが教義的には存在しないというような極端な発想で葬儀を考えるならば，そこに遺族をいやすグリーフ・ケアは成り立たない。もっとも，日本基督教団の葬儀においても，通常は牧師の自由な祈りや説教において死者のための祈りが補われているというのが実情だと思われる。

　すでに夢で死者とつながった事例はいくつか紹介した。それゆえ，葬儀はそのようなつながりへの橋渡しとなってしかるべきである。その意味でも，プロテスタントの送葬においても，死者についてのイメージの想起を可能とするような工夫があってもよいと思う。葬儀における讃美歌や祈りは深層の心理につながる。そして，心理的な変容における死者イメージによるいやしを得ることが期待される。そもそも，人は祈りのなかでしか死者とつながることができない。だからこそ，死者について祈る意義を積極的に認める工夫があってしかるべきである。また，キリスト教においては，神の存在をとおして死者とのつながりが成り立つと考えられてもよいだろう。

　私見であるが，このような死者につながるという役割を担おうとしない宗教はつまらない。このような点に目を向けないのでは，やがて人はだれもその宗教に見向きもしなくなるであろう。また，死者の霊はすでに天上にありますといったからといっても，人は死者を思い起こし，死者と対話することもできるのである。

　ところで，キリスト者にとって最大の関心事はイエスが復活したのかどうかである。それは聖書の解釈，研究によってつねに論じられている。だが，今や

第三の道を考えねばならない。新約聖書の記述に頼りながら、プロテスタントでは信仰が構成されるが、使徒時代には新約聖書すら存在しなかったことを考慮に入れねばならない。すなわち、いかにしてイエス・キリストの復活は体現されたのか。あるいは感受されたのかを考えてみる必要がある。

たとえば、イエスの死後50日目に聖霊が弟子たちに降ったという話が、『使徒言行録』2章1～13節に記されている。イエスは除酵祭（過越祭）に十字架につけられた。その後、50日後にはユダヤの刈入れの祭があった。その日、イエスを失った弟子たちは集まって祈っていた。そこへ、「舌のようなものが、炎のように」それぞれの弟子に下った。それは、神の霊であると理解されている。そして、弟子たちはいろいろな国の言葉をその場で話し始めたという。すなわち、いろいろな諸外国の言葉でキリストについて語り始めたのである。

キリストの復活は、弟子たちが集会を行っている場所で体感されたのである。それは証明の対象ではなく、ただ感受されたのである。祈りのなかで弟子たちは霊的なものに遭遇したのである。このことは、いわゆる心理変容において起こったのである。そして、そのようなことを可能とした祈りはもともとイエスによっても伝えられたものであると思う。

イエスの死後も弟子たちは同じ祈りの集会を続けただろうし、そこで心理変容が可能だったのだろう。ただ、以前と違うのは、その場所にイエスが座っていたはずなのに、イエスは身体的にはそこにいないということである。だからこそ、祈りの導き手であったイエスが偲ばれた。そして、蘇ったイエス・キリストとの出会いは、霊的な体験として弟子たちに起こった。祈りのなかでそれは可能となった。いつでもイエスに会う方法が見出された。そして、パウロもまた同様の体験をしたのである。出会いの出来事は心理変容のなかで起こった。

それゆえ、キリスト教においては、本来、キリストは蘇ったというのは、信じるとか信じないという事柄ではない。感受すべき事柄なのである。そして、感受している事柄を、わざわざ証明する必要などどこにもない。たとえば、路傍の石について、それが石であるということをあえて証明する必要などどこにもないのと同じく、キリストの復活は証明するべき対象ではない。弟子らが祈

第9章 葬送のイメージ論

りのなかでキリストであるイエスに出会ったように，現在もそれが可能となる。

すでに，死者イメージとの出会いをいくつか述べた。また，人為的にそのようなことが可能であることも述べた。それゆえ，葬儀はそのようなものを実現する場であると思う。そして，神への祈りをとおして，死者とつながると考えてみてはどうかと思う。

最後に，トランス・パーソナル心理学は，スピリチュアル体験を幻覚や幻聴とは区別しようとするように，冷静な目で神秘主義，合一思想をとらえる必要があるだろう。それらを独我論的とか汎神論的として退けようとも，人間の精神の営みはそのような要素を兼ね備えていると思われる。それゆえ，本章で扱ったグノーシスについても，その重要な部分をとらえ直すことで，さらに本来の宗教性を希求する道が開かれると思う。ユングは「グノーシスにまでさかのぼる不断の知識の鎖は，私の心理学に骨子を与えた」と述べている。[34] 一見，非科学的として退けられる神秘体験のなかには，人を根底から変える力や支える力が備わっていることはすでに述べたとおりである。このようなことを念頭において，これからの宗教のあり方や，それにともなう葬送儀礼がつくりあげられるべきだと思う。

■ ■ ■

● 注

(1) 日本基督教団信仰職制委員会（1978）『日本基督教団口語式文　改訂第三版』日本基督教団出版局，251〜321ページ。日本基督教団は第2次世界大戦下に成立した合同教会である。日本ではプロテスタント最大教派である。この教団の式文はオーソドックスなプロテスタントのものと考えてよいと思われる。
(2) NHKスペシャルHP（http://www.nhk.or.jp/special/detail/2013/0823/）を2014年7月1日参照。
(3) Raymond A. Moody (2006). Reunited, How to Meet Loved Ones Again Who Seem Lost to Death (pp. 73〜92), Rider.
(4) Ibid., p. 75.
(5) Ibid., p. 113.

(6) Ibid., p. 160.
(7) 米国精神医学会／高橋三郎・大野裕・染矢俊幸訳（2002）『DSM-Ⅳ-TR 精神疾患の分類と診断の手引き』医学書院（American Psychiatric Association (2000) "Quick Reference to the Diagnostic Criteria from DSM-IV-TR"）。
(8) ロバート・ニーマヤー（2009）「意味の崩壊と再構築」（カール・ベッカー編著／山本佳世子訳（2009）『愛する者の死とどう向き合うか』晃洋書房　187ページ）。
(9) 前掲書，181ページ。
(10) ヴィクトール・E・フランクル／池田香代子訳（2003）『夜と霧　新版』みすず書房，138ページ。
(11) ロバート・ニーマヤー，前掲書，186ページ。
(12) 前掲書，192ページ。
(13) 河合隼雄（1991）『イメージの心理学』青土社，16ページ以下。
(14) 前掲書，21ページ。
(15) レイモンド・A・ムーディ／中山善之訳（1980）『かいまみた死後の世界』評論社。
(16) 河合隼雄，前掲書，159ページ。
(17) 前掲書，159～160ページ。
(18) 前掲書，232ページ。
(19) 新約聖書，1コリント，15：9。
(20) 新約聖書，『使徒言行録』9：1～19，22：6～16，26：12～18。
(21) ウイリアム・ジェイムズ／枡田啓三郎訳（2008）『宗教経験の諸相（下）』岩波書店，244ページ。
(22) 前掲書，338ページ。
(23) 他にパウロの言葉で神との合一を述べたものとして次がある。新約聖書，ローマ書 8：9，1 コリント，3：16。
(24) エレーヌ・ペイゲルス／荒井献・湯本和子訳（1982）『ナグ・ハマディ写本　初期キリスト教の正統と異端』白水社，43ページ。
(25) 熊沢義宣（1970）『ブルトマン』日本基督教団出版局，101～102ページ。
(26) 小林稔訳（1998）「マリヤによる福音書」荒井献・大貫隆・小林稔・筒井賢治訳『ナグ・ハマディ文書Ⅱ　福音書』岩波書店，121ページ以下。
(27) エレーヌ・ペイゲルス／松田和也訳（2005）『禁じられた福音書』青土社，39～87ページ。
(28) 私見であるが，このように，神との合一を志向する思想は，宗教の主流の権威的な組織を介さずに個々の実存において合一が可能だと考える際には，主流派から迫害の対象となると思う。なぜなら，権威的な組織を抜きにして，神との接点が民衆レベルで広がることを主流派が容認したならば，それはやがて組織全体の崩壊につながるからである。おそらく，グノーシス派が迫害の対象となった政治的理由はそ

のような点にあると思う。
⑵⑼　荒井献訳（1998）「トマス福音書」荒井献・大貫隆・小林稔・筒井賢治訳『ナグ・ハマディ文書Ⅱ　福音書』，岩波書店，33ページ。
⑶⑼　エレーヌ・ペイゲルス（1982），14〜15ページ。
⑶⑴　前掲書，41ページ。
⑶⑵　前掲書，39ページ。
⑶⑶　大貫隆（2011）『グノーシスの神話』岩波書店，298〜300ページ。
⑶⑷　C・G・ユング／河合隼雄・斉藤昭・出井淑子訳（2003）『ユング自伝　2』みすず書房，9ページ。

●参考文献

レイモンド・A・ムーディ／駒谷昭子訳（1989）『続　かいまみた死後の世界』評論社。
荒井献（1990）『原始キリスト教とグノーシス主義』岩波書店。
イグナチオ・デ・ロヨラ／門脇佳吉訳（1995）『霊操』岩波文庫。
井上彰三（2005）『心に残るキリスト教のお葬式とは──葬儀の神学序説』新教出版社。
長谷川正昭（2007）『瞑想とキリスト教』新教出版社。
久松英二（2009）『祈りの心身技法』京都大学学術出版会。
C・G・ユング／村本詔司訳（2009）『心理学と宗教』人文書院。

第10章
観光資源化する葬送儀礼

前田 武彦

1 悲しみと楽しみのはざまで

（1） なぜ観光資源か？

　本章では，葬送儀礼を筆者の専門である「観光学」の視点から考えたい。葬送儀礼が宗教と観光のはざまでゆれ，それが現実的に観光資源（あるいは，より動的視点では観光アトラクション）となっている状況について，分析の焦点をあてたいと思う。

　いうまでもなく，葬送儀礼いわゆる「お葬式」とは，死者の霊を鎮めて冥福を祈り，死者の係累などかかわりのある人を慰めるための儀式・儀礼である。葬式に参列する人は生前，死者と何らかのかかわりのある人がほとんどであり，当然のことながら，悲しいし，つらい。もしもそんなところに死者と何のかかわりもない観光客がドカドカやってきて，式の様子や参列者を好奇の目でジロジロ眺めたり，あるいはその様子を写真に撮ったりすれば，参列者はとても不愉快であるし，また道徳的にも倫理的にも不埒である。

　それに，そもそも観光旅行とは楽しみや骨休めや気晴らしのためにするものであるから，観光客にしてみても，何もわざわざ，他人のそんな悲しみや不幸の場に出かけていって，それを見学してやろう，という意欲はもたないはずだ。楽しい場所は他にいっぱいあるし，第一に，葬式などいつあるかわからないのだから，そんな，あるかないかわからないものを観光の旅程に組み込むこと自体が，むずかしい。

―――そう考えるのがふつうである。

　そうであるにもかかわらず，世界には現実的に，葬式に観光客が，しかもときには団体で，やってくるところがあるし，また一方，葬式に観光客がきても，それほど不愉快や違和感を覚えない人びとがけっこういる。場合によっては，悲しみが共有されることによる連帯感さえ観察されることもある。

　それはなぜなのか―――。

　ネパールに住む先住少数民族のタル族の葬式では，儀式のある段階で，女装した男性が出てきて踊り，人の死という悲しみを，笑いと楽しさに転じさせる行為がある。葬式とは，死者と区別されるところの，今生きている人びとが，関係者の死という事実を受け入れて生きていくために，死者への悲しみの感情を一定の区切りをもってリセットし，次のライフ・ステージに前向きに進んでいくための儀礼でもあるのだ。日本の葬式でも，ある段階で，精進落しとして酒席が用意されるのはそのためだ。

　このことはつまり，人間の「死」という，悲しみの感情をともなう全世界共通の事象において，そのような悲しみの感情をコントロールする社会的な装置が，それぞれの社会生活のなかに備わっている，ということを示唆している。そして，そのような悲しみ感情をコントロールするための社会的装置は，それ自体が地域の文化や民族の伝統などのさまざまな影響をつねに受けやすい。

　一方，観光行動のなかには，一般的にエスニック・ツーリズムといわれる，異民族や異文化の文化・生活様式を見学・鑑賞する行動がある。上述のように，葬式が悲しみ感情をコントロールする社会的装置であり，文化や伝統の影響を受ける文化様式であるとするならば，まさにそれはエスニック・ツーリズムの見学対象であり，それゆえに葬送儀礼は観光資源として十分に成り立つといえるのである。

（2）　観光の概念

　そもそも葬送儀礼などを含めて，一般的に宗教というもの自体が，実は観光と深い関係をもっているのである。

今日わたしたちがいう「観光」とは，ふつう近代観光をさしている。近代観光とは，マス・ツーリズムすなわち，お金さえ出せばだれでも旅行ができることを意味しており，それは19世紀中頃の英国で誕生したとされる。

一方，もともとは，国をくまなく見て回り，威信や栄誉を外の世界に示す，という意味合いであった中国起源の「観光」ということばが，現代のように，名所旧跡を見て回る，行楽という意味合いで使用されるようになったのは，20世紀の大正時代以後というのが定説となっている。

しかし近代観光成立以前のわが国で，そのような現代的な意味での観光が存在していないとされる時代においても，実質的には観光に近い行動が，巡礼（宗教的聖地を参詣して回る）というかたちで存在していた。つまり宗教と観光は相互不可分な関係にあったともいえるし，あるいはまた，宗教のなかには，もともと観光の要素が包含されていたともいえるのだ。

以下ではそれを物語る代表的な事例を2つ紹介しておこう。

（3） **お伊勢参りと大峰講**

まず，宗教と観光との融合とでもいうべきわが国の事例でもっともよく知られるのは，お伊勢参りである。

伊勢神宮（正式には神宮）への参詣は平安時代頃に成立したとされるが，一般庶民に広く普及したのは江戸時代であった。一般庶民の中心である農民層の行動には当時さまざまな規制があったが，しかしながら村単位で資金を積み立てて代参する講の浸透により，お伊勢参りは大衆化したといわれる。菩提寺で通行手形を発行され，江戸近郊から伊勢まで往復1か月程度の旅は，神宮参詣をめざす往路については信仰と修行の旅ともいえる宗教的色彩の濃い行動であった。

しかし参詣を終えた庶民は精進落しとして豪華な食事や酒席を楽しみ，遊廓や遊興に走った。それら一連の行動は御師といわれる案内人の支援で組織化され，その後は京・大坂見物をして帰路につくことが多かったといわれる。つまり精進落しのあとは，物見遊山の娯楽的色彩の濃い行動であり，現代でいう観

第 10 章　観光資源化する葬送儀礼

光旅行である。

　伊勢神宮の門前町にあたる古市には遊廓街が形成され（現代流にいうと，伊勢神宮門前に風俗街があったことになり，現代の規範ではとうてい考えられないことであるが），さらに神宮門前町への商業・物流拠点である伊勢河崎の町なみや，参詣者の禊ぎ場として知られた二見浦の海岸をはじめ，神宮に供進する塩を製造する塩田などの神宮関連施設など，伊勢神宮一帯は，神宮を中心にして宗教と集客と消費が合体した圏域を形成しており，それは現代流にいうならば，宗教観光圏が形成されていたことにほかならない。

　次に，宗教と観光が融合した事例として，大峰信仰が挙げられる。

　大峰山は，紀伊山地の一部を構成しつつ奈良県中南部に南北に連なる山なみをさし，その北部主峰にあたる山上ヶ岳は，古代より山岳修験道の霊山として知られ，今なおわが国唯一の女人禁制を守る。その頂上付近には，山岳信仰にもとづくきびしい修行で知られる，大峰修験の中心道場である大峯山寺がある。山上ヶ岳大峯山寺への参詣は，現在でも大峰講として信徒の講組織が生きており，その参詣のための登山は，それ自体が修行となる宗教的行動である。

　一方，山上ヶ岳への登山口にあたる，門前町の洞川地区は，古来より豊富な湧水に恵まれた土地であり，大峰修験の信徒にとっては登山と修行の基地となっていた。それゆえ洞川の町なみは，「創業300年」などの講宿が今なお残り，現在まで連綿とつづいた山岳信仰の歴史を彷彿させる，一種独特の雰囲気をもつ。それは深い大峰山の山岳修験道という，地理的にも精神的にも俗世からかけ離れ，信仰によってつくられた磁場のような場所である。現在の信徒宿の多くは戦後の大火後に建てられたものだが，しかしそのつくりや景観は，現代の日本人に，いわば遺伝子的に組み込まれた思い，とでも言うしか言いようのないような，「古き良き日本」へのノスタルジアをかきたてるものだ。

　そしてこの洞川では，湧水群が環境省「名水百選」に選定されたり，温泉が掘削され，さまざまな環境整備がはかられ，観光への制度化が促進されることで，ノスタルジアをかきたてる土地ということが売りとなり，山岳修験道とは無関係の観光客が——男女問わずに——多く訪れるようになった。ここでは，

239

信仰と環境を融合させた宗教観光圏が形成されつつあるのだ。[1]

　このように，宗教と観光は，本来は不可分なものであった。その意味においても，宗教的行為である葬送儀礼が観光資源となることに，実はさほどの不自然さはなかったのである。

②　生前世界と死後世界のはざまで

（1）　日常世界と非日常世界

　前節で，宗教と観光が歴史的に融合したものであり，宗教的行為である葬送儀礼はもともと観光資源化への抵抗がないことを述べた。この節ではさらにふみ込んで，宗教と観光には，歴史性ばかりではなく，行為の形式性においてもさまざまな類似点があり，その意味においても，宗教的行為である葬送儀礼が観光資源化していくことを明らかにしたいと思う。

　ここでまず，葬送儀礼とは，「この世」と「あの世」をつなぎ，「この世」から「あの世」への移行を円滑に行うための定式化された一連の行為である，と定義しておく。葬送儀礼に参加するのは当然「この世」側の人間であるが，その儀礼を実施する直接的な契機となり，その儀礼の中心対象におかれるのは，まさに当該の死者そのものの「あの世」側の人間（「人間」といういい方が適切かどうかはひとまずおいておく）である。したがって葬送儀礼は，本来は絶対的に区別されるはずの「この世」と「あの世」が入り混じり，混成的につくられた独自世界の空間で遂行されることになる。

　葬送儀礼に参列した人はだれしも，たとえば僧侶の読経を聞いたり，花で飾られた故人の遺影をみたり，喪主の挨拶で故人のエピソードを聞いたり，棺のなかの故人と対面したりして，生前の故人のさまざまな言動を回想し，また死後の世界について漠然と思いをめぐらせるはずだ。いいかえると，葬送儀礼の空間は，「この世」と「あの世」の裂け目から，「この世」側の人間が「あの世」側を垣間見る場でもあるのだ（もちろん「あの世」側から「この世」側を垣間見る場でもあるわけだが……）。

そして「この世」を日常世界と考え，「あの世」を非日常世界と考えるなら，葬送儀礼とは，日常世界と非日常世界のあいだにできた裂け目から，日常世界の人間が非日常世界を垣間見る行為である，といえる。そして何あろうこのことはまさに，観光という行為の形式的定義そのものにほかならないのである。観光とは，日常世界の人間が，外出や遠出などにより一時的に日常生活圏を離れて，非日常の光景や経験を知覚し享受することで，非日常世界を垣間見る行為であるといえるからだ。つまり葬送儀礼と観光は，その事象の形式性に着目した場合，両者とも類似の形式をもち，その結果，類似の構造的特性を有するのである。

　では，その類似の構造的特性とはどのようなものか。筆者はその特性を，図地反転の原理と呼びたい。次にその図地反転の原理について説明しよう。

（２）　図地反転の原理

　わたしたちはふだん日常世界のなかで生活している。通勤，業務，家事など，生活の全般は日常世界の日常性原理により支配されている。そしてわたしたちは観光旅行にでるとき，日常生活のさまざまな束縛からの解放感を味わう。

　現代の日本人が宿泊をともなう国内の観光旅行にいくのは年間で平均1.4回だ。日本人の海外旅行者数は年間で1,849万人であるから，1人あたり0.15回の海外旅行にでると換算すれば，国内・海外旅行をあわせて，今の日本人は平均すると年間1〜2回の旅行にいくことになる（海外旅行者の数字には観光目的以外もふくまれるが，目安として計算しても，この平均は変わらない）。年に1〜2回のこの観光旅行は，日常生活圏を離れた，非日常性原理の支配する世界だ。[2]

　現代の日本で，都市開発によるまちづくりが，各地でよく似た景観を示すことは少なくない。しかしたとえ観光地に向かう列車の窓から見える町なみが，毎日の通勤電車の窓から見える，日本の同じような町なみの景観であったとしても，見る側の人間の心理にとって，それは大いに異なっている。

　一般に人間の知覚において，2つの領域が視野に存在するとき，一方が輪郭をもった形として見え，もう一方が背景として没してしまう，視覚の体制があ

る。知覚心理学では,前者の輪郭をもった形を「図」と呼び,後者の背景を「地」と呼ぶ。つまり,旅の列車の窓に広がる町なみは,見る人間の心のなかに,ある種の張りを覚えさせてくれる刺激であり,知覚心理学でいう「図」だ。それに対して,通勤電車の窓から見える町なみは,いつもと同じ背景として没してしまう,知覚心理学の「地」である。観光旅行とは,日常世界という「地」から浮かび上がった,非日常世界での行動であり,それは「図」として知覚できるものだ。たとえ視覚的に同じような似た光景や景観であったとしても,それが「図」として知覚されるのか,あるいは「地」として知覚されるのか,ということは,結果的には相反する意味合いをもつのである。[3]

このことは逆にいうと,たとえ「図」と「地」のような一見すると相反する意味合いをもつような事象であっても,その根はよく似ていて,ほんのわずかな相違にすぎないこともあり得る,ということだ。とりわけ重要なのは,「図」なのか「地」なのかは,あくまでも人間の知覚の問題である,という点だ。人間の知覚は,ときとして,入れ替わることができる。図と地は,ときには,反転するのである。

葬送儀礼と観光が,その事象の形式性の点で類似した構造をもち,それが図地反転の原理という特性をもつのは,こういうことだ。葬送儀礼も観光もともに,日常世界の人間が,日常世界と非日常世界のあいだにできた裂け目から,非日常世界を垣間見る行為である。そのときの非日常世界は図として知覚される。しかし,人間の知覚はつねに,図地反転の可能性をもつ。つまり,非日常世界を見ていた人間が,あることをきっかけとして,図として知覚していたはずの非日常世界を,地にすぎない日常世界と知覚して,いつもの日常世界に戻ることができる,ということだ。そして,その図地反転の契機やきっかけとなる現象が,それぞれの社会や文化に独自に備わっているのである。

観光旅行の場合,そのような図地反転の契機は,一般的には,自宅への帰還,というかたちで達成されやすい。旅行から自宅に戻り,日常の生活を再び営むようになれば,否が応でも,日常世界を知覚せざるを得ないからだ。しかし,観光旅行の途中,自宅への帰還前に,図地反転がなされることもないわけでは

ない。たとえば，家族旅行の最中に会社の仕事を持ち込み，旅行中も家族サービスと会社の業務の両方に追われたという場合では，もしかすると旅行先で業務のパソコンを開けた瞬間が，日常世界への反転であったかもしれない。図地反転の原理とは，物理的に規定されるものではなく，あくまで知覚レベルにおけるものだからだ。

　一方，葬送儀礼の場合は，図地反転の契機は，さらに知覚に依存しやすい。もともと葬送儀礼において，死者の霊を鎮めて冥福を祈ること（すなわち非日常世界を垣間見ること）自体が，日常世界に暮らす人間側の知覚に完全に依存した行為であるからだ。それゆえ，人間社会の知恵として，人間側の知覚を制御しやすくするために，図地反転の契機が，それぞれの社会や文化に応じて，一定の定式性をもって社会文化的に決められている可能性がある。社会のなかで，はっきりと何らかの意味が付与され明確に定式化された儀式や儀礼は，その儀式や儀礼を執り行う人間にとっては，付与された意味を知覚することが容易であるからだ。

　わが国の葬式や法要において，しばしば精進落しとして飲食するのは，非日常世界側の故人の霊と日常世界側の人間がともにその場で飲食し，その会食をもって人間が日常世界に戻る，ということを社会文化的に知覚できるからだ。その場合に，物理的にどうこうというのではない。あくまで，しめやかに執り行われた葬式のあとの人間たちだけの飲食を，実は神人共飲ともいうべき，故人の霊と人間がともに飲食物を分かちあっているのだと意味づけすることで，その行為のあとは，日常世界への復帰という図地反転が知覚しやすい，ということである。

　なぜ図地反転が知覚しやすいかといえば，そうした神人共飲というべき会食のあとは，日常世界と非日常世界の裂け目から，人間はこの世へ，故人はあの世へ，戻っていくのだという意味づけが，社会文化的に付与されているからである。ルビンの盃で，同じ一枚の絵が，二人の人間の顔なのか，一つの盃なのかを，教えられるとそう見える。その，教えられるという部分が，社会文化的に意味付与される，ということである。

（3） あの世の特性と観光資源化

　ところで，葬送儀礼がこの世とあの世をつなぐものであるなら，それを執り行うこの世のふつうの人びとにとっては，この世からみたあの世とは，どのような特性をもっているのだろうか。

　まず何よりも，あの世は，この世から想像できるだけであり，実際には見ることができない。つまり，不可視である。

　また想像できるだけであるということは，その想像そのものが，果たして正しいかどうかを証明する手段がないことを意味する。想像しかできず，その想像の正しさを証明できないため，真実がどうなのかということは確定せず，あの世についての解釈のみが無数に多様化する。つまり，未知なのである。

　しかし，未知であって想像できるにすぎないながらも，それは，過去にも現在にも，そしておそらく未来を通しても，永久に不滅である，ということはたいていの人にとっては前提されている。つまり，永遠である。

　またあの世はどこかにはきっとあるはずだが，どこにあるかはわからない。つまり，所在不明である。

　さらに，どこかにきっとあるはずだといっても，はたしてはっきりと領域の決まった有限の存在なのか，あるいは，「千の風」のごとく無限の存在なのか，それもわからない。つまり，範囲未定である。

　しかしそうであっても，それは万人にかならず訪れる世界である。あの世がどのようなかたちをとるにしても，それを避けることはできない。つまり，不可避である。

　ただ不可避ではあるが，いつ訪れるかわからない。つまり，予知不能である。

　このように，この世からみたあの世とは，不可視・未知・永遠・所在不明・範囲未定・不可避・予知不能という特性をもつ。

　そこでまず，前の3つ，不可視・未知・永遠という特性に着目しよう。

　永遠に滅びず存在するのに未知で見ることができないというのは，まるで宇宙のブラックホールのような，神秘に満ちた存在であり，それはいかにも人の好奇心をかきたてる。しかもその好奇心を満たそうとすれば，この世を離脱せ

ざるを得ないため，それは決して満たされることがない。

　この3つの特性が示唆していることを総括的にいえば，神秘性ということである。つまり，この3つの特性から，葬送儀礼には神秘性という意味付与がなされる。そしてそのことは，葬送儀礼が観光資源化するうえで重要な要素の第一となる。

　そもそも神秘性を帯びたところというのは，人の好奇心をかきたてる見物対象になりやすいからだ。そればかりか，神秘性を帯びたところというのは，古来，何らかの超自然的な一定の力が付与されると信じられることが多い。たとえば，地中からこんこんと湧き出す液体は神様からの賜りものであり，そのような神があたえた霊なる水に，病んだからだを回復させる治癒力があると信じられた，日本各地に残る霊泉信仰はその典型である[4]。そのような霊泉信仰は，温泉が今日の日本で有力な観光資源となる原動力の一つとなった。

　神秘性を帯び，超自然的で霊的な力が付与されたところとは，いわゆる霊験あらたかな場所であるが，現代流にいえばパワースポットのことである。それは昔も今も，人が願いをかけるために集まる場所であって，集客力をもつ。こうしたことから神秘性という意味づけは，葬送儀礼が観光資源化するうえでの重要な要素であることが理解できよう。

　次に，残りの4つ，所在不明・範囲未定・不可避・予知不能という特性に着目しよう。

　どこにあるのかわからない，有限なのか無限なのかもわからない，きっとやってくるはずであるが，しかしいつくるのかもわからない——そのような世界は，まさに予見できない，人智およばぬ運命的空間である。これらが示唆することは多義的であるが，あえて総括的にいうなら，予測（あるいは予見）不可能性ということではないだろうか。つまり葬送儀礼には予測不可能性という意味付与がなされ，そのことは，葬送儀礼が観光資源化するうえで重要な要素の第二となる。

　ところがこの予測不可能性という意味づけは，ふつうに考えると観光にとってはネガティブで否定的な要素であると思いがちだ。旅程が計画どおりすすま

ない，予測不能な危機的事態が起きる，という面での予測不可能性は，たしかに団体客の観光にとってあまり好ましいことではないかもしれない。本章第1節（1）でも述べたように，そもそも葬式のようにあるかないかわからないものは，旅程に組み込むこと自体がむずかしいはずだ。

しかしながら，増加している個人客の観光や，とりわけ近年人気を集めつつある体験型あるいは冒険型の観光にとっては，実はこの予測不可能性は，排除されるのではなく，むしろそれを受け入れ，楽しもうとする姿勢で，観光客に肯定的にとらえられているふしがあるのだ。その典型事例を2つ，以下に紹介したい。

（4）　コスタリカとギアナ高地[5]

近年，自然および地域の生態環境と観光を相互調和的におこなうエコツアーが人気を呼んでいる。そのようなエコツアーの聖地として知られ，世界的に人気を集めつつあるのが，中米コスタリカ共和国である。そのコスタリカでの人気の観光アトラクション（観光資源の一つであり，観光客に魅力のある観光の素材となるものを観光アトラクションという。第4節（2）に詳述）の一つに，ジャングル奥地の川をインストラクターと一緒に大型ゴムボートに乗って下る，ラフティングがある。

ラフティングそのものは世界各地にみられるアクティブでスポーツ的なレジャーであるが，コスタリカの場合，多様な生き物が生息するジャングル奥地を漕ぎ進むために，川下りの最中に，水面を二本足で走るめずらしいトカゲが見られたり，水中にワニが出たり，川岸にイグアナやコウモリの大群がいたりすることもある。しかしこれらの生き物は，出るかもしれないし，出ないかもしれない。それを見られるかもしれないし，見られないかもしれない。もし何も出なければ，あたかも消化不良のように感じて当然のはずだ。しかしむしろ観光客は，生き物が見られるかどうかわからない予測不可能性を嘆くよりも，今出るか今出るかという一種の緊張感を楽しみ，コスタリカのジャングル奥地をゴムボートで川下りするという体験そのものに満足感を得ることが少なくない

のだ。

　さらに，地球最後の秘境といわれる南米ギアナ高地への冒険型のツアー（アドベンチャー・ツアーという）では，ベネズエラ領にある落差世界一（979 m）のエンジェル滝をみるため，世界遺産であるカナイマ国立公園のテーブルマウンテン地帯（垂直状の断崖と水平状の頂上部から成る，台形状の山が，無数に点在する地域）周辺を小型飛行機で遊覧飛行する，人気の観光アトラクションがある。
　そこに日本から行く場合には，観光客は南米ベネズエラの辺境にあるジャングル地帯まで，相当な時間と費用をかけて苦労して行くことになる。ところがギアナ高地一帯は世界有数の降水地域であり，年間を通じてほとんど雲と霧におおわれており，遊覧飛行をしてもエンジェル滝の一部もしくは全部が見えなかったり，またしばしば乱気流がうずまき遊覧飛行そのものが中止になることも多い。日本からのツアー客が苦労してジャングル奥地にたどり着いても，カナイマ国立公園最大の目玉であるエンジェル滝をまったく見ることができずに帰ることも少なくない。それなのに，この種のアドベンチャー・ツアーでは，観光客がそのことを，残念がるにしても，不満をぶつけることは少ない。むしろ，冒険型の旅行が無事に終わったことの達成感や，あるいは幸運にもほんの少しでも滝が見えたときの満足感など，その肯定的な側面が倍加されることが多いのだ。
　これらの例でわかるのは，本来は観光において否定的にとらえられ排除されがちな予測不可能性が，排除するよりもむしろ，それを受容して楽しもうとする姿勢で，肯定的にとらえられている，ということである。
　こうしたツアーでは，旅程はかならずしも予定どおりにはすすまない。予測できない困難や期待はずれも起こり得る。しかしそのような予測不可能性があるからこそ，その困難が克服できたり目的が達成されたときの満足感は大きく，こうしたツアーの存在価値がある。葬送儀礼に付与される予測不可能性という意味づけは，葬送儀礼が観光資源化するのを妨げないばかりか，重要な要素の一つとなることが理解できよう。葬送儀礼とは，コスタリカの川下りで現われるめずらしい生き物と同様に，それ自体がたいへんめずらしいアトラクション

であるからだ。

　ところで，こうした予測不可能性のあるツアーでは，もしも観光客にとって何か幸運なことが達成された場合，ツアーの添乗員がつかう常套句がある。それは，「みなさんの日頃のおこないがよいから○○ができました」といういい方である。ギアナ高地の遊覧飛行でエンジェル滝の全体を見ることができたら，それはツアー参加客の日頃のおこないがよいから，神様すなわちあの世の存在のかたが，参加客に幸運をもたらしてくれたと考えるわけである。これは，あの世はつねにこの世とつながっている意識があるからだ（ただし，めずらしい葬送儀礼を見学できた海外ツアーで，「みなさんの日頃のおこないがよいからお葬式が見られました」とはいわないようであるが）。

　一方で，あの世に行ってしまった人に，この世で出会うことはできない。故人とかかわりのある人にとっては喪失感となり，それは悼みの感情をともなう。だからこそ，そのような悲しみの感情をいつまでもひきずるのを避け，一定の区切りをつけて感情をリセットし，次のライフ・ステージにすすむための社会的な装置として，葬送儀礼は機能するのである。そのときに，この世とあの世がいつでもつながっているという意識は，悲しみ感情に区切りをつけるのを助けてくれるだろう。

③　儀礼行為と儀礼対象のはざまで

（1）　葬送儀礼の4類型

　前節で，葬送儀礼が観光資源化することを考察したが，本節では，葬送儀礼を類型化して，観光資源化との関係を考えたい。

　葬送儀礼を類型化するに際して，次の2つの位相を区分する。

　まず，第2節（1）で，葬送儀礼を，「この世」と「あの世」をつなぎ，「この世」から「あの世」への移行を円滑に行うための定式化された一連の行為，と定義した。それゆえ，葬送の場で実際にどのようなことを行うのか，ということを問う，「葬送行為の定式性」という位相が存在する。

次に，同じく第2節（1）で述べたように，その儀礼を実施する直接的な契機となり，儀礼の中心対象におかれるのは，まさに当該の死者そのものである。葬送儀礼とは，そうした葬送対象が存在することではじめて成立する儀礼であるから，だれを葬送するのか，ということを問う，「葬送対象の特定性」という位相が存在する。

「葬送行為の定式性」の位相とは，葬送儀礼において執り行われる一連の行為に，一定の意味づけが与えられ，そのような意味付与によって，行為がどの程度明確に定式化されているか，という位相である。たとえば国葬と家族葬では，儀礼手順の決まりごとに相違は大きいはずだ。そこで，儀礼行為に付与された意味によって定式化されている程度が強い場合と，それが弱い場合の2つを区分する。

「葬送対象の特定性」の位相とは，葬送される対象者の意味づけが，どの程度明確に特定化されているか，という位相である。たとえば太平洋戦争戦没者の慰霊と，病死した自分の子どもの葬式では，葬送される対象者がだれなのかということの意味合いは大きく異なるはずだ。そこで，儀礼対象（葬送される対象）に付与された意味によって特定化される程度が強い場合と，それが弱い場合の2つを区分する。

以上2つの位相ごとに，その強弱を区分してそれぞれを組みあわせると，4つの類型に分類できる（次ページの表10-1参照）。以下では表中のA～Dに該当する事例を考えたい。

（2） 各類型の代表事例

表10-1でAは，葬送行為の定式化が強く，かつ葬送対象の特定化も強い場合である。つまり葬送儀礼の行為の一つ一つに意味が明確に付与されており，それによって一連の行為手順が厳密に決められていることを示している。また葬送される対象者がはっきりと特定化され，まさにその対象者がだれであるということこそ，この葬送儀礼にとって決定的に重要となる。こうした葬送儀礼の典型例として，昭和天皇の大喪の礼が挙げられる。大喪の礼は国家の儀式と

第Ⅱ部　葬送儀礼の研究

表10-1　葬送儀礼の4類型

		葬送行為の定式性	
		儀礼行為としての意味	
		強	弱
葬送対象の特定性 / 儀礼対象としての意味	強	A	B
	弱	C	D

出典：筆者作成。

して実施された天皇の葬儀であり，葬送対象者が天皇であるからこそ，その儀式は，現行憲法下での国家の宗教的中立性を保持するために，行為の手順が厳密に決められていた。

　表10-1のBは，葬送行為の定式化は弱いが，葬送対象の特定化は強い場合である。つまり葬送儀礼の行為への意味づけは明確にはなされておらず，一連の行為の手順も弾力的に変更することが可能であるが，一方で，だれが葬送されるのかということ，すなわち葬送対象者はこの儀礼にとって決定的に重要である。こうした葬送儀礼の典型例は，有名俳優やタレント，有名歌手などの葬式である。こうした葬式では，何よりも重要なのは，だれが亡くなったのか，ということだ。葬送儀礼の参列者は，故人の親族や友人や仕事仲間などにくわえて，その故人のファンであった人が数多くいるのがふつうである。ファンたちはまさに葬送対象者がその人だから参列しているわけだ。葬送儀礼というのは，たとえば結婚式などと異なり，故人にゆかりのある人は基本的に参列を拒まない傾向がある。人気商売である俳優やタレントの葬式となれば，主催者側も，そのファンが参列するものとして，あらかじめ葬送儀礼の会場や手順や内容を，そのために準備しておくことが少なくない。一方で儀礼の行為については，宗教や宗派，想定される参列者の規模，葬儀会社や費用や地域の習慣など，

さまざまな事情に応じて，弾力的に運営される傾向にある。通常の一般的な家庭の葬式もこのBタイプの類型にあたる。

　表10-1のCは，葬送行為の定式化は強いが，葬送対象の特定化は弱い場合である。つまり葬送儀礼の行為には明確な意味づけがなされていて，儀礼における一連の行為手順も決められているが，一方で，葬送される対象者はだれであると，はっきりと特定化することが絶対重要なのではない。こうした葬送儀礼の典型例は，お盆の時期に全国各地で実施される送り火行事の灯籠流しであるとか，京都の大文字五山送り火などが挙げられよう。灯籠流しや五山送り火は，本来はお盆にかえってきた死者の魂を再びあの世に送り出す行事とされ，宗教的・歴史的な意味付与が強くなされており，それによって行為の手順も決められているものである。しかし葬送儀礼の一種ではあるが，その葬送対象者は，今自分たちの目の前から亡くなった特定の人というよりも，祖先全般にわたることが多い。あるいはまた，儀礼対象の特定化がきわめて弱くなり，葬送対象者がだれであるということは二の次にして，送り火行事自体が，地域の伝統的な習慣になっていることも少なくない。そのために近年は，地域の観光行事化している事例も増えつつあり，京都の五山送り火などは，葬送儀礼という意味合いよりもむしろ，夏の京都の風物詩という意味合いのほうが強くなっている。

　表10-1のDは，葬送行為の定式化が弱く，かつ葬送対象の特定化も弱い場合である。つまり葬送儀礼の行為への意味づけは明確にはなされておらず，一連の行為の手順が弾力的に執り行われたり，あるいは行為の意味づけが希薄なまま，何らかの理由によって，行為の手順が便宜的に決められているだけのこともある。さらに，葬送される対象者もだれであると，はっきりと特定化されているわけではない。こうした葬送儀礼の典型例として，神戸ルミナリエが挙げられる。神戸ルミナリエは本来，1995（平成7）年に起きた阪神・淡路大震災の犠牲者への慰霊と鎮魂の目的で，神戸の町の復興と再生を祈念しつつ，同年に開催された行事である。ルミナリエの電飾は，送り火としての意味づけがなされた。それゆえ，町の復興を祈りつつ死者を追悼するという葬送儀礼の一

第Ⅱ部　葬送儀礼の研究

種である。しかし町の復興とのかかわりで集客効果を意図しているために，儀礼行為の手順である行事の実施内容は，費用や安全や交通事情などさまざまな事情によって，年ごとに少しずつ変えられるなど，行為の定式化は弱いうえに，また死者の追悼と町の復興を織り込んでいるため，葬送対象者についても，震災の犠牲者全般にわたっていて特定化が弱くなっている。

（3）　悼みの感情と観光資源化

　この節で述べてきた「葬送対象の特定性」の位相はまた，葬送儀礼にともなう悼みの感情と深くかかわっている。葬送儀礼には，故人に対する喪失感から，悼みの感情がともなうが，その感情の強さは，葬送対象の特定化の強さと，相関的に比例しているのである。葬送対象の特定化が強く，葬送される対象者がだれであるのか，その対象者は参列者にとってどのような意味をもつ人であるのか（故人と参列者はどのような関係にあるのか），ということが重要視されているときほど，参列者の悲しみ感情は強くなる。逆に，葬送対象の特定化が弱く，葬送される対象者がだれであるかということがはっきりと特定されておらず，また特定することがそれほど重要でないときほど，悲しみ感情は弱いものである。

　実は，この悼みや悲しみの感情がどのぐらいともなうのか，ということは，葬送儀礼の観光資源化にとって，重要な要素ともなっている。ここで，本節（2）で述べた表10-1のA～Dに該当する典型事例を，もう一度整理したい。

　葬送対象の特定化が強いAとBでは，大喪の礼と，有名俳優や歌手の葬式が，典型例として述べられ，葬送対象の特定化が弱いCとDでは，灯籠流しや送り火の行事，さらに神戸ルミナリエが，典型例として述べられた。

　そして，大喪の礼，有名俳優の葬式，灯籠流しや送り火，神戸ルミナリエはいずれも，多くの人がそこに集まる。儀礼自体の参列者や関係者も決して少なくないが，これらの事例に共通するのは，儀礼の場所もしくは関係する場所にきて，儀礼の一部または全部を，見物できる，ということである。大喪の礼では，昭和天皇の霊柩が関係する会場を移動していく沿道に数十万人が集まり，

有名俳優の葬式では、一般のファンの参列場所が用意されることが多く、京都五山送り火や神戸ルミナリエは半ば観光行事化して、多数の見物客が訪れる。

つまり、これらの葬送儀礼には強い集客力があるのだ。その点で、これらはいずれも観光資源化の可能性をもっている。しかしながらそこに、悼みの感情が立ちはだかる。

悼みや悲しみの感情が強い場合は、その儀礼自体にたくさんの人が集まる効果があるとしても、決してそれを観光資源であるとはいわない。悼みをともなうことによる倫理規範の規制がはたらくからである。それは、人が悲しんでいるところを、他人が楽しみのために見物することは許しがたいという倫理規範である。そして、上述したように、そのような悼みの感情の強さは、葬送対象の特定化の強さと、相関的に比例している。そこでこのように総括できそうである。すなわち、葬送儀礼は一般的に観光資源化の傾向をもつが、葬送対象の特定化が強い葬送儀礼は、集客力があるものの、観光資源化しにくいのに対し、葬送対象の特定化が弱い葬送儀礼は、観光資源化への潜在力が強いといえるのである。

４ 宗教と観光のはざまで

（１） トラジャの葬送儀礼

これまで述べてきたように、葬送儀礼は観光資源化への潜在力をもつし、事実すでに観光資源化しているものも多い。近年（2006年）までヒンドゥー教を国教としていたネパールでは、国内最大のヒンドゥー教寺院であるパシュパティナート境内の火葬場で、観光客はほぼいつでも葬儀の一部を見学できるし、遺体が火葬され遺灰が聖なる川バグマティに流される光景を、観光客はそばで見守りながら写真を撮る。このように観光資源化している葬送儀礼は世界各地にみられるが、本節では、とりわけその観光資源化が積極的に推進されている、インドネシアのトラジャ族の事例を取り上げたい。

インドネシア東部のスラウェシ島中部に住む少数民族トラジャ族は、土着の

アニミズムにもとづいた独特の伝統的なライフスタイルで知られている。特にその死生観は特色があり、自分の葬式こそが人生で最大の晴れ舞台であるとして、俗に「トラジャ族は死ぬために生きている」といわれることもある。[6]

1970年代頃からインドネシア政府は、トラジャ族居住の中心地域であるタナ・トラジャの観光振興に力を入れ始め、オランダ植民地時代に植民地政策の一環で区画整理されていた集落を中心に、外国人観光客を積極的に誘致できるよう、観光地として整備した。とりわけ観光客を誘致するための観光の目玉となったのが、トラジャ族の葬送儀礼であった。

トラジャ族には、人が死ぬと、埋葬するまでの一定期間、死者の復活を願って、遺体を布で巻いたり木製の棺に納めて仮に安置しておく、いわゆるモガリの習俗がみられる。遺体を家のなかに安置し家族が同居する期間は、階層により異なり、数日から3年程度にまで及ぶ。その間に遺族は、葬儀に必要な費用を含め、さまざまな準備を行う。

葬儀は公的に設けられた葬儀場で実施される。そこには遺体を安置する仮小屋のほか、参列者のための客席のような桟敷席があり、参列者は千人規模の場合もある。一連の儀礼行為のなかでは、あたかも祭礼のように歌や踊りなどが催され、水牛が犠牲として屠殺され参列者に振舞われる。葬儀会場周辺には、参列者や観光客のために屋台が出店することもある。

葬送儀礼が観光資源化していくにつれ、階層ごとの差異が少なくなりモガリの期間も次第に長くなった。葬儀自体も数日間つづき参列者が増え、本来は農閑期を中心に行われていたが、年間を通じて実施されるようになった。参列者が増えることで、屠殺の水牛だけでは足らなくなり、高価な水牛に比べて安価な豚を一緒に屠殺して振舞うようになった。

さらにトラジャ族の葬送儀礼では、葬儀場での儀礼行為だけではなく、その後に遺体を運び入れる墓地もまた特徴的なものであり、観光資源化している。

墓地は、小高い丘陵などの切り立った崖や、壁のような山肌に穴を掘り、そこに棺（あるいは布で巻いた遺体）を安置するか、あるいは岩壁に杭を打ち込み、吊り墓のようにその上に棺をおく、岩壁墓の場合と、自然の洞窟のなかに棺

(あるいは遺体)を安置する，洞窟墓の場合がある。墓には，死者をかたどり，目元を鮮明に描いた，タウタウといわれる人形をそばにおくことが多い。いずれの墓地においても，棺の破損や，遺体をそのまま安置している場合などで，少なからぬ人骨や頭蓋骨がそのまま露出している。

　エスニック・ツーリズムに分類される，こうした観光でタナ・トラジャを訪れる観光客は，オランダの植民地政策とその後のインドネシア政府の観光地化政策によって整備された，独特の高床式舟型住居群を見学し，またトラジャの暮らしぶりの一部を見学する。しかしタナ・トラジャ観光の最大の目玉はトラジャの葬送儀礼そのものである。できるだけ観光客が葬送儀礼を見学できるように，"葬儀計画"が事前に関係機関に通知される。そして"幸運な"観光客は葬儀会場を訪れて葬儀を見学できる。葬儀の一部を見学した観光客はその前後に，岩壁墓のある丘陵地を見学して回り，さらに洞窟墓の内部を見学する。洞窟墓の内部は暗闇なので，たいてい地元の案内人が照明をもって同行する。観光客にとって，葬儀のほうはまるで地域の祭りに近い雰囲気があるが，墓地見学では，暗い洞窟内でたくさんの人骨をみてショックを受けることもあるようだ。

（2）　葬送儀礼の観光資源化——結語にかえて

　トラジャの葬送儀礼にみられるように，葬送儀礼の観光資源化には，2つの要素が含まれている点に注目したい。それは一つには，まさに儀礼行為そのものの観光資源化ということと，もう一つは，儀礼行為のあとに死者が何らかのかたちで埋葬される葬送地の観光資源化ということである。葬送儀礼の観光資源化という表現には，儀礼行為ばかりではなく，その儀礼行為の結果生じる最終局面の場所である葬送地（墓地）もが包摂されているとみるべきである。

　葬送儀礼において，いわゆる葬式である儀礼行為は，時間の流れにそって執り行われる一時的なものであり，観光客にとっては観光アトラクションのようなものである。観光アトラクションの厳密な定義というものはないが，ここでは，観光対象となる観光の素材のうちで，動的なパフォーマンスの要素が含ま

れるもの、という意味に解釈しておきたい。そのような観光アトラクションは、観光客にとっては、実際にそれを見学してこそ価値がでるものだ。時間の経過とともにパフォーマンスが進行していき、その価値は、そのパフォーマンスの流れの時間を共有しているときにこそ存在するのであり、時間の経過とともにその価値も消失していくのである。たとえば、トラジャの盛大な葬儀は、観光客にとっては、それを見ることで価値があるのであり、単にこのような葬儀があるのだよと他人から聞いただけでは、観光の価値は生まれない。したがって葬送儀礼の観光資源化を考えるとき、儀礼行為は観光アトラクション化の可能性をもち、それは時間経過とともに消失する、時間依存型の観光資源であるといえよう。

　一方、葬送儀礼において、一連の儀礼行為の帰結として実体化できる、最終局面の場所が葬送地すなわち墓地である。儀礼行為は時間の流れにそって執り行われる一時的なものであるが、墓地は恒久的に残り、永続的に存続するものである。それを観光資源化という視点で考えれば、それはいわゆる観光地のことである。観光客にとっては、訪問するべき場所ということであり、観光客がとにかく実際にその地を訪問してこそ、価値があるのである。したがって葬送儀礼の観光資源化を考えるとき、墓地は観光地化の可能性をもち、それは場所としての価値を恒久的に維持する、空間依存型の観光資源であるといえよう。

　さらに墓地とは、埋葬された人たちの、生前の何らかの生きた痕跡がしのばれる記念碑のような場所である。何らかの歴史的な出来事が起きたことで知られる場所では、その出来事に直接関係したり尽力した人を英雄のようにたたえ、その人となりをしのぶ記念碑が建つことで、しばしば観光名所となっている。実は墓地のもつ形式的な構造もそれとよく似ている。埋葬されている人が、何らかの歴史的な出来事に関係した人や、あるいはその事績が歴史的に有名な人の場合、その人の墓地そのものが記念碑として、観光名所となるのである。

　それゆえ、墓地が空間依存型の観光資源であると考える場合、墓地全体がもつ葬送儀礼の最終局面地としての価値と、そこに埋葬されている人自体の記念碑的な価値という、両側面によって支えられているとみるべきだろう。端的に

いえば、場所の価値と、人の価値という両側面である。前者（場所の価値）は、たとえば横浜の外人墓地やアメリカの田園墓地が典型的な例として挙げられる。横浜の外人墓地は、だれが埋葬されているのかということよりも、桜の名所であるとか、横浜の異国情緒を彩る場所であるといったことで観光地となっている。後者（人の価値）は、たとえば忠臣蔵で有名な元禄赤穂事件の赤穂浪士たちが埋葬されている、東京の泉岳寺が典型例として挙げられる。泉岳寺の名前は、あまりにも有名な忠臣蔵という名前あってのものであり、その赤穂浪士たちが埋葬されたということこそで観光客が訪れる。もちろん、場所の価値と人の価値の両者は、時代の流れのなかで融合し曖昧になることもある。徳川将軍家の墓地である寛永寺が、徳川家という意味合いを離れて上野公園として観光名所になっているのはその例だろう。

　本章ではここまで、葬送儀礼が観光資源化していることを考えることで、宗教と観光が相互不可分な関係にあることをあらためて示したかたちとなった。今後、宗教学研究者と観光学研究者が連携し、こうした葬送儀礼のみならず、さまざまな宗教現象や宗教的なできごとが観光学の視点から再構築し説明できることや、あるいは逆に、さまざまな観光現象や観光アトラクションが宗教学の視点から再構築し説明できることを提起していく必要があると思う。少なくとも筆者の専門である観光学の分野からはそのような声は少しずつ上がり始めているが、宗教学の分野からもそうした声が上がり、両者が融合して新たな学問の地平が開かれることを切に願いつつ結語としたい。

●注
(1) 洞川地区については、前田（2005）217〜218ページに詳述。
(2) ここでの数値は『観光白書』のデータを参照している。国内観光旅行のデータは2012年の暫定値であり、海外旅行者のデータは2012年の数値である。
(3) 観光旅行と図─地の議論については、前田（1996）30ページおよび、前田（2013）15ページに詳述。

第Ⅱ部　葬送儀礼の研究

(4) 霊泉信仰については，前田（1998）40ページに詳述。またクルーティエ（1996）および八岩（1993）を参照。
(5) コスタリカとギアナ高地の観光については，前田（2004）を参照。さらにギアナ高地の観光については，前田（1997）も参照。
(6) 以下のトラジャについての記述は，筆者自身の調査のほか，主に鳥越・若林（1995）を参照している。
(7) トラジャの高床式舟型住居は，一般にはトンコナンと称されて知られているが，鳥越・若林（1995）によれば，トンコナンを住居の呼称とするのは誤りであり，トンコナンは住居の創建者を中心とした血縁組織の呼称である。鳥越・若林（1995）136～138ページを参照。
(8) アメリカの田園墓地については，黒沢（2000）を参照。

● 参考文献

神崎宣武（1990）『観光民俗学への旅』河出書房新社。
クルーティエ，アルヴ・リトル／武者圭子訳（1996，原著1992）『水と温泉の文化史』三省堂。
黒沢眞里子（2000）『アメリカ田園墓地の研究——生と死の景観論』玉川大学出版部。
国土交通省観光庁編（2013）『観光白書』平成25年版。
鳥越憲三郎・若林弘子（1995）『倭族トラジャ』大修館書店。
前田武彦（1996）「近代観光の両義性」『神戸国際大学紀要』（神戸国際大学学術研究会）第51号。
前田武彦（1997）「秘境観光の現状と課題」『神戸国際大学紀要』（神戸国際大学学術研究会）第53号。
前田武彦（1998）「歴史と水——西上州のノスタルジー観光」『神戸国際大学紀要』（神戸国際大学学術研究会）第55号。
前田武彦（2004）「秘境観光と自然」『第3回　地域創造に関する全国ネットワーク研究交流会　報告論文集』奈良県立大学。
前田武彦（2005）「ゆたかな旅のある，ゆたかなくらしに向けて——観光学の実践」中島克己・三好和代編著『安全・安心でゆたかなくらしを考える——学際的アプローチ』ミネルヴァ書房。
前田武彦編著（2013）『観光教育とは何か——観光教育のスタンダード化』アビッツ。
八岩まどか（1993）『温泉と日本人』青弓社。

第11章
都市部における葬儀の今後とは

髙 嶋 一 裕

　葬儀社は今，小規模・低額化の波に曝されている。2007（平成19）年に日本社会が高齢化率21％を超え「超高齢社会」に突入して以来，小規模・低額化の波は，じょじょにその勢いを増し，葬儀社を襲い続けている。今や都市部での葬儀では，「家族葬」と称する葬儀が主流となり，「家族以外の参列者のいない葬儀」が普通になりつつある。また，「直葬」と称する「葬儀をせず火葬場に直行する「葬儀」」も増えつつある。こうした葬儀の増加は，葬儀のあり方の変化はもとより，葬儀社の収益構造そのものの転換を迫る大波となっている。

　かつて葬儀は，その時代時代にあって大きな変貌を遂げてきた。特に現代においては，地域共同体主体の葬儀から喪家主体の葬儀へ，自宅で営む葬儀から葬儀専用会館で営む葬儀へと大きく2回の変貌を遂げてきた。そして今また時代の変化のなかで，葬儀が大きく変わろうとしている。私たちが今あたりまえのように知っている「葬儀」は，将来，まったくカタチの違うものになっているかもしれない。

　本章は，近未来の葬儀の姿をこれまで葬儀に変化をもたらしてきた要因を中心に推察するとともに，その葬儀が社会にもたらす課題などにもふれてみたい。

1　葬儀の現状

（1）　会館葬の時代

　一般財団法人日本消費者協会の消費者アンケート調査報告書（2014〔平成26〕年1月発行）によると，現在の葬儀の81.8％が葬儀専用会館で行われている。

かつての葬儀場所の中心であった自宅は6.3％，寺・教会は7.6％となっている。

1980年代に登場してきた葬儀専用会館は，その後全国津々浦々に開設され，現在では約6,500か所にも及んでいる。また，葬儀専用会館の新設は，2002（平成14）〜2004（平成16）年頃にピークを迎え，現在は縮小状態にあり，葬儀専用会館そのものもオーバーストア状態にあるとみられている。

この葬儀専用会館の登場が葬儀に与えた影響は大きい。葬儀業に競争原理が持ち込まれたのである。まず葬儀専用会館をもてない葬儀社は淘汰された。今や葬儀社にとって葬儀専用会館は葬儀業を営むうえでの必需品になっている。また，会館の質的優劣が他社との差別化の要因にもなっている。

次に，葬儀規模の大型化，祭壇の大型化・多様化に拍車をかけた。自宅では入りきれなかった参列者を収容することができる葬儀専用会館では，喪家の虚栄心も手伝ってか，規模の拡大につながった。また，自宅では設営できない大型祭壇を設営することによって，他社との差別化を可能にするとともに，費用の高額化に結びついたのである。葬儀社＝祭壇の図式が成立したのである。さらに最近では，昔ながらの輿を中心とした白木祭壇だけでなく，花祭壇など多様な祭壇とメモリアルコーナー（遺品展示）等の多彩な演出により，葬儀専用会館ならではの葬儀を実現することができるようになっている。同時に，これまで葬儀の裏方として機能してきた葬儀社が葬儀の前面に出ることになり，葬儀社の地位向上に貢献するとともに，スタッフの質的レベルアップにもつながった。

一方，消費者側にとってのメリットも大きい。葬儀専用会館を利用することによって，自宅の片づけ問題，空調問題，宿泊問題，駐車場問題など，さまざまな問題を一挙に解決することができ，葬儀に「快適」をもたらしたのである。

日本の住宅の洋風化，集合化とともに，日本全国に浸透してきた葬儀専用会館であるが，こうしたメリットとともに，デメリットも最近では聞かれるようになった。そのひとつが葬儀の標準化である。つまり，葬儀をスムーズに効率的に行うために運営がマニュアル化され，進行に特徴がなくなってしまったこと。また，会館スタッフの事務的な対応が喪家の心に届かないといった課題も出てきている。

第11章　都市部における葬儀の今後とは

　さらに，現在の葬儀専用会館で営まれる一般的な葬儀では，祭壇を正面に飾り，スクール形式で着席する式場レイアウトが多い。このレイアウトでは，遺族がつねに参列者の視線にさらされ，負担が大きい。悲しみの最中にいる遺族にとってこれほど酷なものはないのではないだろうか。おまけに最後には立礼までついている。いくら参列していただいた方へのお礼とはいえ，現在の会館で行われる葬儀の課題といえるのではないだろうか。

(2) 葬儀の小規模・低額化の波

　葬儀専用会館の登場により葬儀規模は拡大の一途を辿ったが，2005（平成17）年頃から様相が変わってきた。家族葬と称する葬儀の登場により，規模が一転縮小傾向に転じたのである。

　家族葬の定義は，業界的にも定まっておらず，各葬儀社がそれぞれに行っているのが現実である。家族葬という「やさしい」言葉の響きが，いつしか一人歩きし，消費者側も「安価な葬儀」，「家族だけで営む葬儀」などそれぞれが勝手に解釈したまま定着してしまった。このため葬儀の現場では，葬儀社と喪家が理解する家族葬」にギャップがあり，混乱が起こることもあるようである。

　現在の葬儀の規模を株式会社鎌倉新書が行った全国の葬儀社へのアンケート調査（調査期間2012〔平成24〕年12月21日～12月27日，任意に選んだ全国の葬儀社〔冠婚葬祭互助会，JA，生協も含む〕にFAXにて調査票を配布。有効回答数198件）よりみてみることにする。

　現在営まれている葬儀の規模別の分類，定義は，同調査に準じ，以下のとおりとする。

　　a．社　　葬（会社が施主になった葬儀）
　　b．一般葬（参列者31名以上，親族含む）
　　c．家族葬（参列者30名以下，親族含む）
　　d．一日葬（参列者の人数に関係なく，一日だけの葬儀）
　　e．直　　葬（ホールなどでの式典を行わない火葬のみの葬儀，炉前で読経した場合も含む）

第Ⅱ部　葬送儀礼の研究

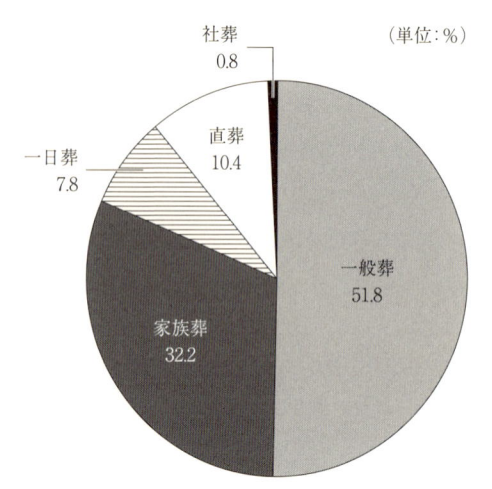

図11－1　葬儀の種類と施行比率
出典：「直葬の実態を探る」鎌倉新書『仏事』2013年2月号より。

　これら葬儀の施行比率は，社葬0.8％，一般葬51.8％，家族葬32.2％，一日葬7.8％，直葬10.4％となっている。また，平均参列者数は，社葬433.7名，一般葬106.6名，家族葬26.1名，一日葬21.6名，直葬6.1名という結果であった。
　家族葬は，32.2％と意外に低い数字で，巷間いわれているような状況を反映していない。同調査で協力された198件の葬儀社の所在地が不明なので，たしかなことはいえないが，都市部の葬儀社の比率が低いのではないかと推察される。ちなみに阪神間で実施している生活協同組合コープこうべの葬祭サービス「クレリ葬」（阪神間，神戸市，姫路市）の2013年（平成25）3月の1か月に施行された171件の葬儀（神戸市東灘区，神戸市北区，神戸市須磨区，川西市に所在する4つの葬儀専用会館の葬儀を集計）では，同じ定義で算定すると，一般葬54.4％，家族葬45.6％と約半数近くが家族葬となっている。また，171件全体の平均参列者数は30名で，一般葬では75.9名，家族葬では18.3名という結果が得られた。10年前のクレリ葬の集計では，平均参列者数が約100名であったので，この10年間で規模が大きく縮小していることが実証された。
　施行単価の面では，同調査によると，25万円以下（0.5％），25万〜50万円

(11.2%), 50万～75万円 (25.0%), 75万～100万円 (21.3%), 100万～125万円 (21.8%), 125万～150万円 (11.2%), 150万～175万円 (6.9%), 175万～200万円 (0.5%), 200万円以上 (1.6%) となっており, 100万円までの葬儀が約6割を占めている。

また, 同調査での施行単価の変化については,「減少傾向にある」61.0%,「横ばい」28.0%,「増加」11.0%という回答があり, 葬儀規模の縮小とともに, 低額化が顕著になってきている。

(3) 直葬の登場と価格破壊の始まり

直葬とは, 前述の定義のように「葬儀を行わず火葬のみを行うこと」である。したがって, 正確には葬儀を行わないのであるから「葬儀」とはいえないかもしれない。昔からこの直葬らしきものは行われてきた。行旅死亡人の扱いである。しかし, これは消極的な直葬であり, 最近の直葬は自ら進んで行う積極的なものであり, 根本的な違いがある。

巷間, 業界では関東の直葬比率は30%と噂されていたが, 前途の鎌倉新書の調査では, 全国平均で10.4%, 北海道地方3.6%, 東北地方7.6%, 関東地方17.9%, 中部地方6.1%, 近畿地方10.2%, 中国・四国地方4.8%, 九州・沖縄地方5.0%となっており, 東京都を抱える関東地方でも20%に満たない数字となっている。

また, 同調査では, 直葬が選ばれる理由として,「経済的理由」が圧倒的に多く145社が挙げている。次いで「参列者がいない」44社,「宗教観の変化」36社,「葬儀の意義を理解していない」33社という順になっている。ちなみに直葬の平均単価は96%が30万円以内であった。

さらに, 直葬を希望する喪家に対しては「熱心に働きかけている」8.0%,「働きかけている」54.0%で, 合計62%が積極的に直葬を受注しているという姿がみられる。

一方, 直葬をみるうえで見すごせないのが, ネット業者の動向である。「直葬」をインターネットで検索してみると業界団体に属していない葬儀社が数多

く出てくる。先に現在の葬儀社は会館が必需品であると述べたが，この直葬に限っていえば，会館は不要である。葬儀を行わないのだから，式場は要らない。死亡してから24時間は火葬ができないという法律があるため，24時間遺体を安置する場所さえあればだれでも開業することができるのである。ネットで急成長している「小さなお葬式」では，年間14,000件を受注しているという。そのうち依頼の一番多いのが，通夜式・告別式を行わない「小さな火葬式」だそうで，総額費用173,000円であると紹介している。この社以外にもネットでの直葬業者が数多くいるわけで，その実態と施行件数は不明である。東京の直葬率30%というのもあながち大袈裟ではないのかもしれない。

また，費用面でも「小さな火葬式」が「総額費用173,000円，追加費用なし」となっており，これまでの葬儀費用の常識からみれば格別に安くみえる。他のネット業者もさらに低価格を謳っており，ネット上での価格競争は激しさを増すとともに，知識のない消費者はこうした価格をみて，この費用で「できる」と勝手に思ってしまう状況が生まれつつある。そして，この流れがこれまでの既存葬儀社にも及び，葬儀業界全体での価格破壊が始まっているのである。

2 葬儀の変遷

(1) 明治の葬儀大転換

葬儀はこれまでにいくどか変貌を遂げてきた。近代以前のことは不明なことが多いので，近代から現代にかけての葬儀の変化とその変化を促した要因についてみてみたい。

明治時代は，葬儀にとって画期の時代である。明治初期に葬儀が大転換したのである。国家神道による国民の統合をねらった明治政府は，神道を国家の宗教とすることを企図した。その政策のひとつとして，葬儀をそれまでの仏式から神式に切り替えることを奨励したのである。神葬祭政策である。それまでは「ケガレ」として葬儀を行わなかった神道で葬儀が行われるようになったのである。天皇家の葬儀も仏式から神式にも切り替えられた。また，1873（明治6）

年には,火葬は仏教的であるということで,火葬禁止令を出した。しかし,土葬が現実的にむずかしいということで2年後の1875(明治8)年には火葬禁止令を廃止した。葬儀から仏教色をとりのぞくためのさまざまな混乱がみられる。

さらに,葬儀が昼間に行われるようになったのも明治からでる。それまで夜に行われていた葬儀に昼夜の大逆転が起こったのである。喪服が白から黒に変わったのも明治である。明治天皇の母君である英照皇太后の葬儀で,欧米にならい喪服を白から黒へと切り替えたのである。この転換が現在まで続いている。

明治時代の葬儀のありようは,よくわかっていないが,都市部での葬儀は,明治20～30年頃に台頭してきた商人層を中心に大がかりな葬列が登場し,富裕層を中心に葬列が肥大化。葬儀の中心が葬列となっていったようである。三菱財閥を築いた岩崎弥太郎の葬儀がつとに有名であり,いわば葬儀は,財力の象徴として営まれた側面がみられる。葬列を彩る花車や放鳥輿などさまざまな葬具が登場したり,大きな葬列を演出する葬具運搬人たちも出現した。また,葬具の専業化もすすみ,葬儀社の前身である貸葬具を業とする葬具屋が出現したのも明治である。告別式が登場したのも1901(明治34)年の中江兆民の葬儀が最初だといわれている。

このように明治に起こった都市部での葬儀大転換は,近代的な葬儀の幕開けと位置づけることができるとともに,現在の葬儀の原点が明治にあるといえるかもしれない。しかし,こうした都市部の葬列を中心とした葬儀は,「奢侈化」への非難とともに,1903(明治36)年の路面電車の登場により,しだいに廃止の方向へ向かっていくことになる。

(2) 地域共同体主体の葬儀から喪家主体の葬儀へ

明治時代の都市部では,前述のように葬列を中心とした葬儀が行われていたが,地方では,依然として地域共同体主体の葬儀が営まれていたようである。埋葬場所まで葬列を組む「野辺送り」が中心となっていたようで,同じ「葬列」でも都市と地方には大きな差があったようである。

地域共同体主体の葬儀は,民族学者の竹内利美によると図11-2にみられる

第Ⅱ部　葬送儀礼の研究

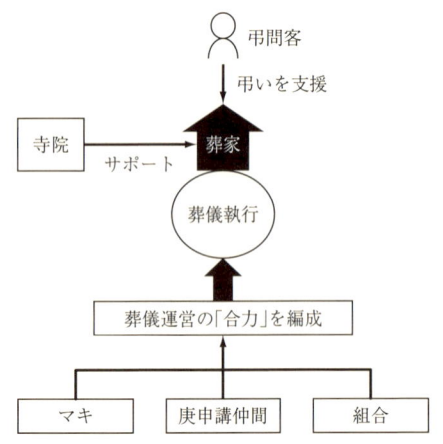

図 11-2　地域共同体主体の葬儀のモデル
出典：竹内利美氏の調査内容「東筑摩郡島立村堀米（現在の長野県松本市の一部）の葬儀風習」をもとに筆者作成。

ようにマキ（葬儀に一番関与している同族的家連合）や庚申講仲間（信仰仲間），組合（地域的に分画された近隣集団）などの団体が葬儀運営の「合力」を編成し，葬儀方針，葬列の編成，埋葬，会計，寺との交渉，料理，連絡，買い物等葬儀に関係するすべてを役割分担し，実施したのだという。喪家は，こうした合力がサポートしてくれるので何もする必要がなかったらしい。俗に「葬式組」と呼ばれるものもこの「合力」に近いものだと思われる。人の死による伝染病の防止などの地域の危機管理上の問題と相互扶助の精神により，こうした地域共同体主体の葬儀が続いてきたのだと思われる。現在も続いている地方もあるらしいが，ほとんどみられなくなっている。

　こうした「地域共同体主体の葬儀」から現在の葬儀は「喪家主体への葬儀」図 11-3 へ転換した。いわば，「何もしない喪家」から「すべてしなければならない喪家」への転換である。現在の喪家は，葬儀方針の決定から寺院への連絡，訃報連絡，祭壇の決定，供養品，料理の選択など葬儀にまつわるすべてのことを自ら選択し，決定しなければならない。

　こうした変化の要因は，明治時代に萌芽した葬儀社の進展である。都市から

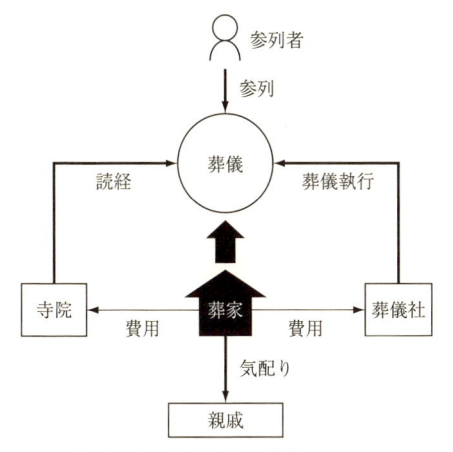

図11-3 喪家主体の葬儀のモデル
出典：筆者作成。

地方へと葬儀社が伝播していくとともに，葬儀社が葬式組になり代わったのである。そして，しだいに「地域共同体主体の葬儀」は影を薄め，「喪家主体の葬儀」へ移行していったのではないかと推察される。また高度成長期を経て，葬儀専用会館の利便性の浸透，地域共同体意識の希薄化などが「地域共同体主体の葬儀」離れを加速し，現在に至っているのだと思われる。今や現在の葬儀は，葬儀社頼りの葬儀であり，葬儀社がなければ葬儀ができない時代となっているのである。

③ 都市新住民の属性と今後の葬儀考察

第２次世界大戦後の経済復興，高度経済成長は，日本の産業構造を大きく変えた。それまでの農業，漁業を中心とした第１次産業から，工業，製造業を中心とした第２次産業，そして小売業やサービス業を中心とした第３次産業へとシフトさせたのである。この結果，就業構造にも大きな変化をもたらした。こうした産業の労働力を確保するために，地方に人手を求め，大都市への人口集中を招いたのである。

また，都市周辺では，こうした人びとを受け入れるために各地に新興住宅地や団地が造成され，人びとは新住民として定着を始めたのである。そして50年あまりを経て，かつての新住民たちは死を迎える時期に至った。今都市で行われる葬儀の多くは，まさにこうした新住民たちの葬儀なのである。

（1） 家族葬増加の必然性
【葬儀仮説①　Aさんの場合】

Aさんは，神戸市に昭和30年代に開発された新興住宅地に居住。実家は四国の地方都市。年齢は80代。娘が二人いるが，すでに結婚して他市に住んでいる。現在は，妻との二人暮らし。職をリタイアしてすでに20年が経過している。そろそろ自分たちの葬儀のことを考えなければと思うが，葬儀のことを考えるよりも介護つきの施設への転居のことを考える方が先かとも思う。

葬儀については，まず宗教宗派は実家の宗派にあわせようと思うが，現所では寺院とのつきあいもないし，仏壇もなく，墓もない。納骨は，実家の菩提寺に納骨してもらいたいが，兄の息子が継承しているため，そうもいかない。自分が亡くなった後に，仏壇や墓を購入しても娘たちは嫁いでいるため，継承できない。思いあぐねた結果，Aさんが出した結論は，葬儀の宗派は，実家と同じ宗派の寺院を葬儀社に紹介してもらう。娘たちに負担をかけたくないので，仏壇，墓はつくらず，永代供養墓を利用することにした。

次に参列者のことを考えた。四国の兄はすでに亡く，3歳違いの東京の弟も自分の葬儀のときには高齢で来られないだろう。来られるのはその子どもたちぐらいか。従兄関係は最近つきあいも薄いし，ましてその子どもたちとはつきあいもない。妻の関係も同じようなもので，多く見積っても20名以内だろう。会社関係の人は，もうほとんど関係がないので呼ばない。ご近所の方々は，あまりつきあいがないので，向こう三軒両隣ぐらいか。知人友人も高齢で来られないだろうし，自分よりも先に亡くなっているかもしれない。ということで，現時点で30名程度の家族葬で行うことを決めた。

しかし，この後も思案は続いた。後に残された妻の葬儀はどうするのだろう。

娘たちに頼んでおかなければならない。そのときにこちらの事情がわかるだろうか。納骨は，自分とおなじところに永代供養してもらえばよいとして，そのときまで，この家に住んでいたら，家財道具の片づけもだれかに頼んでおかなければ，娘たちの負担が大きいと……。

【葬儀仮説②　Ｂさんの場合】

　Ｂさんは，80代。妻に先立たれ，現在は一人住まい。大阪府に昭和30年代に開発された大規模団地に住んでいる。いまこの団地に住んでいる人たちは，当時移り住んだ一世ばかりで，二世の子どもたちはみなこの団地を出ていっている。Ｂさんにも，一男一女がいるが，みな，独立した家族がいる。出身は，兵庫県の山間部で，農家の三男。兄弟はすでにみな亡くなっている。

　自分の葬儀は，次のように考えている。息子とも以前に話しあった結果，自分が亡くなった後，仏壇を購入して祀ってくれるという。さいわい孫も男子で継承がみえている。墓は，妻が亡くなったときに近郊に買い求めた。

　宗教宗派は，妻の葬儀のときに利用した寺院と関係ができているので，その寺院に頼むことに。おそらく息子の代にも関係が続いていくだろう。参列者は，自分の兄弟の子どもたちと妻方の兄弟と子どもたち，そしてわが子どもたちと孫のみ。自治会の人へは，葬儀専用会館が遠いので，みな高齢者なので来られないかもしれないが，親しい人だけに声掛けすることに。結果，30人程度の家族葬が適切と決めた。

【葬儀仮説③　Ｃさんの場合】

　Ｃさんは，70代。子どもはなく，夫に先立たれている。きょうだいは，姉がいたが，すでに亡くなっている。その子どもたちとは，東京に住んでいるのでほとんどつきあいがない。郊外の新興住宅地に長らく夫と暮らしていたが，夫が亡くなったのをきっかけに，介護つきの老人ホームに転居した。部屋には，仏壇はなく，夫の焼骨の一部を祀っている。

　自分の葬儀は，次のように考えている。夫のときは，葬儀社に紹介してもら

った寺院でしたが，自分は仏教への信心も薄いので，無宗教でよい。参列者には，東京の甥たちに連絡をとも考えたが，負担がかかるので，あとで自筆の手紙を郵送してもらうことに。夫側との親戚も疎遠になっているので連絡しない。ひとりでひっそりとあの世へ行くことを決めた。遺品は，老人ホームへの転居をきっかけに処分したので，ほとんどない。ホームの人にも負担をかけたくないので，葬儀社の専用会館に直接搬送してもらうことにした。通夜は不要。葬儀は無宗教でと思ったが，参列者もいないので，式にならない。結果，直葬にしてもらうことにした。ただし，葬儀社の人に生花を柩にいっぱい入れてもらうようにお願いすることにした。遺骨は，夫の焼骨と一緒に散骨してもらうことを散骨会社に頼んでおくことにした。

　以上は，今現実に都市部の葬儀社で行われているだろう，かつての都市新住民たちの葬儀を経済的な側面を抜きにして想定してみた。仮説にみるように，都市新住民たちの属性（仮説）は，

　a．地方出身者
　b．都市近郊の新興住宅地に住んでいる（いた）
　c．年齢は，70代後半〜80代後半
　d．もとサラリーマン世帯
　e．寺檀関係が希薄
　f．仏壇，墓がない家が多い
　g．地域共同体意識が希薄
　h．会社をリタイアして二十数年が経過

といったように推定される。したがって，彼らの葬儀は，きょうだいや知人，友人は同様に高齢化していて葬儀に来られない。会社関係との縁も切れ，自治会とのつきあいも薄い。結果，葬儀は必然的に直系家族だけで営む家族葬となってしまうのである。

（2） 直葬のベースとなる独居高齢者世帯

　高度経済成長期を中心とした都市への人口集中は，都市部での核家族化をもたらした。家族単位の縮小に比例して，葬儀規模も縮小の道を辿っており，おそらくこの傾向は回復することはないものと予想される。そして葬儀をさらに悲観的なものにするのが独居高齢者世帯の増加である。

　2014（平成26）年4月に発表された独居高齢者に関する国立社会保障・人口問題研究所の推計は次のとおりである。以下「高齢者住宅新聞2014年4月23日号」より転載。

> 「世帯主が65歳以上の高齢世帯が全体に占める割合は2020年には全都道府県で30％以上となる。また，高齢世帯に占める単独世帯の割合は2035年には46都道府県で30％以上となるなど，独居高齢者が全国的に増加していくことが予想されている。高齢世帯の総数は2010年で1620万世帯。これが2035年には2021万5000世帯にまで増加する見込み。世帯総数に占める高齢者世帯数の割合は2010年では31.2％だが，2035年には40.8％にまで増加する。高齢者単独世帯，いわゆる独居高齢者数は，2010年は498万世帯だが，2035年には53.1％増の762万2000世帯となる見込み」。

　独居高齢者問題は，単に葬儀の問題だけではない。子どもとの別居や親の長寿化にともなう介護問題，孤独死・孤立死問題などを含んだ大きな社会問題である。さらに，未婚率の増加，離婚率の増加等を考えあわせると日本から「家族」が消滅するのではないかと危惧されるほど大きな問題なのである。

　葬儀に限っていえば，子どものいない独居高齢者の葬儀の多くは，普通に考えて直葬的なものにならざるを得ない。したがって，直葬的な葬儀は今後ますます増加していくものと予測される。また，子どもがいたとしても別居している場合が多く，親が亡くなったときにその土地事情も交友関係も何もわからないという状況が発生する。これからの葬儀社には，こうした独居高齢者にとってセーフティネットとなるような葬儀プラス新しいサービスを付加した取り組

みが求められるのではないだろうか。

4 葬儀価値観による葬儀の変化

　正月の恒例行事といえば，初詣である。みな，正月には初詣に行くのがあたりまえだと思っているので，だれも疑問をもたない。しかし，この風習は，明治時代から始まったもので，江戸時代にはなかったものである。「正月＝初詣」という観念が形成されているので，だれも疑問に思わないのである。
　これと同じように現在行われている葬儀に対しても，観念が形成されているのでだれも疑問をもたないのである。しかし，家族葬，直葬が常態化すると，将来はこうした葬儀が葬儀の常識という観念が醸成されるかもしれない。
　また，これまでに何回か葬式批判が繰り返されてきた。有名なところでは，昭和20～30年に発生した「新生活運動」であるが，その結果，冠婚葬祭互助会が誕生したり，農協が葬儀に進出したり，各自治体が規格葬を始めたりし，葬儀のありように大きな変化を与えた。また，最近の「仏式の葬儀で，僧侶が何をしているのかわからない。意味があるのか」，「なぜこんなに大きな葬儀費用が必要なのか」，「なぜあまり知らない人まで参列しているのか」，「なぜお布施はあんなに高いのか」といった葬儀への疑問とともに，島田裕巳の『お葬式はいらない』にみられるような主張や関西で常態化しつつある「香典辞退」なども今後の葬儀のありように影響を与えていくのではないかと思われる。今これまであたりまえだと思ってきた葬儀の観念が揺らぎ始めているのかもしれない。

（1）　死生観・他界観の変化
　葬儀の観念を形成する大きな要素に死生観や他界観がある。「人が死んだらどうなるか？」，「どこへ行くのか？」，「生きることとは何か？　死ぬこととは何か？」といった葬儀を行う基本的な死生観・他界観がどうなのかをみてみたい。
　これまでの葬儀では仏教の代表的な死生観・他界観が葬儀の形態に影響を与

えてきたと思われる。その代表的なものが「西方浄土・極楽浄土」であろう。死ねば西方浄土に行き，そしてお盆とお彼岸には家族のもとに霊として戻ってくるということを日本人は伝統的に信じてきた。また，祖先崇拝という循環的な死生観・他界観も根本的なもののひとつだと思われる。ご先祖様はいつも生きているものを見守っている。自分も死ねば，あの世へ行き，子孫を見守る。仏壇や墓は，こうした循環的な死生観・他界観の具現化なのだと思われる。

したがって，こうした死生観や他界観が一般的な状況のもとで行われる仏式葬儀に対しては，何の疑問もなかったはずである。しかし，科学が発達した現在において，こうした死生観や他界観をもっている人がどれだけいるのかが問題である。2014（平成26）年4月A大学の学生100人に他界観についてアンケートを実施してみた。結果は下記のとおりである。

①行く先は存在しない。消滅する……………………………………30.9%
②輪廻転生（何かに生まれ変わり，死に変わり続ける）……………38.1%
③浄土や地獄，極楽などこの世とは違った別世界に行く…………18.6%
④目には見えないがお墓などこの世のどこかにいる……………12.4%

（※アンケート項目は，勝田至『日本葬制史』を参照）

この数字の分析については，専門家におまかせしたいが，素人なりに判断すると，アンケートを行う前には，現代の若者では①が圧倒的に多いだろうと予想していたが，実際には②が多かった。その理由はわからない。しかし，予想どおり③④は少なかった。仏教離れを物語っているのではないかと思われる。

仏教離れがいわれて久しいが，これからの人びとがどのような死生観・他界観をもつのかが今後の葬儀の形態を左右する。死亡者年齢が80代の時代である。平均寿命は年々高くなっている。就業現役に近ければ近いほど，関係者の弔いの気持ちが強くなるのが人情である。結果，葬儀規模は大きくなる。これからの時代，どのような死生観・他界観が主流になっていくのか。日本の葬儀の将来がかかっているのではないだろうか。

（2）生活価値観の変化

死生観・他界観とともに、葬儀の形態に影響を与えるものとして、生活者の葬儀価値観がある。葬儀価値観は、生活者の葬儀に対して抱いている考え方や行動の底流にある意識である。時代の常識や経済状況、地域環境などにより変化していくが、現在の生活者の葬儀価値観を把握しておくのもこれからの葬儀を予想するうえで欠かせない。

一般財団法人日本消費者協会の「第10回葬儀についてのアンケート調査」（2014〔平成26〕年1月発行）を参考に現在の生活者の葬儀価値観をみてみたい。

実際に葬儀に参列された方々の「葬儀の印象」は図11－4のとおりである。

印象度の強いものの順は、1位「形式的になりすぎ」47.6％、2位「もっと質素に」37.9％、3位「不必要なものが多い」33.2％、4位「世間体や見栄にこだわりすぎ」32.6％、5位「適当」31.3％という結果になっている。「形式的になりすぎ」という印象は、今回の調査に限らず、調査が始まって以来ずっといわれていることであり、現在の葬儀が形式的すぎるとだれもが思っているようである。

次に「自分自身の望ましい葬儀のかたち」はという問いに対する回答は、図11－5のとおりである。

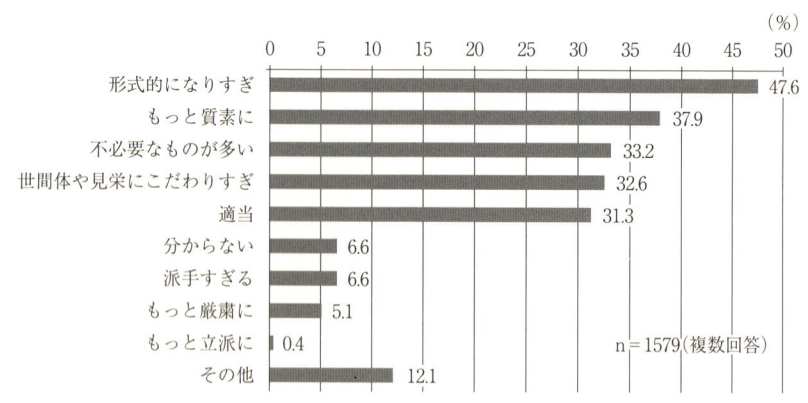

項目	（％）
形式的になりすぎ	47.6
もっと質素に	37.9
不必要なものが多い	33.2
世間体や見栄にこだわりすぎ	32.6
適当	31.3
分からない	6.6
派手すぎる	6.6
もっと厳粛に	5.1
もっと立派に	0.4
その他	12.1

n＝1579（複数回答）

図11－4 葬儀に参列された方々の「葬儀の印象」

出典：日本消費者協会「第10回葬儀についてのアンケート調査」、2014年1月。

第11章　都市部における葬儀の今後とは

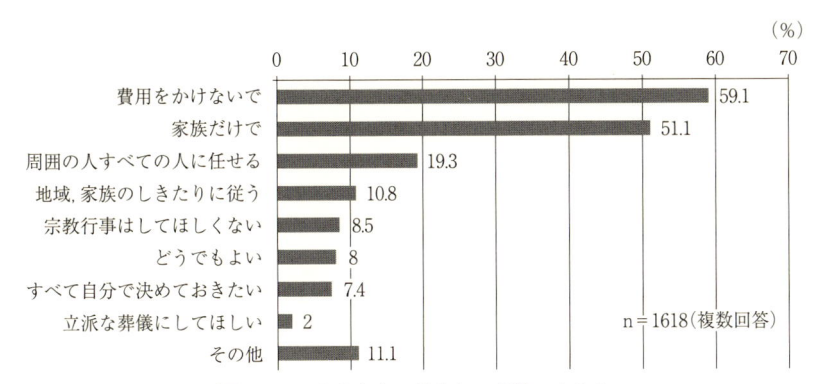

図11-5　自分自身の望ましい葬儀のかたち

- 費用をかけないで：59.1%
- 家族だけで：51.1%
- 周囲の人すべての人に任せる：19.3%
- 地域，家族のしきたりに従う：10.8%
- 宗教行事はしてほしくない：8.5%
- どうでもよい：8%
- すべて自分で決めておきたい：7.4%
- 立派な葬儀にしてほしい：2%
- その他：11.1%

n＝1618（複数回答）

出典：日本消費者協会「第10回葬儀についてのアンケート調査」，2014年1月。

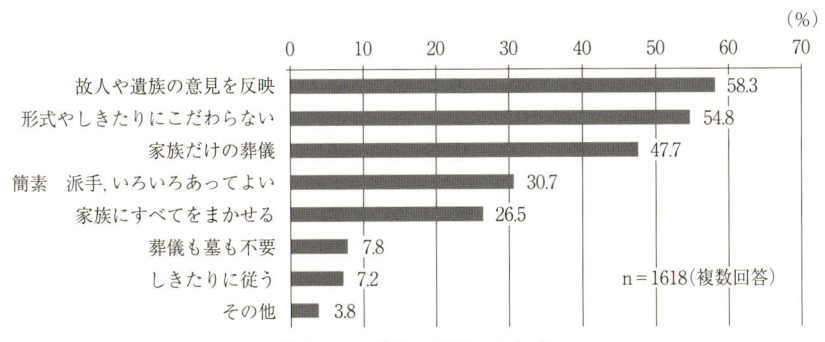

図11-6　今後の葬儀のあり方

- 故人や遺族の意見を反映：58.3%
- 形式やしきたりにこだわらない：54.8%
- 家族だけの葬儀：47.7%
- 簡素，派手，いろいろあってよい：30.7%
- 家族にすべてをまかせる：26.5%
- 葬儀も墓も不要：7.8%
- しきたりに従う：7.2%
- その他：3.8%

n＝1618（複数回答）

出典：日本消費者協会「第10回葬儀についてのアンケート調査」，2014年1月。

「費用をかけないで」が59.1%，「家族だけで」が51.1%となっており，他を大きく引き離している。現実的に「費用をかけない家族葬」が現在の主流となっていることをみると，現在の葬儀に対する一般的なニーズになっているとみることができる。

「今後の葬儀のあり方」については，図11-6のとおりである。「故人や遺族の意見を反映」が58.3%でトップであるが，「形式やしきたりにこだわらない」が54.8%もあり，自由志向が強く出ている。また，「家族だけの葬儀」が47.7%であり，ここでも家族葬志向が強く現われている。どうやらこの辺に今後の葬儀を展望する鍵がありそうである。

5　むすびとして——今後の葬儀を展望

　以上のように都市部における葬儀の概要を俯瞰してきた。結果的に，これからの都市部の葬儀は，下記のように総括することができるのではないだろうか。

①小規模化・低額化傾向が続く。
②葬儀は時代時代で変化し続けており，これからも変化する。
③都市部では，家族葬が中心となり，直葬もさらに変容しながら広がる。
④将来，死生観・他界観の変化によって葬儀が抜本的に変化する可能性がある。
⑤「費用をかけずに，家族だけで行いたい」という生活者の葬儀価値観が定着しつつある。

　国立社会保障・人口問題研究所の「日本の将来推計人口」によると，2003（平成15）年に100万人を突破した日本の死亡者数は，2030（平成42）年には167万人に達すると予想されている。これを背景に，葬儀業界には新規参入が後を立たず，きびしい競争業界となった。また，団塊世代へと喪主層が移行するにつれ，生活者のニーズは多様化の一途を辿り，多彩なサービスが求められるようになった。これからの葬儀に求められるものは何か，また，それが社会に対してどのような影響を与えるのか，最後のまとめとして考察してみたい。

（1）　葬儀の個人化

　葬儀は個人化の道を辿っている。10年ほど前に葬儀業界でよくいわれていた言葉に「自分らしい葬儀」というものがあった。形式的，画一的な葬儀に対し，葬儀に故人らしさを出したいというニーズであった。その結果，一般葬での会葬礼状を定型のものではなく，オリジナルなものを作成したり，メモリアルコーナーに故人の人生ストーリーがわかる写真や趣味の品々を展示したりして，

参列者に感動や共感を呼ぶさまざまな工夫が行われるようになった。

　一方，地縁，血縁，社縁，学縁，職縁などの希薄化とともに，無縁社会と呼ばれる社会が到来し，都市部の葬儀では，個人化にさらに拍車がかかった。家族葬の登場により，もはや世間体を気にすることもなく分相応の葬儀ができる時代となったのである。それはそれでよいことであるし，家族で心ゆくまでお別れするのは葬儀本来の姿かもしれない。家族葬はさらに多様化の道を辿っていくと予想される。

　現在，死亡者の80％が病院で亡くなっているという現実がある。今後，さらなる死亡者の増加が予測されるなか，医療体制は不足の事態となっている。このため厚生労働省は，在宅医療を推進するに至っている。この結果，将来，終末期を自宅で過ごした，自宅での死亡者の増加も予想される。こうした事態になると「自宅葬」の復活ということもあり得るわけであり，自宅での家族葬が増加していくのかもしれない。

　そして直葬。究極の葬儀の個人化への扉は開かれたのである。もはやこの扉は閉めることはできないであろう。葬儀は，その時代の社会を映す鏡である。直葬が増加しているということは，本来の葬儀の役割である「その人の死を社会的に知らしめる」という役割が求められないほど社会は個人的になってしまったということができるかもしれない。

（2） 教育の場としての葬儀

　葬儀には，大切な機能がある。文化人類学者の波平恵美子はかつて「葬儀のきめ細かな手順を通過していくことで，遺族は身内の死という大きな衝撃から徐々に立ち直ることができる。つまり葬儀は，悲しみを癒すための優れた装置としての役割を果たしている。豪華な葬儀を出したからといって癒しがあるわけではない。葬儀に大金を使うことで濃密な人間関係の中で死者を大事にしている，無視していないということを周囲に知らせるためのことなのでしょう。当然周囲の人間にとっても葬儀に出ることはとても大切なことなのである」といった主旨のことを話されていたのを聞いたことがある。

つまり，葬儀とその後の法要をとおして，悲しみを癒していくという先人の知恵であったわけである。大事なことは手間暇がかかるのである。しかし，現在の日本人は，コンビニ志向である。面倒なことは，横着するようになってしまった。葬儀の後に「初七日法要」を行うわけであるが，再度親戚が集まるのは負担が大きいということで，葬儀当日に繰り上げて行うようになった。これは現在ではあたりまえになっている。また，東京では「初七日法要」を式中に行い，「四十九日法要」を収骨後に行うという「繰り上げ四十九日」が行われ始めたと聞く。「水は低きに流れ，人は易きに流れる」の諺どおり，この方式が将来の標準になるのかもしれない。葬儀社にグリーフ・ケア（悲嘆からの立ち直りのサポート）が求められるゆえんである。

また，葬儀には教育の場としての機能もある。日頃怒ってばかりいるこわいお父ちゃんお母ちゃんが，おじいちゃん，おばあちゃんの死に寄り添って泣いている。死とは親を泣かせるほどの力があるものなのか，人の命とはそれほど重いものなのかと，葬儀を通じて体験的に学んでいく。葬儀は，命の尊厳を教える場でもあるのである。こうした機会を直葬は奪っていく。死者の尊厳を社会的に承認する機会を喪失させてしまうのである。遺体処理のみの機能をもった直葬が蔓延した社会で，子どもたちはたしかな死生観を育むことができるのだろうか。そんな子どもたちが大人になった社会とはどのような社会なのだろうか。葬儀が果たす役割は大きい。

いずれにしても葬儀は今大きな転換期にある。家族葬と直葬という流れのなかで，葬儀本来の意義が問われている。個人化をコンセプトに，今後，多様な家族葬，直葬が出現していくものと推察される。遺族を癒し，命の尊厳を実体験できるシステムを創造していきたいものである。

最後に，だれがいった言葉か忘れてしまったが，「葬儀はなくならない。人が葬儀を営むのは，生が共同的な営みであるがゆえに，死もまた共同的な営みとしてあるから」という言葉を信じたい。

第11章　都市部における葬儀の今後とは

●**参考文献**

一般財団法人日本消費者協会（2014）「第10回葬儀についてのアンケート調査」報告書。
碑文谷創（2012）『葬儀概論』表現文化社。
鎌倉新書『仏事』2013年2月号。
国立社会保障・人口問題研究所（2012）『日本の将来推計人口』。
勝田至（2012）『日本葬制史』吉川弘文館。
井上亮（2013）『天皇と葬儀』新潮選書。
島田裕巳（2014）『0葬』集英社。
『高齢者住宅新聞』2014年4月23日号。
「小さなお葬式」http://www.osohshiki.jp
小笠原弘道（2001）「明治初期の神葬祭政策と民衆の動向」『現代密教第14号』智山伝法院。

あとがき

　2011（平成23）年当時，葬儀ビジネス論と葬祭セレモニー実践論が開講された当初，その設置目的を広く知らせるためのタスクフォースが学内に組織された。その会合の場で，当該分野に関する学術的な研究活動を開始するよう遠藤雅己学長より指示を受け，私がこの研究プロジェクトの運営にあたることとなった。

　プロジェクトのコンセプトを考えながら，テーマの特殊性に鑑みて，学外からも複数の研究者を招く必要があると判断し，約1年がかりでメンバーの選定を行い，2012（平成24）年4月から通称「フューネラル・プロジェクト」（FP）が発足した。

　さまざまな専門分野をもった総勢13名のチームであるが，それぞれのメンバーが積極的に協力し，また連携した結果，まとまりのある有意義な研究活動を行うことができた。質疑応答が頻繁に交わされ，議論が白熱し，研究会の終了予定時間を超過することはしばしばであり，かなり活発なやりとりができたものと思う。その成果が本書に結実されたことを心からよろこぶと同時に，ご尽力されたすべての研究員の先生方に厚くお礼申し上げたい。

　死と葬りの問題は幅広く論じられるものであり，本書はその一部を取り上げたものにすぎず，さらなる究明の道へと進んでいかねばならない。そのような意味において，本書は「フューネラル・プロジェクト」の一時的な研究報告という位置づけになるだろう。可能であれば，また同じメンバーによって研究活動が継続できればと願う。そのような機会はおとずれるだろうか。

　本書の刊行に際し，ご多忙のなか巻頭言をお寄せいただいた遠藤学長，本プロジェクトの活動にご協力くださった神戸国際大学経済文化研究所の仲久則所長，また研究会を円滑に進められるようお手伝いくださった同研究所の事務スタッフの皆様に，感謝申し上げたい。そして，出版に向けて編集上の実務を担われたミネルヴァ書房編集部の戸田隆之氏に心からお礼申し上げたい。

死と葬りの問題をとおして，われわれが人間存在の無常さと偉大さに気づくことができるよう願ってやまず，本書がその思索を深めるためのきっかけになることができれば，望外のしあわせである。

2014年8月15日

　　　　　　　　　　　　　　　　　　　　　　　　　　編著者　近藤　剛

執筆者紹介・執筆分担

遠_{えん}藤_{どう} 雅_{まさ}己_き（巻頭言）
- 1953年　生まれ。
- 1999年　Prontificia Universidad de Santo Tomas 大学院（哲学）博士課程修了。
- 現　在　神戸国際大学学長。
- 専　攻　平和研究，政治学。
- 主　著　"Kant's Zum Ewigen Frieden: A Contemporary Political Commentary"『神戸国際大学紀要』第61号，2001年。
「ウイルソン主義とカント的平和論――米国外交への影響」『経済文化研究所年報』第12号，2003年。
「公共道徳としてのカント的平和論――道徳哲学研究覚書」甲南大学総合研究所編『道徳哲学の現在――社会と倫理』，2009年。

笠_{かさ}井_い 惠_{けい}二_じ（第Ⅰ部第1章）
- 1941年　生まれ。
- 1969年　京都大学大学院文学研究科修士課程修了（文学修士）。
- 1977年　バーゼル大学神学部修了（Doktor der Theologie）。
- 現　在　中部学院大学特任教授。
- 主　著　『シュヴァイツアー――その生涯と思想』新教出版社，1989年。
『ブルトマン』清水書院，1991年。
『二十世紀神学の形成者たち』新教出版社，1993年。
『自然的世界とキリスト教』新教出版社，1999年。
『十戒の倫理と現代の世界』新教出版社，2002年。

近_{こん}藤_{どう} 剛_{ごう}
（序章，第Ⅱ部第6章，あとがき）
編著者紹介参照。

三宅　善信（第Ⅰ部第2章）

1958年　生まれ。
1983年　同志社大学大学院神学研究科博士前期課程修了。神学修士。
1984年　金光教教師補任。
1984年　ハーバード（Harvard）大学世界宗教研究所フェロー（1985年まで）。
1997年　株式会社レルネット代表取締役。
2000年　金光教春日丘教会長。
2013年　神道国際学会理事長。
現　在　金光教泉尾教会総長。
活　動　諸宗教間の対話を促進するため、海外で150回以上の国際会議に参加。
主　著　『The Living of Peace』Heiwa Press（米国），1991年。
　　　　『文字化けした歴史を読み解く われわれは日本のことをどれだけ知っているのだろうか』文園社，2006年。
　　　　『The Power of Words』（共演），Tenchigaraku Inc., 2013年。
　　　　『宗教者の使命──寄り添ういのち』（共著）カトリック中央協議会，2014年。

中村　直人（第Ⅰ部第3章）

1972年　生まれ。
2001年　関西学院大学大学院文学研究科博士課程後期課程日本史学専攻単位取得済退学。
2003年　関西学院大学博士（歴史学）学位取得。
現　在　関西学院大学教育学部准教授。
専　攻　日本中世史（寺院史）。
主　著　『改訂九度山町史（通史編）』（共著）九度山町，2009年。
　　　　『高野町史（民俗編）』（共著）高野町史編纂委員会，2012年。

浅野　貴彦（第Ⅰ部第4章）

1974年　生まれ。
2002年　関西学院大学大学院文学研究科博士課程後期課程哲学専攻単位取得。
2006年　関西学院大学大学院文学研究科博士課程後期課程哲学専攻博士（哲学）学位取得。
現　在　関西学院大学社会学部非常勤講師。
専　攻　哲学，倫理学，現象学。
主　著　「マックス・シェーラーの連帯思想」日本現象学会『現象学年報』No. 25, 2009年。
　　　　「人格と承認──マックス・シェーラーの承認概念」シェーラー研究会『シェーラー研究』第三号，2010年。
　　　　「マックス・シェーラーの宗教現象学──宗教と倫理」関西学院大学文学部哲学研究室『関西学院哲学研究年報』第46輯，2013年。

三宅義和（法生）（第Ⅰ部第5章）

1963年　生まれ。
1993年　関西学院大学大学院文学科研究科博士課程後期課程単位取得。
現　在　神戸国際大学経済学部教授。
専　攻　教育心理学，青年心理学。
主　著　「若者の心理と少年犯罪」太田修治・中島克己編著『神戸都市学を考える』ミネルヴァ書房，2002年。
　　　　「進路選択と職業未決定問題の概要」「職業未決定の構造」「進路選択における両親の影響」『大卒フリーター問題を考える』（共著）ミネルヴァ書房，2005年。
　　　　「地域コミュニティとこころの健康づくり」三好禎代・中島克己編著『21世紀の地域コミュニティを考える』ミネルヴァ書房，2008年。
　　　　『大学教育の変貌を考える』（共著）ミネルヴァ書房，2014年。

中野　敬一（第Ⅱ部第7章）

- 1964年　生まれ。
- 1990年　同志社大学大学院神学研究科博士課程前期修了。
- 2005年　Pacific School of Religion 卒業（Doctor of Ministry 取得）。
- 現　在　神戸女学院大学文学部総合文化学科准教授。
- 専　攻　実践神学。
- 主　著　"Relevant Re-visioning and Remembering the Deceased in Japanese Christianity"（Pacific School of Religion, Berkley, California, U.S.A, 2005年，博士論文）

松田　史（第Ⅱ部第8章）

- 1972年　生まれ。
- 2002年　京都大学大学院人間・環境学研究科博士前期課程修了。
- 現　在　NCC宗教研究所研究員，真言宗御室派法園寺副住職。
- 専　攻　宗教・社会行為論，死生文化学。
- 主　著　『般若心経達意』三学出版，2005年。
  - 「清めの塩についての一考察」『出会い』59号，NCC宗教研究所，2010年。
  - 『聖典と現代社会の諸問題』（共著）キリスト新聞社，2011年。
  - 『自然の問題と聖典』（共著）キリスト新聞社，2013年。

堀　剛（第Ⅱ部第9章）

- 1953年　生まれ。
- 1980年　同志社大学大学院神学研究科博士前期課程修了。
- 1988年　Urban Theology Unit (Shefield, England), Diploma in Theology and Mission 課程修了。
- 1989年　Yale Divinity School, S.T.M 課程修了。
- 2010年　放送大学大学院文化科学研究科臨床心理プログラム課程修了。
- 現　在　四国学院大学文学部教授，京都大学こころの未来研究センター研究員を経て，NCC宗教研究所研究員。日本キリスト教団伊丹教会牧師。
- 専　攻　宗教哲学，臨床心理学。
- 主　著　詩集『長崎から尚遠く』バッカナール社，1977年。
  - 詩集『JACK・きみに』バッカナール社，1983年。
  - 『現代社会とキリスト教―今日の視点から読む聖書』社会評論社，2002年。
  - 『新約聖書雑考』私家版，2013年。

前田　武彦（第Ⅱ部第10章）
まえだ　たけひこ

1958年　生まれ。
1989年　大阪大学大学院人間科学研究科博士後期課程単位取得。
　　　　米国フィリップス大学日本校教員，県立高知女子大学保育短期大学部（現・高知県立大学社会福祉学部）講師・助教授，神戸国際大学経済学部助教授をへて，2000年4月より現職。
現　在　神戸国際大学経済学部教授。日本観光研究学会常務理事。
専　攻　観光文化論，レジャー社会学。
主　著　『社会を視る12の窓』（共著）学術図書出版社，1995年。
　　　　『神戸都市学を考える──学際的アプローチ』（共著）ミネルヴァ書房，2002年。
　　　　『安全・安心でゆたかなくらしを考える──学際的アプローチ』（共著）ミネルヴァ書房，2005年。
　　　　『観光教育とは何か──観光教育のスタンダード化』（編著）アビッツ，2013年。

髙嶋　一裕（第Ⅱ部第11章）
たかしま　かずひろ

1953年　生まれ。
1976年　関西学院大学法学部法律学科卒業。
現　在　神戸国際大学経済学部客員教授。
　　　　一般社団法人エンディングサポート協会代表理事。
　　　　株式会社クレリシステム取締役。
　　　　兵庫県葬祭事業協同組合連合会総合企画室室長。
専門分野　マーケティングプランニング。

《編著者紹介》

近 藤 　 剛（こんどう・ごう）

1974年　生まれ。
2004年　京都大学大学院文学研究科博士後期課程修了認定退学。
2007年　京都大学博士（文学）学位取得。
現　在　神戸国際大学経済学部准教授。
専　攻　宗教哲学，組織神学。
主　著　『哲学と神学の境界——初期ティリッヒ研究』ナカニシヤ出版，2011年。
　　　　『キリスト教思想断想』ナカニシヤ出版，2013年。
　　　　『自然の問題と聖典』（共著）キリスト新聞社，2013年。
　　　　『大学教育の変貌を考える』（共著）ミネルヴァ書房，2014年。

神戸国際大学経済文化研究所叢書17
現代の死と葬りを考える
——学際的アプローチ——

2014年10月30日　初版第1刷発行　　　〈検印省略〉
　　　　　　　　　　　　　　　　　　定価はカバーに
　　　　　　　　　　　　　　　　　　表示しています

　　　　編 著 者　　近　藤　　　剛
　　　　発 行 者　　杉　田　啓　三
　　　　印 刷 者　　田　中　雅　博

　　　　発行所　株式会社　ミネルヴァ書房
　　　　　　　607-8494　京都市山科区日ノ岡堤谷町1
　　　　　　　　　　　電話代表　(075)581-5191
　　　　　　　　　　　振替口座　01020-0-8076

　　　©近藤剛ほか，2014　　　　創栄図書印刷・新生製本

ISBN978-4-623-07142-5
Printed in Japan

──────── 神戸国際大学経済文化研究所叢書 ────────

中島克己・桑田 優 編著
日本の国際化を考える
A5・316頁
(品 切)

中島克己・林 忠吉 編著
日本の高齢化を考える
A5・360頁
(品 切)

中島克己・林 忠吉 編著
地球環境問題を考える
A5・368頁
本体3,800円

中島克己・太田修治 編著
日本の都市問題を考える
A5・384頁
本体3,800円

下村雄紀・相澤 哲・桑田 優 編著
コミュニケーション問題を考える
A5・240頁
本体3,800円

太田修治・中島克己 編著
神戸都市学を考える
A5・360頁
本体3,800円

居神 浩・三宅義和・遠藤竜馬・松本恵美・中山一郎・畑 秀和 著
大卒フリーター問題を考える
A5・312頁
(品 切)

中島克己・三好和代 編著
安全・安心でゆたかなくらしを考える
A5・384頁
本体3,800円

桑田 優・平尾武之・山本祐策 編著
八代斌助の思想と行動を考える
A5・236頁
本体3,800円

三好和代・中島克己 編著
21世紀の地域コミュニティを考える
A5・276頁
本体3,800円

三好和代・中島克己 編著
日本経済の課題と将来を考える
A5・352頁
本体3,800円

三宅義和・居神 浩・遠藤竜馬・松本恵美・近藤 剛・畑 秀和 著
大学教育の変貌を考える
A5・250頁
本体3,800円

──────── ミネルヴァ書房 ────────

http://www.minervasyobo.co.jp/